데살로니가전 · 후서 강해

너희는 우리의
영광이라

노천상

생명나무

데살로니가전 · 후서 강해

너희는 우리의 영광이라

"너희는 우리의 영광이요 기쁨이니라"

데살로니가전서 2: 20

초판 1쇄 발행 　　 2019년 6월

지은이 　　 노천상
펴낸이 　　 김진우
펴낸곳 　　 생명나무
전화 　　 02)977-2780
팩스 　　 02)977-2780
등록일 　　 2016. 10. 20
등록번호 　　 318-93-00280
주소 　　 서울특별시 노원구 수락산로(상계동) 258, 502호
홈페이지 　　 www.rcw.kr

총판 　　 (주)비전북출판유통
　　　　　 경기도 고양시 일산서구 덕이동 1347-7
　　　　　 전화: 031-907-3927
　　　　　 팩스: 031-905-3297
디자인 　　 토라디자인(010-9492-3951)

ISBN 　　 979-1-19593-062-3 03230
가격 　　 17,000 원

생명나무 **출판사는**

위대한 종교개혁의 정신을 계승하고, 개혁신앙의 유산을 이 시대에 적용하고 확산시키며 후손들에게
상속하기 위해 설립되었습니다. 이러한 거룩한 도전과 모험을 통해서 주께서 영광을 받으시고 주의
백성들이 새롭게 되며, 교회가 참된 권능을 회복하도록 최선을 다하겠습니다.

데살로니가전·후서 강해

너희는 우리의

영광이라

추천사

허주 교수

아세아연합신학대학교 신약학 교수

20세기 중엽 영국교회를 깨우기 원했던 마틴 로이드-존스 (David Martyn Lloyd-Jones: 1899~1981) 목사님은 30년 가까이 목회했던 런던 웨스트민스터 교회(Westminster Chapel)를 회고하면서 "사람에게 있어 설교 사역이야말로 가장 고상하고 가장 위대하며 가장 영광스러운 소명"(... to me the work of preaching is the highest and the greatest and the most glorious calling to which anyone can ever be called)이라고 했습니다. 아울러 그 당시 생명력을 잃어가는 개신교 교회 상황을 안타까워하며 "교회에 가장 절실히 요청되는 일은 다름 아닌 참된 설교"(I would say without any hesitation that the most urgent need in the Christian Church today is true preaching)라고 로이드-존스 목사님은 호소하였습니다.[1] 서구 교회를 향한 로이드-존스 목사님의 1969년 권면은 50년이 지난 2019년, 한국교회 목회자를 비롯한 모든 개신교 설교자들을 향한 예언자적 선포와 같습니다. 그렇습니다. 한국교회 회복을 위해 가장 시급히 요청되는 사안은 '바른 설교'라 여겨집니다. 사실 '바른 설교'는 교회 성장의 도구가 결코 아닙니다. 그것은 교회 본질을 향한 첫 출발이자 교회 정체성의 시금석입니다. 하나님 말씀의 능력과 영광을 체험함에서 나오는 설교자의 삶이요 선포요 간증이 설교이기 때문입니다. 그렇기에 '바른 설교'는 예수 그리스도 안에서 나타난 하나님 복음에 대한 기쁨과 두려움이 항상 신비롭게 공존합니다.

　　금번에 노천상 목사님이 서울 노원구 예림개혁교회 주일 강단에서 성도들과 나눈 데살로니가서신 강해를 책으로 출간하게 되었습니다. 노 목사님은 제가 재직하고 있는 아세아연합신학대학원(ACTS)에서 성경강해설교학 석사과정(Th. M) 1회 졸업생입니다. 빠듯한 목회사역 일정 속에서도 다섯 학기 석사과정 내내 성경 본

---

1)　D. Martyn Lloyd-Jones, *Preaching and Preachers* (Grand Rapids: Zondervan, 1971), 9.

문연구와 과제를 성실하게 감당하며 늘 모범을 보이셨던 분입니다. 이것보다 더 소중한 기억이 있습니다. 학기가 거듭되면서 하나님 말씀의 능력과 깨달음을 제게 고백하며 나누던 노 목사님의 기쁨과 감격의 모습들입니다. 학위과정을 통해 성경을 공부한다고 해서 이런 깨달음을 목회현장에 순종하고 실천하는 것은 결코 쉬운 일이 아니지요. 졸업 이후에도 말씀 사역자의 정체성과 우선순위를 놓치지 않고 '경건과 학문'의 균형을 꾸준히 정진해 온 수고와 땀의 결실이라고 봅니다. 그렇기에 이번 노 목사님 강해설교 출간을 함께 기뻐하며 축하와 위로의 마음을 전하지 않을 수 없습니다.

노천상 목사님의 설교에는 오늘의 성도들뿐 아니라 사역자들에게, 특히 목사후보생들에게 주는 유익이 참 많다고 생각됩니다. 아래와 같은 요소와 특징은 주목해야 할 가치가 높습니다.

첫째, 여기에 담긴 설교들은 '성경적 강해설교'의 좋은 예시가 됩니다. 노 목사님은 하나님 말씀으로서 성경의 능력과 권위를 신앙하는 분답게 성경 말씀이 기록된 시대의 언어와 역사를 본문과 함께 연구하고 씨름하면서 성경을 풀어내고 있습니다. '바른 설교'는 강단 설교에 앞서 설교자의 말씀 연구와 묵상 및 기도에 많은 정력과 시간이 요구됩니다. 노 목사님의 설교에는 학자들의 주석서들과 문헌들을 참고한 흔적들이 여기저기에서 나타나며, 이것들을 자신의 것으로 충분히 소화하여 하나의 메시지로 구성해 나가고 있습니다. 둘째로, 노 목사님의 글은 성경 본문에 집중하는 강해설교 형식 안에서도 틈틈이 신학/신앙 교리적 교훈을 빼놓지 않습니다. 이를 위해 데살로니가 서신뿐 아니라 바울의 다른 서신들을 포함해서 관련된 성경의 다른 본문들을 해당 주제나 개념의 흐름을 따라 연결지어 줌으로써 '성경신학적 프레임'을 형성하는데 도움을 주고 있습니다. '성경적 설교'가 '교리적 설교'와 함께 연이어질 수 있음을 엿보게 해 줍니다. 이런 수고가 목회자의 분주한 목회 일정과 현장 설교 가운데 오늘날 잘 드러나지 않고 있다는 점에서 노 목사님의 일상과 설교준비를 위한 노력은 외로운 길이기도 합니다. 하지만 성경 말씀에 대한 이 같은 통전적 읽기와 적용은 말씀의 꼴을 먹는 성도가 건강하게 자라나는 길이요 설교자 역시 균형 잡힌 목회자로 깨어 있을 수 있는 길이라 여겨집니다. 셋째로, 노 목사님의 설교에는 교회사적 인물이나 소중한 개혁파 신앙고백서들과 관련된 해설이 성경 본문을 따라 적절하게 잘 소개되고 있습니다. 이것은 옛 선조들의 신앙의 거울 앞에서 우리 신앙의 맥을 효과적으로 짚어줌으로써 오늘 우리의 신앙이 분파주의에 함몰되지 않고 교회사적 거대 담론의 공동체성 안에서 우리의 좌표를 인식하도록 도와줍니다. 넷째로, 여기에 있는 모든 설교들은 노 목사님이 목양하면서 예림개혁교회 공동체 성도님들과 예배 가운데 직접 나눈 메시지입니다. 한 마디로 단순한 '설교문'이 아니라 '설교 행위로 선포 되었던 목양 메시지'입니다. 그렇기에 '실천적 설교'로서 오늘의 그리스도인에게 고민과 적용과 순종을 요청하는, 한 목회자의 간절한 마음이 이 책의 매 장마다 올올이 담겨 있습니다. 그렇기에 이 메시지는 점점 더 암울해지고 있는 오늘의 한국교회가 어디로 나아가야 할지 친절하게 제시해 줍니다.

여기에 있는 글들은 서울의 한 지역교회를 목양하는 설교자가 주일마다 동일한 성도들에게 연속적으로 행한 '평범한 설교'입니다. 하지만 오늘날 한국교회 주일 강단의 상황에서 이 글들이 '특별한 설교'로 취급되지 않을까 우려할 독자도 있을 수 있습니다. 여기 있는 이 설교들이 우리 안에서 '평범한 설교'로 자리 잡기를 저자는 소망하리라 봅니다. 그것이 이 글들을 출간하게 된 이유일 겁니다.

사제관계를 넘어 복음 동역자로서 해마다 성장과 성숙을 거듭하는 노 목사님께 하늘의 능력과 위로를 전합니다. 목양사역을 함께 섬기며 동역하는 예림개혁교회 성도들께도 축하와 감사의 마음을 나눕니다. 이 책에 담긴 메시지가 성경(데살로니가서신)에 천착한 외침이기에 이 글을 읽는 독자마다 하나님 나라 울림의 소명과 떨림의 사명이 있기를 기원합니다.

Soli Deo Gloria!

추천사

오광만 교수

대한신학대학원대학교 신약학

　노천상 목사님은 예림개혁교회 담임목사님이십니다. 개혁교회의 목사님답게 노 목사님의 설교에는 개혁교회의 신학과 설교 정신이 담겨 있습니다.

　이 설교를 읽으면서 저는 마치 조나단 에드워즈의 설교를 읽는 것 같은 느낌을 받았습니다. 에드워즈 목사님은 청교도 설교자들 중에서만 아니라 미국교회사를 통틀어 가장 위대한 설교자 중한 분이셨습니다. 에드워즈는 35년간 매주 설교했는데, 그 중에 1250편의 설교가 남아 있습니다. 그분은 설교를 하실 때마다 시대 상황을 간파하고 교인들의 영혼을 사랑하여 악한 세상에서 어떻

게 하나님께 영광을 돌리며 하나님의 말씀의 표준대로 살아야 할
지를 설파했습니다. 에드워즈는 성경을 강해하고, 그것을 교리적
으로 설명하며, 마지막으로 당대의 상황에 적용하는 패턴으로 설
교했습니다. 그의 모든 설교에는 본문과 관련한 성경본문이 자유
자재로 인용되었고, 세상과 구별되는 삶을 살아야 하는 신자들을
향한 애끓는 마음이 곳곳에 배어 있으며, 교인들을 사랑하는 목회
자적 열정이 묻어나 있습니다. 노천상 목사님을 잘 아는 분이시
라면 누구라도 그가 목회하는 것을 보거나 이번에 출간된 이 책에
실린 설교들을 읽고 있으면, 흡사 18세기의 에드워즈가 이 시대에
살아와 우리 앞에서 설교하고 있다는 생각이 들 것입니다.

이 책에 실린 설교들은 노 목사님이 담임하는 예림교회에서 데
살로니가전서와 데살로니가후서의 본문을 중심으로 행한 설교들
입니다. 적어도 이 설교집에 실린 노 목사님의 설교들은 앞에서
제가 언급한 에드워즈 목사님의 설교의 패턴을 따르고 있습니다.
에드워즈 목사님은 주해-교리-적용을 엄격이 나누어 설교했지
만, 노 목사님의 설교에는 이 내용들이 녹아 있다는 것이 다를 뿐
입니다. 노 목사님의 모든 설교는 해당 본문을 간략하게 설명하는
것(주해)을 시작으로 그 본문과 관련한 여러 본문들을 인용하여 본

문의 의미를 더욱 넓고 깊이 있게 설명하며(교리), 그 본문에 비춰 현대 교회와 목회자들 그리고 신자들의 삶의 잘못된 것을 지적하거나 위로하거나 소망을 제시하고(적용) 있습니다.

노천상 목사님의 설교는 교회의 중요성과 신자들 한 사람 한 사람이 (이 책에서는 "교회아"로 표기됨) 교회 구성원에 속한 자라는 의식을 가지고 살라는 개혁자들과 청교도들의 교회관이 반영된 설교입니다. 그래서 독자는 이 설교를 읽을 때마다 노 목사님이 인용하는 칼빈과 같은 개혁자들과 스펄전을 비롯한 청교도 설교자들의 음성을 들을 수 있습니다. 특히 스펄전 목사님이 당대 부패하고 타락한 성직자들과 교회를 향해 회개를 외쳤고, 게으르고 나태한 교인들에게 불같이 책망하는 설교를 했듯이, 노 목사님도 본문에 근거하여 현대교회와 목사들과 신자들의 잘못된 삶을 꾸짖고 바로 잡고 위로하며 소망을 갖게 합니다.

신자들은 구원에 대한 확신을 가지고 복음에 따라 살고는 있지만 동시에 신앙의 위협을 받는 상황에 처해 있습니다. 그래서 자연히 세상과 동화되려는 유혹을 많이 받습니다. 교회와 설교자는 이런 상황에서 성도들의 잘못된 삶을 꾸짖고 그들이 나아가야 할 방향을 바르게 제시하는 설교를 해야 합니다. 이러한 설교를 하기에 가장 좋은 본문은 이와 비슷한 문제를 안고 있던 데살로니가교회에게 보낸 바울의 편지들일 것입니다. 노 목사님이 다른 본문을 가지고 설교를 하셨더라도 이 책에 나타나 있는 개혁주의 세계관과 교회관을 잘 드러내셨겠지만, 특히 데살로니가교회에 보낸 바울의 두 편지를 중심으로 한 이 책에 실린 설교들에, 노 목사님이 평상시 가지고 계신 기독교적 세계관 개혁교회와 청교도들의 교회관이 아주 명료하게 드러나 있습니다.

저는 이 설교를 읽으면서 예림교회 교우들이 참 복된 교인들이라는 생각을 하게 되었습니다. 예림교회 교우들은 하나님의 말씀에 매인바 된 담임목사로부터 매 주일 한 편 또는 그 이상의 이런 내용의 설교를 들을 수 있기 때문입니다. 이 정도의 비중이 있는 설교는 한국교회의 여느 교회에서는 듣기 힘든 설교입니다. 설교자들이 목회의 첫 번째 사명이 설교하는 것이라는 것을 잊고 다른 데 신경을 쓰고 있다는 것이 그 일차적인 이유가 되겠지만, 한 주 내내 이처럼 말씀을 깊이 묵상하지 않고, 교인들에게 어떤 메시지를 전할지 진지하게 생각하지 않을뿐더러 설교 준비를 성실히 하지 않는 것이 어쩌면 더 중요한 이유가 아닐까 생각합니다. 노 목사님은 설교하기 위해 자신의 건강을 돌보지 않을 정도로 설교 준

비하는 일에 집중하고 헌신하는 말씀의 신실한 종입니다. 예림교회 교우들이 매주일 이런 설교를 들을 수 있다는 것이 부럽습니다. 시바 여왕이 솔로몬을 만나 탄복한 것처럼 말입니다. "복 되도다, 당신의 사람들이여. 복 되도다, 당신의 이 신하들이여. 항상 당신 앞에 서서 당신의 지혜를 들음이로다"(왕상 10:8; 대하 9:7).

이제 이 책이 출판되어 많은 사람들이 읽게 되었으니, 제가 복 되다고 한 예림교회 교인들만 아니라 우리가 부러워하고 있는 청교도들의 설교를 듣던 18세기의 교인들처럼, 우리도 그런 복을 얻게 되었습니다. 이 책의 출판을 무척 기뻐합니다. 이 책이 많은 사람들에게 널리 읽혀져, 많은 사람들이 우리 시대에 들려주시는 하나님의 말씀으로 많은 은혜를 받았으면 좋겠습니다.

"너희는 우리의 영광이요 기쁨이니라"

데살로니가전서 2: 20

추천사   7

서문   21

데살로니가 전서

1강 하나님과 그리스도 안에 있는 교회   27

2강 믿음, 사랑, 소망의 사람들   47

3강 세상을 놀라게 한 복음의 나팔   65

4강 역설(逆說)의 리더십   87

5강 주님을 닮아 서로 닮은 형제들   108

6강 복음 합주곡   132

7강 경건에서 성장하라   151

8강 이 여러 말로 서로 위로하라   175

9강 종말론적인 삶의 실제   198

10강 교회아로서 교회를 세우는 삶   218

데살로니가 후서

1강 성장하는 교회, 아름다운 격려   247

2강 그리스도의 강림과 교회의 위로   273

3강 시대의 징조들   295

4강 영적인 현실주의자가 되라   326

5강 기도 합주곡   352

6강 노동에 대한 기독교적 관점   377

서문

　그리스도의 성품을 소유하고 그리스도의 사역을 하는 교회는
어느 시대, 어느 곳에서 있든지 서로 닮았습니다. 이는 복음을 받
은 분들의 마음에 그리스도의 형상이 아름답게 새겨져 있기 때문
입니다. 그래서 그들과 교제할 때 느끼는 것은 한 가족처럼 서로
닮았음을 발견하게 됩니다. 유럽의 형제들이나 중국의 형제들을
처음 만나도 오랫동안 사귄 친구처럼 친밀감을 느낍니다. 우리는
이렇게 그리스도를 닮은 형제 · 자매를 만날 때마다 큰 기쁨과 위
로를 얻습니다. 주님을 닮은 사람들의 성품에서 흘러나오는 아름
다운 삶은 그 어떤 예술 작품보다 더 큰 감동을 줍니다.

　하나님의 은혜로 저는 경건한 학자들을 통해서 주님을 배웠고,
주님의 말씀을 연구하고 가르치는 법을 배웠습니다. 교회사의 위
대한 선생님들의 노작(勞作)들은 매일 저의 부족함을 충족히 채워
줄 뿐만 아니라 저의 게으름을 책망합니다. 또한, 이 시대의 경건

한 교수님들과 목사님들이 저를 돕고 보호하는 울타리입니다. 어느새 오십 대 중반을 넘긴 저도 누군가의 울타리가 되어 살고 있습니다. 책임감만큼 부족함을 동시에 느끼지만. 교회 지체들이 저의 부족함을 채워 주며 성장하는 것이 큰 힘이 됩니다. 저에게는 주님을 닮은 지체들과 사랑을 나누며 함께 사명을 감당하는 것이 가장 큰 행복입니다.

"내 이름을 위하여 집이나 형제나 자매나 부모나 자식이나 전토를 버린 자마다 여러 배를 받고 또 영생을 상속하리라."(마 19:29) 저는 주님의 약속대로 어린 성도들부터 노인에 이르기까지 친형제 · 자매, 친부모와 자식처럼 친밀한 사랑을 나누며 목회하는 복을 누리고 있습니다. 말씀을 귀하게 받고, 받은 말씀을 구현하려는 성도들의 헌신은 개혁교회를 견고하게 세우는 토대가 되고 있습니다. 이제 예림개혁 교회가 받고 은혜를 누렸던 말씀을 보편교회를 위해 내놓습니다. 여러 가지 부족한 점이 많지만, 약한 자를 들어서 쓰시는 주님께서 영광 받으시길 바라는 마음으로 출판하였습니다.

이 강설은 2014년 8월부터 마지막 주일부터 2015년 첫 주일까지 예림개혁 교회가 받은 말씀입니다. 우리는 갓 태어난 데살로니가 교회의 역동성과 목회자로서 사도 바울의 심정을 살피면서 교회에 대하여 많은 것을 배웠고, 큰 도전과 은혜를 받았습니다. 주님은 데살로니가 교회처럼 어린 교회를 위해 복된 말씀으로 양육해 주셨습니다. 이제 예림개혁 교회는 선악을 분별할 수 있게 되었습니다. 더 바르게 성장하여 받은 은혜만큼 합당하게 섬기는 교회가 되길 바라며 기도합니다. 한 가지 양해를 구할 것은 이 책의 강설 중 두 편이 이전에 나온 저의 졸저『교회를 세우는 기독교 세계관』(생명나무, 2016)에 담겨 있던 글입니다. 데살로니가전후서를 전체로 묶어 내기 위해서 다시 실었음을 밝힙니다.

이 책이 나오기까지 많은 분에게 빚을 졌습니다. 먼저 기독교 세계관 학교 사역을 위해 기도와 후원을 아끼지 않으시는, 박미애, 유도형(조관식) 성도님을 비롯하여 기독교 세계관 학교 사역을 위해 헌신하시는 성도님들께 감사드립니다. 주님의 일을 위해 헌신하며 기도하시는 성도님들이 계셔서 우리에게 맡겨진 사역을 잘 감당할 수 있었습니다.

또한, 지난 3년 반 동안 저의 건강이 나빠질 때마다 자기 일처럼 기꺼이 시간을 내셔서 예림개혁 교회 강단을 섬겨주셨던 교수님들과 목사님들께 이 지면을 빌어 감사드립니다. 김헌수(IRC 신학교 교장), 김기찬(전주 한사랑교회), 이필찬(종말론 연구소), 최승돈(이천 선약 교회), 서창원(개혁주의 설교 연구원), 이한영(아세아 연합신학대학교 교수), 유해무(고려신학대학원 교수), 최승락(고려신학대학원 교수), 원광연(호주 시드니), 이종덕(대구 화원언약교회), 천준혁(남아공개혁교회), 오광만(대한신학대학원 교수), 허주(아세아 연합신학대학교 교수). 이분들은 저의 멘토이며 격려와 도전을 아끼지 않은 신실한 스승이자 동역자들입니다.

이 외에도 적지 않은 동역자들(중국 목회자들과 성도들)이 저를 위해 기도해 주셨습니다. 이렇게 많은 분의 헌신과 기도로 인해 저는 올해 1월부터 건강이 기적적으로 회복되고 있습니다. 회복은 헌신을 위한 것임을 더 크게 열린 문을 통해서 확인할 수 있었습니다. 올 상반기에 벌써 해외교회를 위한 사역을 네 차례나 다녀왔습니다. 이 모든 것이 주님의 은혜이며, 그동안 저의 회복을 위해 기도로 섬겨주신 동역자들의 수고 때문임을 기억합니다. 앞으로 기독교 세계관 학교와 예림개혁 교회는 주어진 한계 안에서 보편교회를 섬기는 일에 더 힘써 나가겠습니다.

이 책에 추천사를 써주신 오광만 교수님과 허주 교수님께 감사 드립니다. 두 분은 저에게 성경 신학의 큰 틀을 가르쳐 주셨고, 지금도 계속해서 '목사이자 신학자'가 되도록 격려하시고 도전하십니다. 두 교수님은 신실한 학자로서 한국 교회를 말씀으로 견고하게 세우기 위해 헌신하고 계십니다. 저는 두 분의 연구와 가르침에 큰 빚을 졌습니다. "오직 말과 행실과 사랑과 믿음과 정절에 대하여 믿은 자에게 본이 되어 내가 이를 때까지 읽는 것과 권하는 것과 가르치는 것에 착념하라."(딤전 4:12-13)

마지막으로 말없이 교회의 사명을 감당하기 위해 헌신하는 예림개혁 교회 성도님들에게 감사하며 이 책을 바칩니다. "너희는 우리의 영광이요 기쁨이니라"(살전 2:20) 늘 견고한 자세로 저를 돕는 아내와 부족한 아빠를 이해해 주는 딸에게 고마움을 전합니다.

모든 영광을 주님께 돌려 드립니다.

2019년 6월 11일

수락산 아래 목양실에서

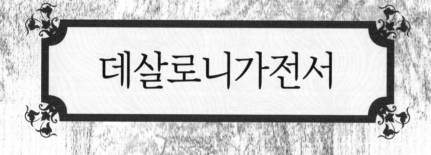

데살로니가전서

"너희는 우리의 영광이요 기쁨이니라"

데살로니가전서 2: 20

1강

하나님과 그리스도 안에 있는 교회

사도행전 17:1~9 데살로니가전서 1:1

1바울과 실루아노와 디모데는 하나님 아버지와 주 예수 그리스도 안에 있는

데살로니가인의 교회에 편지하노니 은혜와 평강이 너희에게 있을지어다

사랑의 편지

지난여름 수련회 프로그램 중에서 각자 감사편지를 쓰고 그것을 읽는 시간을 가졌다. 우리가 늘 서로 사랑하며 살지만, 특별한 기회에 어떤 성도에게 감사의 마음을 담아 편지를 썼다. 그 편지를 받은 사람이 공개석상에서 읽고 우리가 함께 들으면서 큰 감동을 받았다. 그중 큰 울림을 준 특별한 편지를 주목하지 않을 수 없다. 평소 따뜻한 사랑을 나눠 주던 아빠가 사춘기에 접어든 아들에게 어려움에 처한 가족의 상황을 하나님의 백성이 당할 수 있는

고난으로 해석하면서 교훈하는 내용이었다. 아버지의 간절함과 안타까운 사랑은 모두에게 큰 감동을 주었다.

어떤 부모가 자식이 태어난 지 얼마 되지 않아서 피치 못할 상황 때문에 아이를 떼어 놓고 멀리 떠나야만 했다면 그 마음이 어떠했겠는가? 게다가 그런 상황에서 그 부모에게 악의적인 나쁜 소문을 내는 사람이 있다면 어떻겠는가? 돌아가 보려 하지만 갈 수 없는 상황에서 부모의 마음은 얼마나 타들어 가겠는가? 그 부모는 할 수 없이 신뢰할 수 있는 사람들을 자녀들에게 보내서 안위를 확인하려 할 것이다. 만일 부탁을 받은 사람들이 자녀들을 만나고 와서 자녀가 안전하게 잘 있을 뿐만 아니라 바르게 성장하고 있다는 소식을 전해 주었다면 부모는 얼마나 기쁘겠는가?

그렇게 소식을 듣게 된 부모는 너무나 기뻐서 즉시 자녀들에게 사랑과 감사의 편지를 써서 보낼 것이다. 바로 이와 같은 편지가 바울이 보낸 데살로니가전후서이다. 신약성경 중에서 빌립보서와 데살로니가전서는 교회에 대한 바울의 사랑을 매우 감동적으로 보여 주고 있다. "우리가 이같이 너희를 사모하여 하나님의 복음으로만 아니라 우리 목숨까지 너희에게 주기를 즐겨함은 너희가 우리의 사랑하는 자 됨이니라"(살전 2:8). "우리의 소망이나 기쁨이나 자랑의 면류관이 무엇이냐 그의 강림하실 때 우리 주 예수 앞에 너희가 아니냐 너희는 우리의 영광이요 기쁨이니라"(살전 2:19-20). 바울은 이처럼 사랑으로 가득 찬 언어로 데살로니가 교회에 편지를 쓴다. 우리는 이 편지를 통해 교회를 향한 하나님의 사랑과 기쁨을 맛볼 수가 있다.

1. 데살로니가 교회의 설립(행 17:1-9)

1) 선교사들을 이끄시는 성령 하나님

성령이 아시아에서 말씀을 전하지 못하게 하시는 사도행전 16
장 6절 상황에서 바울과 실라, 디모데, 그리고 누가가 함께 드로
아에서 마게도냐 지방 빌립보에 이르렀다. 때는 A.D. 49년 또는
50년경이었다. 빌립보에서 자색 옷감 장사 루디아의 일행에게 복
음을 전함으로써 교회가 탄생했다. 당시 빌립보에는 유대인 회당
이 없었다. 유대인 회당은 성인 유대인 남자 열 명 이상이 모여야
가능했다. 남자가 9명이고 여자는 999명이라도 회당을 만들 수 없
었다. 이런 상황에서 유대인들과 경건한 이방인들이 기도처를 정
해 놓고 안식일에 모여서 예배를 드렸다. 빌립보에서 복음 사역이
확장되는 시점에 귀신들린 여종을 치료하는 사건이 발생한다. 그
여종의 점치는 일을 통해서 큰돈을 벌던 주인이 수익이 끊어진 것
을 보고 바울과 실라를 고소한다. 로마 시민이었던 바울과 실라
가 정당한 재판 절차도 없이 불법적으로 매질을 당하고 감옥에 갇
히게 된다. 그날 밤 빌립보 옥에 큰 지진이 났다. 간수가 죄수들이
탈출한 줄 알고 자결하려 할 때 바울이 그것을 말린다. 이런 일련
의 사건들을 통해서 빌립보 간수의 집이 구원을 받는다. 모든 시
대의 그리스도인들이 좋아하는 유명한 말씀이 바로 이 현장에서
나왔다. "주 예수를 믿으라. 그리하면 너와 네 집이 구원을 얻으리라"(행
16:31). 간수의 가족들이 바울이 전하는 복음을 듣고 믿어 구원을 받

고, 세례를 받았다.

다음날 관리들이 그들을 조용히 내어 보내려고 하자 바울은 자신과 실라가 로마 시민임을 밝히고 상관들이 직접 와서 사과하도록 하였다. 바울과 실라가 그렇게 한 이유는 이제 갓 태어난 교회를 보호하고자 함이었다. 감옥에서 풀려난 두 사람은 루디아의 집에서 모이던 교회로 가서 형제들을 만나 위로하고 거기를 떠난다. 아마도 이 때 누가는 빌립보 교회에 남아 있었던 것으로 추측된다.

이런 상황에서 바울과 실라와 디모데는 빌립보에서 군사도로인 비아 에그나티아(Via Egnatia)를 따라 160킬로미터 떨어진 마케도니아 주의 수도인 데살로니가에 도착한다. 데살로니가는 대도시였기 때문에 유대인들의 회당이 있었다. 바울은 "자기 규례대로" 회당에 들어가서 복음을 전했다. 회당에서 유대인들은 구약성경을 세 부분으로 나눠서 읽었다. 모세오경인 율법서, 시편을 비롯한 성문서, 그리고 선지서를 읽되 삼 년에 한 번씩 완독할 수 있는 분량 정도를 낭독했다. 일반적으로 선지서 낭독은 해당 안식일에 낭독되는 율법서의 본문과 연관된 본문으로 정해졌다. 회당장은 성경낭독이 끝나면, 읽은 본문과 관련하여 적절한 말씀을 설교하거나 해석할 사람을 지정하였다. 당시 회당장은 예배를 관할하기 위해 그 회당에 소속된 장로들 중에서 선정하거나 회당에 경제적으로나 다른 면에서 기여한 사람들에게 수여하는 일종의 명예직이었다. 한 회당에 여러 명의 회당장이 있는 경우도 많았다.

바울은 아마 당시 랍비들이 입는 옷을 입고 다녔을 수도 있다.

그래서 회당장이 랍비임을 금방 알아보고, 그에게 말씀을 풀어 설교해 줄 것을 요청한 것이다. 바울은 이 때 자신이 당시 유명한 랍비였던 가말리엘의 문하생이라고 소개했을 것이다. 유대인들과 경건한 이방인들은 깜짝 놀라서 '아니 그 유명한 가말리엘의 제자라는 말이요?'라고 하면서 그가 전하는 말씀에 귀를 기울였을 것이다.

바울은 세 안식일에 걸쳐서 성경을 강론하며 뜻을 풀어 가르쳤다. 바울이 단박에 십자가에 못 박힌 예수가 유대인들이 기다리던 그리스도라고 선포하지는 않았을 것이다. 처음에는 율법의 의미와 그 율법 아래 살았던 이스라엘의 구약 역사 전체를 쭉 개관하여 주었을 것이다. 둘째 주에는 선지서에 예언된 메시야 본문에 대해서 자세히 살피며 그리스도가 해를 받고 죽은 자 가운데서 다시 살아야 할 것을 증명했을 것이다. 그리고 세 번째 주에는 율법과 선지자가 오리라고 예언했던 바로 그 메시야가 십자가에 못 박히신 예수님이라고 선포했을 것이다. 다시 말해서 "구약의 모든 예언이 예수님 안에서 성취되었다"고 선언했을 것이다. 바울은 이십여 년 전에 팔레스타인에서 십자가에 못 박혀 죽은 역사적 예수가 바로 그리스도라고 전했다. 당시 랍비들의 주된 성경 해석방식이었던 페셔(pesher)의 해석원리를 사용해서 구약과 그리스도의 사건을 연결해서 설교한 것이다. 페셔의 해석법은 '이것이 바로 저것이다'

(This is That)라는 방식으로 성경을 해석하는 방식이다.[1] 바울이 석 주 동안이나 회당에서 복음을 전할 수 있었던 것은 이렇게 지혜롭게 구약을 해석하여 복음을 점차적으로 드러냈기 때문이다. 그러자 일부 유대인들과 경건한 헬라인의 큰 무리와 적지 않은 귀부인도 권함을 받고 바울과 실라를 따르게 된다. 따라서 믿지 않는 유대인들이 크게 시기하게 되었다.

당시 회당예배에 참석하는 사람들은 세 종류의 사람들이었다. 첫째는 유대인들이고, 둘째는 개종한 이방인 즉 할례까지 행함으로 유대인으로 완전히 개종한 사람들이다. 셋째는 경건한 이방인 즉 회당예배에는 참여하지만 할례를 받지 않은 사람들이다. 마취제가 없던 당시에 성인 남자가 할례를 받는 것은 한 달에서 석 달까지 큰 고통을 감수해야 하는 일이었다. 할례를 받지 않고 회당예배에 참여하면서도 하나님을 경외했던 다수의 경건한 이방인들이 있었다.

유대인들은 자신들의 정치·경제적 지위를 보장받기 위해서 당시 사회의 유력인사들이 할례를 받지 않고도 회당에 소속되는 것을 적극 권장하였다. 경건한 이방인들 중에는 부유한 사람들과 정치권력을 가진 자들이 있었기 때문에 그들로 인해서 회당은 당시 사회에서 상당히 안정적인 지위를 누릴 수 있었다. 반면 경건

---

1) 1세기 당시의 대표적인 유대적 해석은 크게 4가지로 나눌 수 있다. 첫째, 문자적 해석(literal interpretation), 둘째, 미드라쉬 해석(midrashic interpretation: '이것은 이 점과 관련성을 가지고 있다.'), 셋째, 페셔 해석(pesher interpretation), 넷째, 풍유적 해석(allegorical interpretation)이다.

너희는 우리의 영광이라

한 이방인들은 어찌 되었건 정통 유대인이 아니었기 때문에 하나님의 언약 밖에 있는 것처럼 여겨졌고, 유대인들에게 알게 모르게 차별과 소외를 당했다. 이런 상황에서 바울은 이제 유대인의 혈통이 아니라, 예수 그리스도를 믿는 사람이 진정한 아브라함의 자손이며 하나님의 택하신 백성들이라고 구약을 풀어서 가르쳤다. 이런 메시지는 경건한 이방인들에게는 정말 큰 기쁨의 소식, 복음 그 자체였다. 그래서 회당에 소속된 많은 경건한 이방인들이 예수님을 믿는 구원의 역사가 일어났다.

믿지 않는 유대인들 편에서 보면 자신들을 정치 · 경제적으로 지원하던 경건한 이방인들이 바울을 따라 교회로 빠져 나감으로써 그들은 큰 타격을 입었다. 그들은 바울이 전하는 기독교는 유대교의 한 분파가 아니라 천하를 어지럽히는 불법적인 종교이며 괴악한 사람들이라고 공격하였다. 특히 유대인들이 많은 공을 들여 회당에 영입한 경건한 사람들이 빠져 나감으로 큰 타격을 입었다. 그래서 유대인들은 바울 일행에게 정치적이며 종교적인 반역 혐의를 덮어씌워 그들을 고발하였다. 유대인들은 바울이 '다른 임금 예수라 하는 이가 있다'고 선동함으로써 로마 제국에 반역을 꾀한다고 몰고 갔다. 불량하고 악한 사람들을 매수하여 여론 몰이를 하게 한 것이다. 당시 데살로니가는 로마로부터 상당한 혜택을 입고 있었다. 세금이 면제되었고, 자유시로서 경제적인 안정과 풍요를 누리고 있었다.

데살로니가 시민들은 이 모든 것이 로마 황제를 신으로 숭배함으로써 누리는 안정이라고 생각했다. 이에 관한 역사적 배경을 잠시 살펴보자. 당시 사람들은 세계 대부분을 통치하면서 평화와 번영을 지킬 수 있는 대상은 신적 속성을 가진 것으로 생각했다. 그래서 로마 시 자체가 신격화 되었다. 각 도시마다 로마와 황제를 위한 신전을 지으려고 혈안이 되었다. 로마 황제가 아닌 다른 신을 섬기게 하고, 황제를 주(쿠리오스)라고 하지 않고 예수를 주(쿠리오스)라고 하는 자들이 그 도시에 들어왔다는 것은 자칫 그동안 누려 왔던 모든 혜택이 사라져 버릴 수 있는 위험 요소라고 선동했다.

이런 급박한 상황에서 바울 일행이 피하였고, 당시 야손과 형제들이 체포되어 구금되었다. 교회는 헌금을 모아서 보석금을 내고 형제들을 구출해 낸다. 그들이 석방될 때 바울 일행이 조용히 데살로니가를 떠나야 한다는 요구 조건이 있었을 것이다.

2) 어둠을 뚫고 전진하는 복음

데살로니가는 알렉산더 대왕의 군대 장교 중의 한 명이었던 카산더가 설립한 도시이다. 카산더는 그의 아내이자 알렉산더 대왕의 의붓 누이인 데살로니카의 이름을 따서 그 도시의 이름을 지었다. 이 도시는 전략상 중요한 위치에 있었기에 주전 315년 마게도냐 왕국의 수도가 되었다. 그러다가 주전 146년 로마가 이 도시를 점령한 후 마게도냐 지방의 수도로 정해졌다.

다른 헬라의 도시처럼 데살로니가는 수많은 신전들이 있었고, 신비 종교들이 번성하고 있었다. 대표적인 신비 종교가 두 가지가 있었는데, 하나는 디오니소스(박카스) 컬트이고 다른 하나는 카비루스 컬트였다. 디오니소스 컬트는 성적인 탐닉을 통해서 디오니소스 신을 예배하고 그 신의 힘을 얻는 생식의 종교였다. 성적인 문란이 심각했다. 카비루스 컬트는 카비루스가 데살로니가 시를 구원할 것이라는 신화를 중심으로 한 신비 종교였다. 이런 신비 종교들이 혼합된 형태로 일반시민들의 삶에 지대한 영향을 미쳤다. 도시 전체가 성적으로 문란한 생활을 하며 술에 취하고, 파티를 자주 하는 것이 당시 생활 문화였다.

데살로니가에서는 문만 열고 나가면 절제 없이 자기만족을 추구하는 것을 유일한 삶의 목표로 사는 사람들을 만날 수 있었다. 이방 신전들은 사창가와 같은 역할을 했고, 온갖 종류의 음란이 성행하는 곳이었다. 이런 어둠의 도시 속에 복음이 들어감으로써 믿는 자들은 우상을 버리고 하나님께로 돌아와서 살아 계시고 참되신 하나님을 섬겼다(살전 1:9). 그들은 거룩하게 변화되어 당시 사회에서는 상상할 수 없는 새로운 사람으로 드러났다. 데살로니가 성도들은 당시 사람들에게 충격적인 모습으로 비추어졌다. 바울이 들고 간 복음은 데살로니가를 덮고 있던 죄와 사망의 그늘에 빛을 비추기 시작했고, 하나님께서 택하신 자들은 그 복음으로 인해 빛으로 드러나게 된 것이다. 바울은 그들에게 "너희는 다 빛의 아들이요 낮의 아들이라"고 선언한다.

이렇게 위대한 복음은 당시 사회에서 거의 눈에 띄지도 않았던 세 사람을 통해서 들어갔지만, 어둠의 권세를 몰아내고 빛을 비추었다. 빛은 먼저 한 개인의 무지와 어리석음을 쫓아내고, 결국 그 사회의 어둠을 몰아내게 된다. 복음은 약한 것처럼 보이지만 세상의 어떤 것으로도 막을 수 없는 하나님의 강력한 능력이다. 문제는 우리가 이것을 경험했는가, 하는 것이다. 빛으로 나온 사람들에게 가장 큰 변화는 진리를 행하며 사랑하는 것이다.

3) 복음을 받은 교회들의 헌신과 사랑

복음을 통해서 하나님의 빛으로 나온 사람은 자기사랑의 틀에서 깨어난 사람이다. 매미가 번데기집이라는 허물을 벗고 하늘을 향해 비행하는 것처럼, 복음을 통해서 변화된 사람은 '자기'라고 하는 좁은 틀에서 벗어나게 된다. 자기 수준에 갇혀서 아무것도 볼 수 없었던 영적인 소경의 상태에서 벗어나 자신과 세상을 객관적으로 볼 수 있는 시야가 열린다. 자기의 틀을 벗어나야 하나님을 사랑할 수 있고, 이웃을 사랑할 수 있다. 데살로니가 성도들은 성령의 기쁨으로 도를 받아 바울과 예수님을 본받아 사랑하는 사람이 되었다. 사랑의 사람, 사랑의 화신이 된 것이다.

교회는 자기부인의 공동체이기에 사랑의 공동체이다. 믿음의 역사와 사랑의 수고와 소망의 인내는 복음 안에 들어온 사람들에게서만 나올 수 있는 참된 성령의 열매이다. 이러한 열매를 맺는 공동체는 인류 역사상 어디에서도 존재한 적이 없다. 복음을 통해서 변화된 사람들에게서만 나타난다. 이것이 교회와 세상을 극명하게 분리하는 요소이다. 오늘날 교회와 성도들이 세상과 다를 바

없이 자기 추구에 여념이 없고, 자기중심적인 세계관에서 벗어나지 못하고 있는 것은 복음의 능력을 체험하지 못했기 때문이다. 믿음 사랑 소망은 기독교의 핵심이다. 이것은 복음에서 시작된 삶의 능력이다. 만약 교회에 이것이 없다면 처음부터 다시 시작해야 한다. 다시 복음에 집중해야 한다. 복음이 아니고서는 결코 이것을 만들어 낼 수 없다.

2. 데살로니가전서를 쓰게 된 배경

1) 교회가 직면한 문제들에 대한 답변

데살로니가는 역사적으로나 정치적으로나 친로마적인 특징을 지닌 도시였다. 로마 제국 숭배나 황제 숭배가 아주 흥왕하고 경제적으로 부유한 도시였다. 당시 헬라세계에는 떠돌이 스토아 철학자들과 소피스트들이 많았다. 이들은 부유한 도시를 찾아다니며 지혜와 지식을 나누어 준다고 주장했다. 이들이 말하는 지식이란 주로 성공하는 삶, 행복한 삶을 위한 지혜와 지식이었다. 이들은 자신들이 가진 지식을 전달하고 사람들에게 돈을 받아 생활했다. 앞서 본 것처럼 디오니소스 컬트와 카비루스 컬트는 사람들의 번영과 행복을 보장한다는 종교였다. 이런 종교들로 인해 성적인 타락이 극심했다.

이런 사회문화적인 배경 속에서 탄생한 데살로니가 교회는 아주 어린 교회였다. 바울은 교회가 세워진 지 3개월 남짓 만에 떠날 수밖에 없었다. 3주 만에 교회를 떠났다는 것은 여러 정황상 맞지 않는 것 같다. 왜냐하면 바울은 빌립보 교회에 편지하면서 빌립보 교회가 바울이 데살로니가에서 사역을 할 때 적어도 세 번 이상 후원금을 보냈다고 말하고 있기 때문이다(빌 4:16). 이 데살로니가전서를 기록할 때도 교회가 세워진 지 6개월 정도밖에 되지 않는 시점일 것이다. 엄청난 세상의 도전과 핍박에 직면한 교회에게 바울은 복음을 충분히 가르칠 시간적 여유가 없었다.

특히 바울은 데살로니가에서 사역을 하면서 낮에는 주로 일을 하고 밤과 안식일에는 복음을 전했다. 바울은 자신이 복음을 전하는 것으로 사례를 받아 생활할 수 있는 권리가 있었지만, 그를 떠돌이 철학자들처럼 볼 수 있었기에 스스로 일을 하거나 이미 세워진 교회의 후원을 받아 생활하면서 사역을 했다. 바울은 천막을 만드는 직업을 가지고 있었는데, 당시 랍비들이 일정한 직업이나 기술을 갖는 것은 일반적인 관행이었기 때문이다.

헬라세계에도 인슐라(insula)라고 하는 주상복합 건물이 있었다. 1층 앞부분은 물건을 전시하여 판매하는 판매대가 있고, 1층 뒤편은 제품을 만드는 작업장이었다. 그리고 2층과 3층은 주인이나 직공들의 숙소가 있었다. 이런 환경에서 낮에는 힘들게 일하고 밤과 안식일에 교회를 위해 가르쳤으니, 3개월 동안에 과연 얼마나 성경의 교리를 가르쳤겠는가? 교회는 아주 어리고 약한 상태에 있었던 것이다. 그럼에도 1장 6-10절을 보면 이들은 말씀의 원리를 열정적으로 실천하였고 기쁨으로 섬기는 일을 통해서 아가야와 마게도냐 교회들의 모범이 될 정도였다. 정말 놀라운 일이다. 하지만 이들의 신앙은 아직 어린 상태였다.

2) 구체적인 문제들

데살로니가 교회에 나타난 구체적인 문제들을 간략하게 살펴보자. 이것을 앎으로써 서신 전체의 목적을 알 수 있기 때문이다. 첫 번째 문제는 유대인들의 핍박이었다. 유대인들은 바울이 선포한 내용이 유대교가 아닌 불법적인 종교라고 데살로니가 시민들을 선동했다. 당시 유대교는 로마법에 따라 상당한 특권을 누렸고, 때로는 보호를 받았다. 로마 제국의 통치자들은 유대인들에게 로마 제국의 숭배와 황제 숭배를 면제해 주었으며, 군입대도 면제해 주고, 우상숭배와 직접 관련 있는 세금을 면제해 주었다. 제국 전역에 퍼져 있는 유대인들이 제국의 통치에 저항하지 않고 잘 순응하는 것이 로마 제국의 이익과 부합하였기 때문이다.

그런데 바울이 전하는 기독교가 유대교의 개혁파 정도라면 기독교도 로마법에 명시된 보호를 받아야만 했다. 바울은 복음이 율법의 완성, 곧 유대교의 완성이라고 가르쳤다. 바울이 전하는 복음도 로마법의 보호를 받아야 한다는 논리가 필연적으로 연결된다. 따라서 유대인들은 로마의 관원들을 설득하여 바울의 복음과 기독교는 유대교가 아니며 완전한 이단으로 로마 제국의 안정을 위협하는 반역을 도모하는 사교(邪敎)라고 선동했다. 더욱이 바울이 전하는 "예수가 주(쿠리오스)다, 메시야다"라는 말을 들어서 로마 황제 가이사에 대한 정치적 반역 행위로 모는 빌미로 사용했다. 유대인들은 저자의 깡패들을 동원하여 기독교인들에게 테러를 가하고 반역죄로 고소하면서 교회를 무너뜨리기 위해 온갖 악행을 자행했던 것이다.

또한 유대인들은 바울이 영생의 길이나 성공적인 삶에 대한 지식 조각들을 팔고 다니는 떠돌이에 불과하다고 매도했다. "바울이 열심히 전하는 지식을 통해서 너희들을 유익하게 하려는 것이 아니라, 사실은 돈을 벌기 위한 고단수 수작을 부리는 것일 뿐이다"라고 말함으로써 바울의 진정성을 왜곡했다. 유대인들은 어린 그리스도인들을 이런 식으로 설득하고 회유하여 그들이 복음을 버리고 다시 유대교로 회귀하게 만들고자 했다. 바로 이것이 데살로니가 교회가 직면한 가장 큰 문제였고, 유대인들의 핍박을 받게 된 이유였다.

두 번째 문제는 데살로니가 교회가 바울로부터 버림받았다는 느낌이다. 데살로니가 교인들은 이런 핍박의 와중에 자신들의 지도자요 목회자인 바울이 자기들을 버리고 떠났다고 생각했다. 어린 성도들은 정치적인 상황이 좋아지면 곧 돌아올 것으로 기대했지만 바울이 오지 못하는 현실에 실망이 컸을 것이다. 그들은 자신들이 고아처럼 버려졌다고 느꼈다. 두려움과 원망이 그들 가운데 있었다. 그런 상황에서 바울은 자신의 사랑과 간절함을 알려야 했다. 그 중 일부를 보자. 바울은 자신의 사랑을 표현하면서 3장 1절에서 이렇게 말한다. "이러므로 우리가 참다못하여 우리만 아덴에 머물기를 좋게 여겨," 이 말은 이렇게 번역할 수 있다. "이러므로 우리가 참다못하여 (내가) 아덴에 홀로 떨어져 있기를 감수했다." 바울은 데살로니가 교회가 염려되어 아테네에서 디모데와 동료들을 데살로니가로 보냈다. 자신도 정말 가고 싶었지만 갈 수 없는 상황이었다. 그래서 동료 사역자들을 모두 보내놓고 자신은 혼자 떨어져 있어야 하는 외로움을 감당해야 했다. 즉 바울은 데살로니가 교회를 너무 사랑하였기 때문에 오히려 자신이 홀로 남겨져 고아와 같이 버려진 경험을 했음을 말한 것이다.

세 번째 문제는 아직도 교회 성도들 가운데 있는 성적인 일탈 문제들이다. 교회 성도들 중 몇 사람은 아직도 세상의 삶의 방식으로부터 완전히 분리되지 못한 상황이다. 당시 사회문화에서 성적인 부도덕은 죄로 여기지 않고 부끄럽게 생각지도 않았다. 어린 신자들은 그런 문화 가운데에서 생업을 유지하고 다른 사람들과 관계를 맺어야 하는 상태를 완전히 분리하지 못하고 있는 상황이었다. 그래서 이에 대한 교훈이 4장 3-8절까지에 나타난다. 바울은 단지 하나의 음행 문제로 제한하지 않고 그리스도인의 삶의 전반에 걸쳐 나타나는 세속주의에 대한 기독교의 대안적 삶의 원리를 보여준다.

넷째 문제는 종말에 대한 과도한 집착이다. "예수님의 재림이 곧 있을 것인데 뭐하려 힘들게 일하는가?"라고 말하는 사람들이 있었고, "예수님이 오시기 전에 죽은 성도들은 온전한 부활에 참여하지 못하는 불이익을 당하는 것은 아닐까?"라고 걱정하는 사람들도 있었다. 그래서 재림 전에 죽은 성도들의 가족이나 친척들이 과도한 슬픔과 걱정에 빠지게 되었던 것이다.

다섯째 문제는 제대로 형성되지 않은 리더십의 문제였다. 교회가 아직 어리기 때문에 리더십의 구조가 제대로 형성되지 못한 상황이었다. 영적인 은사가 있는 사람들이 자연 발생적으로 리더로 세워지는 상황에서 성도들이 그의 권위와 가르침을 무시하는 경향이 나타났다. 따라서 바울은 교회 공동체 안에서 새롭게 부각되는 리더들에게 잘 순종하기를 권면하였다(5:12, 15, 19, 21).

이러한 문제들에 대한 대답과 처방이 바로 데살로니가전서이다. 우리는 데살로니가전서를 통해서 하나님의 은혜로 탄생한 교회와 성도들의 사랑과 헌신, 믿음과 실천의 역동성을 볼 수 있다. 또한 그러한 교회라도 진리의 가르침이 부족한 상태에서는 연약함을 드러낼 수 있음을 보게 된다. 이 두 가지는 오늘날 우리 시대의 교회에도 많은 교훈과 도전을 준다. 우리는 이러한 문제를 안고 있는 교회들에 대한 하나님의 말씀의 처방을 볼 수 있다. 우리시대 우리의 문화 속에서 직면한 도전들에 우리 공동체가 어떻게하나님의 방식으로 대처할 것인지를 배울 수 있다. 교회를 세우신하나님의 거룩한 뜻을 잘 분별하고 그 뜻을 우리 삶 가운데서 구현해야 한다.

메시야적 삶의 양식을 나타내는 교회

교회가 각종 도전과 문제들에 직면했을 때 해야 할 첫 번째 일은 자신의 정체성을 확인하는 것이다. 우리 각자의 개인적인 문제에도 동일하게 적용할 수 있다. 내가 누구인지를 인식하는 것에서 내가 어떻게 그 문제를 풀 것인가에 대한 대책이 나오기 때문이다. 바울 사도는 교회의 정체성을 이렇게 말한다. "하나님 아버지와 주 예수 그리스도 안에 있는 데살로니가인의 교회…". 교회는 겉으로 볼 때 세상에 있는 것처럼 보이지만, 그의 영적인 소속은 하나님 아버지와 주 예수 그리스도 안에 있다.

교회가 하나님 아버지와 그리스도 안에 있다는 것은 우리가 어떤 스포츠클럽이나 어떤 동호회의 멤버가 된다는 것과 같은 의미가 아니다. 교회가 그리스도 안에 있다는 것은 그리스도의 일부가 된다는 것을 의미한다. 이는 그리스도와 교회, 그리스도인 상호간의 유대 관계 모두에 적용된다. 그리스도의 몸으로 표현된 교회는 통일성과 다양성 가운데 참된 조화를 이루는 공동체이다. 따라서 자신이 아무리 연약하고 보잘것없이 보인다 할지라도 결코 자신이 그리스도의 일부가 아니라고 생각해서는 안 된다. 우리가 거듭난 하나님의 백성이라면, 어느 누구도 그리스도의 몸에서 떨어져 나갈 수 없다. 마찬가지로 어떤 지체도 "완전한 그리스도"를 대표한다고 주장할 수 없다.

교회가 그리스도의 일부라는 것은 교회가 메시야적 삶의 양식을 나타내는 지상의 기관이라는 의미다. 교회는 "성령의 능력" 안에서 세상과 다른 대안적 삶의 방식을 보여주는 기관이다. 교회는 하나님의 영광을 위해 존재하며, 복음 전도를 통해서 세상을 섬기는 기관으로 존재한다. 하나님께서는 창세전에 "거룩하고 흠이 없게 … 그의 은혜의 영광을 찬송하게 하려고" 교회를 선택하셨다(엡 1:4, 6).

그렇다면 교회는 어떻게 메시야적인 삶의 양식을 나타낼 수 있을까? 무엇보다 먼저 교회가 그리스도 안에 있게 된 것은 오직 주님의 은혜로 말미암았다는 것을 알아야 한다. 예수님은 요한복음 15장에서 포도나무와 가지 비유를 통해서 교회가 존재하는 양상과 목적을 분명하게 가르치셨다. 우리를 그리스도에게 접붙이시는 분은 하나님 아버지이시다(요 15:1). 그리고 우리를 주님과 연합하기에 합당한 자로 만들기 위해 말씀으로 우리를 정결하게 만드시는 분은 예수 그리스도이시다(요 15:3). 이 모든 것이 하나님의 주권과 은혜로 말미암은 선물이다.

둘째로, 교회는 그리스도를 향한 순종을 통해서 그리스도의 삶의 방식을 나타낸다. 그리스도 안에 거한다는 것은 주님의 말씀이 우리 마음에 풍성히 거하여 마음의 지·정·의를 개혁하시며 다스리시는 것이다. 시편 기자는 "나의 하나님이여 내가 주의 뜻 행하기를 즐기오니 주의 법이 나의 심중에 있나이다"(시 40:8)라고 노래했다. 자신의 마음이 하나님과 그의 말씀으로 가득 차서 인간적인 것이 쫓겨나가고 주의 뜻을 행하는 것이 가장 큰 즐거움이라고 고백한다. 우리와 그리스도와의 관계의 친밀도는 우리가 성경대로 행하는지 여부와 밀접하게 연결되어 있다(참고. 벧전 3:7). 우리 안에 하나님의 말씀이 풍성히 거하고, 성령 안에서 그 말씀에 순종하기를 기도한다면 우리는 하나님의 뜻을 행하는 것에서 가장 큰 기쁨을 누릴 것이다. 예수님은 이렇게 말씀하셨다. "너희가 내 안에 거하고 내 말이 너희 안에 거하면 무엇이든지 원하는대로 구하라 그리하면 이루리라"(요 15:7).

셋째로 교회는 그리스도의 사랑 안에서 메시야적 삶의 양식을 드러낸다. 예수님은 "나의 사랑 안에 거하라"(요 15:9)고 말씀하셨다. 교회는 그리스도의 사랑, 곧 '친구를 위하여 자기 목숨을 버리는 사랑' 안에서 안식과 평화를 누린다. 이는 그리스도의 십자가를 통해서 확증되었다. 우리는 바로 이 사랑을 날마다 묵상하고 그 사랑을 부어주신 성령님을 의지하여 말씀에 순종함으로 우리도 사랑의 사람이 된다. 우리는 모든 일을 사랑으로 행함으로써 주님과 연합되어 있음을 나타낸다. 우리의 사랑은 주님을 향한 사랑의 구체적인 열매이자 증거이다. 또한 우리의 사랑은 모든 삶의 현장에서 그리스도를 향한 성실한 순종으로 증거되어야 한다.

마지막으로 교회는 그리스도 안에 거하는 과정의 하나로서 하나님의 가지치기에 순종한다. 포도나무 가지치기가 필수적인 것처럼, 교회도 가지치기는 필수적인 일이다. 깨끗해야 거룩한 열매를 맺을 수 있다. 우리는 그리스도 안에 계속 거하기 위하여, 거룩한 열매를 맺기 위하여 우리의 죄와 어리석음을 잘라내시는 하나님의 섭리적 연단(鍊鍛)을 거부해서는 안 된다. 하나님은 우리를 불구로 만들거나 주저앉히기 위해서 가지치기를 하시는 것이 아니다. 하나님의 모든 손길은 우리 모두가 복되고 아름다운 열매를 맺게 하시려는 선한 목적에서 비롯된 것이다. 우리가 깨끗하게 되기 위해서 하나님의 가지치기를 받는 것이 우리에게 유익하고 안전하다. 아니, 가장 복되신 예수님을 닮고 그와 더 친밀한 소통의 자리로 나아가는 과정이다.

예수님은 "내가 이것을 너희에게 이름은 내 기쁨이 너희 안에 있어 너희 기쁨을 충만하게 하려 함이니라"(요 15:11)고 말씀하셨다. 이 말씀의 의미는 교회와 예수님의 기쁨은 분리될 수 없다는 것이다. 예수님은 자신의 기쁨과 우리의 기쁨이 결코 분리될 수 없도록 정하셨다. 주님의 기쁨은 우리의 기쁨이 되고, 우리의 아픔은 주님의 아픔이 된다. 우리는 이미 그리스도의 일부가 되었기 때문이다. 교회는 하나님의 은혜를 충만히 깨달을수록 더 큰 평강을 누리게 된다. 우리는 하나님 아버지와 주 예수 그리스도 안에 있는 교회이다. 이것이 얼마나 복되고 영광스러운 특권인가! 그렇다면 우리는 어떤 상황에서도 우울해져서는 안 된다. 우리는 어떤 상황에서도 기뻐할 수 있고 평강을 누려야 하는 사람들이다. 이것을 다시 기억하자. 그리고 그리스도의 일부로, 그의 몸 된 교회로 담대하게 살아가자!

2강

믿음, 사랑, 소망의 사람들

데살로니가전서 1:2~ 3

2우리가 너희 무리를 인하여 항상 하나님께 감사하고 기도할 때에 너희를 말함은

3너희의 믿음의 역사와 사랑의 수고와 우리 주 예수 그리스도에 대한 소망의

인내를 우리 하나님 아버지 앞에서 쉬지 않고 기억함이니

충격적인 경험

언제부터인가 우리 사회에서 '트라우마'라는 말이 회자되고 있다. '트라우마 (trauma)'는 우리말로 외상성 상해라고 부른다. 암과 같이 우리 몸의 내부에서 생기는 병이 아니라 주로 병의 원인이 외부 요인에 기인한다. 이제는 많은 사람들이 쉽게 이해하는 단어로서 통상적으로 쓰고 있다. '외부의 강제 혹은 사고에 의해서 발생하는 몸의 상해나 충격'을 말한다. 원인은 외부에 존재하지만 실

제 그 피해가 우리 몸에 가해지는 모든 것을 트라우마라고 부르는데, 교통사고나 상해, 총상 등을 포함해서 모든 사건 사고에 의한 지속적인 격렬한 감정적 충격이 트라우마이다.

정신의학에서는 개인의 정신적 발달 과정에서 물리적이거나 무형적인 외부 충격을 받은 결과 지속적으로 영향을 받는 모든 상황과 조건까지 포괄해서 폭넓게 정의한다. 그런 충격의 결과는 삶에 큰 영향을 주는데 과민 증세를 동반하는 정신적 노이로제가 되기도 한다. 정상적 범위를 벗어나는 이상 상태와 함께 지속적으로 그 영향을 미치는 것이 정신의학에서 말하는 트라우마의 특징이라고 한다.

동일하지는 않지만 복음을 통해서 구원을 받은 사람들도 충격적인 경험을 한 사람들이다. 트라우마는 사람들에게 부정적인 영향을 지속적으로 미친다는 점에서 속히 극복해야 할 질병이지만, 복음을 통해 충격적으로 거듭난 사람은 하나님의 형상을 회복하고 진리를 통해서 만족스런 삶과 안식을 지속적으로 누리게 된다. 그리스도의 십자가의 복음을 경험한 사람은 아무 일도 없었던 것처럼 과거 삶의 방식을 그대로 따라 살 수 없다. 복음의 충격을 통해 거듭난 사람은 하나님의 생명의 영향력 아래서 지속적으로 복을 누리며 살아간다.

C. S. 루이스는 성도의 변화를 각별하게 표현했다. "그리스도인이 된다는 것은 말이 더 빨리 달리게 하는 것이 아니라, 날개 달린 동물이 되는 것이다." 그리스도인이 되는 것은 세상이 무에서 창조되는

것만큼 크고 놀라운 변화이다. 구속은 단순한 개선이 아니라 다른 종류의 사람이 되는 것이다. 데살로니가 교회가 그것을 보여주고 있다. 데살로니가 교회에 대한 바울의 묘사는 정말 놀랍다. 그 교회는 세워진 지 몇 달밖에 되지 않은 어린 교회이다. 성도들은 유대교나 이방 종교에서 새롭게 회심한 갓 태어난 그리스도인들이었다. 그들은 이제 막 거듭나서 그리스도인이라는 확신을 가지게 되었고, 기독교 윤리를 접하게 되었다. 그뿐 아니라 핍박이 매우 심한 상태에서 큰 시련을 겪고 있었다.

1. 믿음의 역사

바울은 데살로니가 교회를 인하여 거듭 하나님께 감사한다. 기도할 때마다 그들을 기억하며 하나님께 감사한다. 바울과 동역자들이 하나님께 드리는 감사는 그들의 사역 가운데 하나님께서 허락하신 "거듭난 영혼들인 성도" 때문이다. 복음 사역자들의 감사는 무엇보다 하나님께 드리는 기도에서 나타난다. 하나님께 향하는 감사는 기도와 분리될 수 없다. 하나님께서 베푸신 과거와 현재의 은혜를 기억하는 것은 우리를 교만에 빠지지 않게 도와준다. 바울과 동역자들은 데살로니가 성도들의 믿음과 사랑과 소망이 어떻게 그들의 삶 속에서 구체적으로 나타났는지를 기억하면서 하나님께 감사의 기도를 올린다.

믿음, 사랑, 소망은 그리스도인의 삶과 기독교의 핵심을 요약한 것이다. 그러나 여기에서 주목해야 할 것은 이 세 가지 기독교적 삶의 덕목들이 일종의 수식어로 활용되고 있다는 사실이다. 바울이 여기에서 더 초점을 두는 것은 데살로니가 성도들의 "역사"(work), "수고"(labor), "인내"(endurance)이다. 그러므로 "너희의 믿음의 역사", "너희의 사랑의 수고", "너희의 소망의 인내"에 주목해야 한다. 이는 초신자라고 할 수 있는 데살로니가 성도들의 신앙이 어려운 핍박의 상황에도 불구하고 구체적인 삶으로 구현되었음을 의미한다. 삶 가운데 구체적이고 생산적인 열매가 없는 신앙, 또는 인격에 변화가 없는 신앙은 참된 기독교가 아니다. 그래서 칼빈 선생님은 "너희 믿음의 역사와 사랑의 수고와 우리 주 예수 그리스도에 대한 소망의 인내"를 "참된 기독교에 대한 간략한 정의"라고 말했다.

어떤 사람들은 믿음으로 구원을 얻는다는 '이신칭의'의 진리를 오해하여 기독교의 진리를 입으로 믿는다고 고백하는 것으로 모든 구원이 완성되는 것처럼 생각한다. 그런 사람에게 믿음을 따라 열심히 수고해야 한다고 하면, '행위 구원'을 말하는 것처럼 색안경을 끼고 본다. 물론 의롭게 되는 것, 칭의를 얻는 일은 오직 믿음으로만 된다. 다시 말하면 하나님께서 하신 일을 믿음으로 받아들이는 것으로 칭의를 얻는다. 그러나 믿음으로 말미암아 칭의를 얻은 사람은 전과 동일한 사람이 아니다. 그는 거듭나서 새 사람이 되었기 때문이다. 그 사람 안에 하나님의 생명이 심겨졌다. 세상을 창조하신 하나님의 능력이 그 사람 속에 새 생명을 심으셨다. 따라서 성령으로 거듭난 사람이 믿음을 가졌다면 행동의 역사로 나타난다. 루이스가 말한 것처럼은 구속은 단순한 개선이 아니라 전혀 다른 종류의 사람이 되게 한다. 그렇다면 그에게서 믿음에 합당한 행위가 나오는 것은 필연적인 이치이다.

믿음이란 하나님의 말씀을 사실이라고 믿는 것뿐 아니라 나아가 그리스도를 믿고 그에게서 안식하며 그를 의지하는 것을 포함한다. 우리는 율법의 행위와는 상관없이 오직 믿음으로 의롭게 된다(롬 3:28). 그리스도와 우리의 연합은 믿음을 통해서 체험되며 유지된다(엡 3:17). 믿음은 사랑과 경건의 삶으로 표현되어야 한다(갈 5:6). 즉 회개에 합당한 열매가 있어야 하며(마 3:8), 또한 성장하는 믿음의 열매가 있어야 한다. 히브리서 11장에서 기자는 믿음의 영웅들을 제시하면서 그들에게 격려를 받아 우리 앞에 있는 믿음의 경주를 완주하라고 권한다(히 12:1). 히브리서에서 믿음은 그리스도인의 삶의 동력으로 그려진다. 그렇게 믿는 자들은 끝까지 인내할 수 있는 힘을 얻는다. 야고보는 믿음이란 진리에 대한 단순한 지적인 찬동만이 아니라 행위를 포함하고 있다고 선언한다. 그는 행위가 없는 믿음은 죽은 것이라고 주장한다(약 2:26).

성경이 말하는 믿음은 첫째로 진리의 지식(knowledge)을 믿는 것이다. 지식이 없이는 참된 믿음이 있을 수 없다고 가르친다. 칼빈 선생님은 믿음이란 "우리에게 향하신 하나님의 자비하심에 대한 견고하고 확실한 지식"이라고 말했다. 하이델베르크 요리문답에서도 참된 믿음이란 "하나님께서 그분의 말씀에서 계시하신 모든 것이 참되다는 지식과 확신"이라고 선언한다. 그렇다면 얼마나 많은 지식이 필요할까? 우리가 구원이 필요한 죄인이라는 것과 오직 그리스도만이 우리를 죄와 사망에서 구원할 수 있는 분이라는 분명하고 충분한 지식을 가져야 한다. 믿음의 두 번째 측면은 찬동이다(assent). 찬동이란 하나님께서 행하신 일과 하나님의 말씀의 가르침들이 참되다고 확고히 받아들이는 행위를 뜻한다. 믿음의 세 번째 측면은 신뢰이다(trust). 믿음은 자신이 아니라 그리스도와 그분이 행하신 것을 전인격적으로 받아들이는 것이다. 이 신뢰에 순종이 포함된다. "믿음으로 아브라함은 부르심을 받았을 때에 순종하여 장래 기업으로 받을 땅에 나아갈새 갈 바를 알지 못하고 나아갔으며"(히 11:8). 로마서 전체를 앞뒤로 감싸고 있는 것도 "믿어 순종케" 하기 위함이다(롬 1:5; 16:26). 요한계시록도 마찬가지이다(계 1:3; 22:7,9,18). 성경은 결코 믿음과 순종, 믿음과 행함을 분리하지 않는다.

믿음은 그리스도께서 행하신 것을 믿음으로 받아들이는 것이기 때문에 수동적이라고 생각하지만, 믿음은 사실상 능동적이다. 왜냐하면 믿음은 행동하기 때문이다. 믿음은 순종함으로 역동성을 드러낸다. 데살로니가 교회는 이런 믿음의 역동적인 순종을 삶의 모든 영역에서 나타냈다. 이것이 참된 믿음의 본질이다. 갈라디아서 5장 6절은 이렇게 말씀한다. "그리스도 예수 안에서는 할례나 무할례가 효력이 없되 사랑으로써 역사하는 믿음뿐이니라." 이를 다시 번역하면 "사랑으로 행동하는 믿음만이 중요할 따름이다"라고 할 수 있다. 믿음은 참된 지식을 가졌고, 그 지식에 대한 정서가 움직이고, 그 지식에 전인을 의뢰하는 행동으로 표현된다. 이것이 진정한 기독교의 믿음이다.

2. 사랑의 수고

오늘날 '사랑'이라는 말이 너무 흔하게 사용되고 있기 때문에 오히려 사랑의 참된 의미를 놓치고 있다. 사랑은 감정이 아니다. 고린도전서 13장은 사랑의 속성을 나열하는데 여기서는 감정에 대해 거의 말하지 않는다. 성경에서 말하는 사랑은 의지와 희생적인 헌신을 동반한 행동이다. 참된 사랑은 힘든 수고를 동반한다. 그러나 그 수고는 무거운 것이 아니라 가볍고 기쁜 것이다. 요한일서 5장 1절부터 3절까지를 보라. "예수께서 그리스도이심을 믿는 자마다 하나님께로 난 자니 또한 내신 이를 사랑하는 자마다 그에게서 난 자를 사랑하느니라. 우리가 하나님을 사랑하고 그의 계명들을 지킬 때에 이로써 우리가 하나님의 자녀 사랑하는 줄을 아느니라. 하나님을 사랑하는 것은 이것이니 우리가 그의 계명들을 지키는 것이라. 그의 계명들은 무거운 것이 아니로다"(요일 5:1-3). 사랑하는 사람을 위해 수고하는 것은 무거운 것이 아니라 기쁨이다. 그 사랑은 율법을 통해서 우리의 삶을 인도한다. 예수님은 "너희가 나를 사랑하면 나의 계명을 지키리라"고 말씀하셨다(요 14:15). 또한 21절에서 "나의 계명을 지키는 자라야 나를 사랑하는 자니 나를 사랑하는 자는 내 아버지께 사랑을 받을 것이요 나도 그를 사랑하여 그에게 나를 나타내리라"고 하셨다. 요한복음 15장 12절에서는 이렇게 말씀하신다. "내 계명은 곧 내가 너희를 사랑한 것

같이 너희도 서로 사랑하라 하는 이것이니라."

데살로니가 교회는 주님의 말씀을 따라 사랑했다. 그들은 예수님의 계명을 지키는 것으로 하나님에 대한 사랑을 나타냈다. 또한 그들은 교회와 형제들을 사랑하였는데 그로 인한 헌신과 수고를 마다하지 않았다. 그들의 희생과 헌신을 동반한 사랑은 그들이 진정으로 하나님의 자녀임을 나타낸 것이다. 우리의 사랑의 섬김은 섬김을 받는 사람들에게 그리스도의 아름다움과 사랑을 전달한다. 사실 우리가 하나님을 섬기고 다른 사람들을 섬기는 일은 종말론적인 하나님 나라의 잔치에 참여하는 기쁨을 미리 맛보는 것이다. 우리는 하나님을 아는 지식에서 성장하는 만큼 사랑에서도 성장하게 된다. 그리스도의 형상을 닮아가는 것은 사랑이신 주님을 지·정·의 모든 면에서 전인격으로 닮는 것을 의미한다.

이러한 사랑은 교회 안에만 머무는 것이 아니라, 우리의 가정과 직장에서 하나님과 사람들을 사랑으로 섬김으로 드러난다. 이것이 복음의 참된 능력이다. 데살로니가 교회는 핍박과 극심한 환난 속에서도 이 사랑의 수고를 나타냄으로써 그들이 하나님의 자녀임을 드러냈다. 그리스도의 제자임을 말뿐 아니라 사랑의 섬김으로 증거한 것이다. 오늘 우리 교회에게 필요한 것이 무엇인가? 더 많은 돈인가? 더 많은 사람들인가? 아니다. 우리 모두가 이 복음의 능력을 체험하고 역동적인 믿음으로 사랑의 사람이 되는 것이다. 믿음과 사랑에 헌신된 사람들을 세상은 감당할 수 없었다. 그런데 오늘날 한국 교회는 항상 숫자만 세고 있다. 천만 성도를 외치더니 팔백만으로 줄었다 하고, 이제는 오백만도 안 된다며 호들갑을 떨고 있다. 교회가 몇 사람이 모이는가만 중요하게 생각할 뿐, 참된 믿음과 사랑의 헌신에 대해서는 이야기도 꺼내지 않는다. 개인들도 마찬가지이다. "성경을 그만큼 공부했으면 됐지, 또 하느냐?"라고 말하는 사람들이 있다.

3. 소망의 인내

소원과 소망을 구별하는 것이 필요하다. 이 두 가지는 동일하지 않기 때문이다. 소원은 모든 사람이 가질 수 있다. 소원은 우리가 원하는 것이나 필요하다고 느끼는 것을 미래로 투사하는 것이다. 우리는 가끔 "내가 이렇게 선하고 거룩한 것을 원하므로 나의 소원이 곧 소망이다"라고 말한다. 그러나 이것은 잘못된 생각이다. 거룩하고 선한 것을 원한다고 해서 그것이 소망이 되는 것은 아니다. 소원은 우리의 자아를 미래로 투사하는 것이고, 소망은 하나님이 행하시려는 것을 원하는 것이다.

소원은 우리의 자아에서 나오지만, 소망은 우리의 믿음에서 나온다. 소원은 우리가 행하는 것을 향하지만, 소망은 하나님께서 행하시는 것을 향한다. 소원은 내가 이 세상과 사람들, 그리고 하나님께 원하는 것과 관계가 있다. 소망은 하나님께서 나와 세상과 내 주변 사람들에게 원하시는 것과 관계가 있다. 소원은 미래로 투사된 나의 의지이고, 소망은 미래로부터 찾아오는 하나님의 의

지다. 소원은 나에게서 나온 것으로 미래를 향한다. 소망은 하나님께로부터 나와서 나에게 향한 것이다. 소망은 몽상이 아니라 하나님께서 이루실 일을 기대하는 것이다.

사람들이 "소망이 사라졌다"라고 말할 때, 실제 그 말의 의미는 "나는 소원을 포기했다"는 것이다. 다시 말해서 자신이 소원했던 것을 이루지 못했을 때, 혹 이루었다 할지라도 애당초 원했던 것이 아닐 때 사람들은 "소망이 사라졌다"고 말한다. 그러나 참된 소망은 결코 부끄럽게 하지 않는다(롬 5:5). 기독교의 소망은 결코 사라질 수 없다.

참된 소망은 그리스도인을 어떠한 상황에서도 역동적이며 활기차게 한다. 그러나 허무한 소원을 가진 사람들은 따분하고 지루하며 고통스러운 삶을 산다. 그들이 소원하는 것은 확실한 보장도 없고, 그들이 미래를 주관할 수도 없기 때문이다. 자기 딴에는 정확한 판단을 했다고 하지만, 그들이 전망하는 미래는 현재와 별반 다르지 않다.

데살로니가 교회는 우리 주 예수 그리스도에 대한 소망이 있었다. 그들은 신실하신 하나님과 그리스도께서 준비하신 하나님 나라의 극치를 내다보는 소망을 가졌다. 현재는 고난이 있고 악인들이 횡행하는 상황이지만, 주께서 그 악인들을 사용해서라도 자신들에게 선을 이루어 주실 것을 알았기 때문에 인내하며 기뻐할 수 있었다. 시편 129편에서 말씀하고 있는 것처럼, 악인들이 지금은 온갖 방식으로 하나님의 백성들을 괴롭히고 있지만, 실상 그들은

"지붕의 풀과 같을지어다. 그것은 자라기 전에 마르는 것이라. 이런 것은 베는 자의 손과 묶는 자의 품에 차지 아니하나니"(129:6-7)라고 선언할 수 있는 사람이다.

데살로니가 교회는 그리스도께서 다시 오셔서 완성하실 하나님의 나라를 바라보면서 선으로 악을 이기는 인내를 소유했다. 이렇게 소망을 가진 사람들은 세상의 위협에 담대하게 대처하면서 하나님께서 주시는 말씀에는 민감하게 반응한다. 소망은 세상을 이기는 능력을 준다. 이런 소망을 가진 사람은 모세처럼 "하나님의 백성과 함께 고난 받기를 잠시 죄악의 낙을 누리는 것보다 더 좋아하고, 그리스도를 위하여 받는 능욕을 애굽의 모든 보화보다 더 큰 재물로 여긴다"(히 11:25-26).

로마서 5장은 그리스도인의 소망이 결코 부끄럽게 되지 않는다고 선언한다. 그러한 소망이 이루어지지 않아서 실망하게 될 일은 결코 없다는 말씀이다. 우리의 소망은 환상이나 공상(空想)이 아니다. 우리가 그것을 어떻게 아는가? 우리의 소망의 궁극적인 토대가 무엇인가? 성령께서 증거해 주시는 하나님의 사랑이 그것이다. 하나님은 우리를 사랑하셔서 구원하였기 때문에 결코 우리를 실망시키지 않으실 것이다. 하나님의 사랑은 그리스도의 십자가 안에 분명하게 나타났다.

우리가 연약할 때(전적으로 무능력할 때) 그리스도는 경건치 못한 우리를 위해서 죽으셨다. 이것은 인간의 이해를 초월한 사랑이다. 인간의 세계에서는 의로운 사람(존경하는 사람)을 위하여 죽는 것도 쉽지 않고, 선한 사람(사랑하는 사람)을 위하여 용감히 죽는 경우는 가끔 있다(롬 5:7). 그러나 악인을 위하여 죽는 일은 아예 없다. 그러나 하나님께서는 죄인이요 원수 된 우리를 위해 자기의 사랑하는 아들을 내어주셨다. 인간적인 도덕관념으로 볼 때 하나님의 아들의 죽음은 적절치 못하다. 사람들은 "죽 쑤어서 개 주겠냐?"라는 말을 한다. 힘들게 일해서 얻은 것을 가치 없는 자에게 줄 수 없다는 말이다. 그런데 하나님께서는 원수들에게 불타는 진노의 심판을 퍼부어야 할 때, 오히려 자신의 가장 소중한 아들을 '연약한 자'(전적으로 무능한 자)요, '경건치 않은 자들인 죄인과 원수'들을 위하여 죽음에 내어주셨다. 바로 여기에 하나님의 위대한 사랑이 있다. 이런 위대한 사랑을 나타내신 하나님께서 그의 아들의 희생으로 얻은 자들의 구원의 완성을 보장하지 않으시겠는가?

우리의 소망은 그리스도의 재림에 있다. 그리스도께서 다시 오셔서 모든 것을 바로잡으실 것이다. 그리스도께서 다시 오셔서 모든 악을 종식시키실 것이다. 성경은 그리스도의 재림을 오랫동안 떨어져 있던 연인들이 만나는 모습으로 그려준다. 그리스도는 신랑이며 교회는 그분의 신부이다. 신랑과 신부가 결혼식 날을 손꼽아 기다리는 것처럼, 참된 성도는 그리스도의 재림을 소망한다. 그리스도께서 오셔서 성도들의 수고와 아픔과 인내에 대하여 상을 주시고, 모든 눈물을 씻어 주실 것이다. 우리는 하나님의 충만한 임재 안에서 지고(至高)의 복을 누릴 것이다.

기독교는 참되고 유일한 소망의 종교이다. 만약 그리스도의 재림이 없다면 우리는 역사를 주관하지 않는 하나님, 악을 용납하시는 하나님, 악을 막을 능력이 없는 하나님, 자기 백성의 안위와 행복에 관심이 없는 하나님을 섬기는 것이 된다. 이런 하나님을 우리가 섬겨야 하는가? 만약 하나님이 우리에게 풍성한 삶을 주셨다는 이유로만 섬긴다면, 우리는 진리의 반 이상을 버린 것이다. 바울은 우리에게 감사와 자족한 삶을 살라고 가르쳤지만 다른 한편에서는 "만일 그리스도 안에서 우리의 바라는 것이 다만 이생뿐이면 모든 사람 가운데 우리가 더욱 불쌍한 자"(고전 15:19)라고 말씀한다.

우리가 어둡고 긴 터널을 빠져 나가기 위해서 함께 가고 있다고 생각해 보자. 우리는 손전등이나 등불을 준비해서 조심조심 옆사람이 넘어지지 않게 서로를 격려하면서 나아갈 것이다. 이렇게 조심하면서 터널을 빠져 나가려고 하는 이유가 무엇인가? 터널 끝에 가면 밝은 빛이 있다는 것을 알기 때문이다. 그런데 만약 그 터널 끝이 빛이 아니라 칠흑 같은 어둠이라면 굳이 고통스럽게 그 터널을 빠져 나가려고 할 이유가 있겠는가?

그리스도의 재림이 왜 중요한가? 그것은 이 어두운 역사의 터널 끝에서 영원한 빛이 우리를 기다리고 있기 때문이다. 터널이 어둡지만 그것은 길지 않다. 끝이 얼마 남지 않았다. 예수님의 죽음과 부활은 역사의 터널 끝에서 영원하고 영광스러운 빛이 기다리고 있음을 확증해 준 사건이다. 예수님은 이 어둠의 역사를 끝내시기 위해 곧 빛으로 영광중에 오실 것이다. 모든 악을 소멸하실 것이고 교회는 영광스러운 혼인잔치에 참여하게 될 것이다. 히브리서 기자는 10장 24-25절에서 이렇게 말씀한다. "서로 돌아보아 사랑과 선행을 격려하며 모이기를 폐하는 어떤 사람들의 습관과 같이 하지 말고 오직 권하여 그 날이 가까움을 볼수록 더욱 그리하자." 우리가 참된 소망을 가지고 있기 때문에 서로 돌아보아 사랑과 선행을 격려하는 것이다.

교회의 능력의 원천은 무엇인가

오늘날 많은 사람들이 교회를 떠나고 있는 현상에 대해서 걱정하고 있다. 젊은 청년들이 교회를 떠나고, 청소년들과 어린이 주일학교는 거의 붕괴 직전에 있다고 호들갑이다. 그러나 그렇게 된 원인이 무엇인가를 살펴야 한다. 원인을 분석해 보면 우리가 더 걱정해야 할 것은 사람들이 떠나는 것보다 교회에 복음이 없다는 사실이다. 복음이 없는 교회는 마치 사울 왕국과 같다. 많은 사람들이 모였고, 많은 종교적인 행사가 끊임없이 진행되고 있다. 그러나 그곳에는 말씀의 원리가 구현되는 하나님의 통치가 드러나지 않는다. 오직 사울 자신의 욕망을 위해서 이스라엘의 국력을 낭비하고 자기 권력을 지키기 위해 무고한 하나님의 제사장들을 학살하였듯이, 복음이 없는 교회는 참된 성도들을 괴롭히고 목사의 개인적인 욕망을 추구하는 수단이 되었다. 교회가 하나님의 영광을 추구하는 것이 아니라 교인들 간에 서로 자기 영광을 추구하고 자신의 욕망을 채우는 기관이 되어 버렸다.

그런 곳에 여전히 많은 사람들이 모일 수 있다. 그래서 여러 가지 종교 행사와 종교 사업이 벌어지고 있다. 수천만 원, 수억 원씩 들여서 자선사업도 할 수 있다. 그러나 그것 때문에 하나님 나라가 그곳에 실재한다고 말할 수 없다. 웨스트민스터 신앙고백서(25장 5절)가 말하듯이 교회가 복음을 순수하게 전파하지 않고 복음을 따라서 믿지 아니하면 언제든 사단의 회(會)가 될 수 있음을 알아야 한다.1) 어떤 전통적인 교단에 소속된 교회라고 해서 그 교회가 진정한 교회가 되는 것은 아니다. 중요한 것은 그 교회가 선포하고 가르치고 믿고 나아가는 복음 진리에 있다. 바르게 진리가 선포되고 그 진리에 따라 믿음으로 역사하고, 진리를 따라 사랑의 수고를 하며, 그리스도의 재림에 대한 소망의 인내를 통해서 역동적으로 주님의 영광을 드러내는 그 교회가 하나님 나라에 속한 교회이다.

교회는 믿음과 사랑과 소망으로 세상과 구별된 공동체이다. 이런 특성의 두 가지 측면을 주목해야 한다. 첫째로 그 요소들은 외향적이라는 점이다. 믿음은 하나님을 향한 것이며, 사랑은 다른 사람들을 향한 것이고, 소망은 미래, 특히 우리 주 예수 그리스도의 영광스러운 재림을 향한 것이다. 어떤 신학자는 이렇게 말했다. "믿음은 과거에 근거를 두고, 사랑은 현재에 역사하고, 소망은 미래를 내다본다." 모든 그리스도인은 예외 없이 믿는 자들이며, 사랑하는

---

1) 지상에서는 아무리 순수한 교회라 할지라도 혼탁함과 과오를 범하게 되는 경향성을 지니고 있다. 어떤 교회는 그리스도의 교회가 아니라 사탄의 회라고 할 만큼 깊이 타락하기도 한다. 그럼에도 불구하고 지상에는 하나님의 뜻에 따라 순종하며 예배하는 교회가 항상 존재할 것이다(25장 5절).

자이며, 소망을 가진 자이다. 삶으로 확증되는 믿음과 사랑과 소망은 거듭남에 대한 확실한 증거이다. 이렇게 거듭난 사람은 삶의 방향이 완전히 바뀌게 된다. 우리는 믿음 안에서 하나님께 이끌리며, 사랑 안에서 밖으로 다른 사람들에게 이끌리고, 소망 안에서 재림으로 이끌리게 된다. 거듭남은 자신을 향한 타락한 내향성(內向性)에서 끌어내서 하나님과 교회의 지체들과 다른 사람들에게 향하도록 방향을 바로잡아 준다. 영적으로 죽어 있는 사람은 자기만을 사랑하는 내향성으로 자기와 다른 사람의 자원을 고갈시킨다. 그러나 영적인 생명이 있는 사람은 하나님과 다른 사람을 향한 외향성(外向性)으로 자신과 다른 사람들의 삶을 더 풍요롭게 한다.

둘째로, 각 요소들은 생산적이다. 믿음, 사랑, 소망은 다소 추상적인 것처럼 들린다. 그러나 그것들은 구체적이며 실제적인 결과를 낳는다. 하나님은 생명의 하나님이시다. 그리스도인의 능력은 하나님의 생명으로 충만해져서 하나님의 생명력을 전달하는 것으로 나타난다. 믿음은 역사하며, 사랑은 수고하고, 소망은 참는다. 하나님에 대한 참된 믿음은 우리를 선한 일, 곧 주께서 기뻐하시는 일을 하게 만든다. 그래서 행함이 없는 믿음은 죽은 것이다(약 2:26). 얼마 전 교육방송에 소개된 한 노인 부부의 삶은 참으로 아름다워 보였다. 그들은 농촌에서 농사를 지으며 살고 있었다. 그런데 그 노인 부부의 표정이 얼마나 밝던지 보는 사람들마저 기쁘게 했다. 그들이 그렇게 건강하고 밝게 사는 것은 그들의 삶이 생산적이었기 때문이었다. 운동을 해도 단지 몸 자체만을 위해 운동하는 사람들이 많다. 그러나 자신과 다른 사람을 유익하게 하고, 아름다운 열매를 맺는 농사일에서 생산과 결실의 기쁨을 맛보는 운동, 이것이 그들에게 그런 행복한 미소를 가져다 주었을 것이라고 생각되었다.

사람들에 대한 진정한 사랑은 그들을 위한 수고와 헌신으로 이끈다. 그리고 생명의 열매를 맺는다. 그렇지 않으면 그것은 단지 하나의 감정에 불과할 뿐이다. 여기서 '수고'는 어떤 일을 행할 때의 고됨, 혹은 거기에 필요한 큰 수고를 의미한다. 우리 안에 심겨진 그리스도의 사랑은 우리로 하여금 그러한 수고를 동반한 사랑을 기쁨으로 감당하게 한다. 그것이 바로 그리스도를 닮는 아름다움이다. 만약 우리가 이런 경건한 삶과 사랑의 수고의 열매를 꾸준히 맺고 있다면 우리는 성장하고 있는 것이다. 이로 인해 우리는 날마다 새로워질 것이다. 의인은 종려나무 같이 번성하며(시 92:12), 그 잎사귀가 마르지 않음 같이 풍성할 것이다.

주님의 재림을 고대하면서 기다리는 참된 소망은 인내로 이끈다. 아무리 크고 강한 반대에 직면한다 할지라도 그보다 더 강한 인내로 승리하게 한다. 다니엘은 "오직 자기의 하나님을 아는 백성은 강하여 용맹을 발하리라"(단 11:32)고 선언한다. 우리는 주님의 재림을 소망하기 때문에 사역이 힘들고 어려워서 힘에 부치는 상황에서도 멈추지 않고 인내하면서 헤쳐 나갈 수 있다. 비록 우리가 많은 일을 하지 못했을지라도 영적으로는 더욱 성장하며 풍성한 열매를 맺었다는 칭찬을 받게 될 것이다. 믿음, 사랑, 소망 안에서 기독교 전체가 존재하고 성장한다. 따라서 우리는 모든 일에 신중하여야 하고, 시간을 아껴야 한다. 우리는 성령님의 인도하심을 따라 믿음의 역사와 사랑의 수고와 소망의 인내 가운데서 주께서 기뻐하시는 일을 행하기 위해 최선의 노력을 다하여야 한다. 이것이 우리의 영광이요 특권이다.

3강

세상을 놀라게 한 복음의 나팔

데살로니가전서 1:4~ 10

4하나님의 사랑하심을 받은 형제들아 너희를 택하심을 아노라 5이는 우리

복음이 말로만 너희에게 이른 것이 아니라 오직 능력과 성령과 큰 확신으로

된 것이니 우리가 너희 가운데서 너희를 위하여 어떠한 사람이 된 것은 너희

아는 바와 같으니라 6또 너희는 많은 환난 가운데서 성령의 기쁨으로 도를

받아 우리와 주를 본받은 자가 되었으니 7그러므로 너희가 마게도냐와 아가야

모든 믿는 자의 본이 되었는지라 8주의 말씀이 너희에게로부터 마게도냐와

아가야에만 들릴 뿐아니라 하나님을 향하는 너희 믿음의 소문이 각처에

퍼지므로 우리는 아무 말도 할 것이 없노라 9저희가 우리에 대하여 스스로

고하기를 우리가 어떻게 너희 가운데 들어간 것과 너희가 어떻게 우상을 버리고

하나님께로 돌아와서 사시고 참되신 하나님을 섬기며 10또 죽은 자들 가운데서

다시 살리신 그의 아들이 하늘로부터 강림하심을 기다린다고 말하니 이는 장래

노하심에서 우리를 건지시는 예수시니라

내적 증거

20세기 선지자라 불렸던 에이든 토저 목사님은 이렇게 말했다. "초대교인들은 그리스도인인지 확인하기 위해 그들 안에서부터 자연적인 빛이 뿜어져 나오는가를 살펴보았다. 그들 마음속에서 태양이 떠올라 빛을 비추고 뜨겁게 하는 데 자원이 따로 필요치 않았던 것이다. 즉 그들은 내적 증거를 가지고 있었다. 때문에 큰 능력과 큰 은혜가 그들의 생애를 특징지었고, 그로 인해 예수님의 이름을 위해 고통 받는 것을 즐거워하였다." 오늘날 사영리 같은 피상적인 복음 전도를 통해서 교회에 나왔지만 하나님의 능력과 큰 확신을 경험하지 못한 사람들이 많다. 그들은 교회에 출석하고 있기 때문에 자신이 그리스도인이라고 생각한다. 그들은 여전히 예전과 다름없이 세상적인 방식으로 생활하고, 세상의 가치를 영적인 가치보다 더 크게 생각한다. 그들은 교회에 출석하지만 참된 만족과 안식을 모른 채, 나름 선한 사람이 되기 위해 수행하는 것처럼 이런 저런 프로그램(종교행사)에 참여하고 있다.

그러나 그리스도인이 된다는 것은 단순히 "착한 사람"이 되는 것이 아니라, 전혀 새로운 사람이 되는 것이다. C. S. 루이스는 두 가지 종류의 삶(생명)을 헬라어에 입각해서 구별한다. 하나는 비오스(bios)고 다른 하나는 조에(zoe)라는 단어다. 비오스는 일반적으로 각 사람이 소유하고 있는 생명을 가리킨다. 생물학적인 생명으로서 음식, 공기, 물 등과 같은 것에 의해 유지되나 마침내는 죽음으로 끝나는 유(類)의 생명을 말한다. 반면 조에는 영적인 생명을 가리키는데 우리가 중생할 때 하나님께서 주시는 생명을 말한다. 이 생명은 영원히 계속된다. 루이스는 이 두 가지 생명은 서로 다를 뿐만 아니라 실상은 서로 반대되는 것이라고 말한다. 비오스는 근본적으로 자기중심적인 반면에 조에는 하나님과 다른 사람을 향한 생명이라 할 수 있다. 따라서 거듭난 생명, 조에를 가진 사람은 그 안에 부인할 수 없는 내적인 증거를 가지고 있기 때문에 큰 능력과 확신 가운데서 세상과 다른 삶, 과거와 다른 삶을 살 수밖에 없다. 오늘 우리는 하나님의 생명을 소유한 데살로니가 교회 성도들의 역동적인 삶을 보게 된다. 그들의 거울에 비추어서 진정한 기독교가 무엇인지를 확인해 보자. 그들의 역동성에 비추어 오늘 우리 교회와 자신을 점검해 보자.

1. 하나님의 사랑과 택하심의 공동체(4절)

바울과 동역자들은 믿음으로 일하고(역사) 사랑으로 섬기며(수고) 또한 예수 그리스도의 재림을 소망하는 일(인내)에 있어 데살로니가 교인들이 보여 준 헌신들을 기억하고 감사하며 기도했다. 데살로니가 성도들이 보여 준 이 세 가지의 특징은 사실 모든 시대 모든 그리스도인에게서 드러나야 하는 신앙적 특징이다. 바울은 데살로니가 교회가 그들의 삶을 통해서 신앙의 뿌리와 열매를 나타내 보였음을 칭찬한다. 이를 통해서 그들이 "하나님의 사랑하심을 받은 형제들"이며, 하나님의 택하심을 받은 형제라는 것이 확증되었다.

하나님의 선택 교리는 인간적인 생각으로는 쉽게 납득이 되지 않는다. 그러나 성경은 이 교리를 중요하게 다루고 있다. 선택을 이해하기 위해서는 먼저 아브라함을 부르신 사건에서부터 성경 전체의 줄거리와 함께 고찰해야 한다. 여인의 후손을 통해서 죄로 인한 저주와 심판이 극복될 것이라는 창세기 3장 15절의 언약은 이어지는 사건들 속에서 무산되는 것처럼 보였다. 가인이 아벨을 죽였고, 노아 시대는 타락으로 인해 홍수의 심판을 받았다. 구원받았던 노아의 후손들마저 바벨탑을 쌓으면서 하나님의 길을 떠나 인간중심적인 낙원을 건설하고자 우상숭배에 빠졌다. 이런 상황에서 하나님께서 아브라함을 선택하심으로 자신이 구원하실 백성을 택하신 것이며, 아브라함의 후손을 통해서 모든 사람에게 구원을 베푸실 것을 언약하셨다. 하나님께서 이스라엘을 선택하신 것은 그의 사랑에서 비롯되었다(신 4:37; 7:7-8). 이스라엘을 향한 하나님의 사랑은 그들의 선택보다 선행했다. 실제로 하나님께서 이스라엘을 자기 백성으로 선택하신 이유는 사랑 때문이었다. 이스라엘이 하나님을 사랑했기 때문에 선택받은 것이 아니라, 그분이 기꺼이 원하셔서 이스라엘을 선택하신 것이다. 이스라엘은 하나님께서 모든 민족들에게 복을 주시기 위해 택하신 언약의 종이었다.

그러나 구약시대의 이스라엘은 하나님의 택하신 종이자 아들로서의 역할을 다하지 못했다. 그들은 하나님께 불순종했으며 그 결과 북쪽 이스라엘과 남쪽 유다 모두 멸망했다. 하나님께서 자기 백성들에게 자비를 베푸셔서 그들을 바벨론에서 돌아오게 하셨지만, 예수 그리스도가 오시기까지 구원의 약속은 이루어지지 않았다. 예수님은 아브라함의 자손과 다윗의 자손으로 구약의 모든 언약을 성취하셨다. 예수님은 이스라엘이 실패한 곳에서 성공하신 참 이스라엘이셨다. 이제 예수님의 공동체 안에 속한 자가 진정한 이스라엘이 된다. 교회가 바로 새로운 이스라엘인 것이다.

참 이스라엘은 그리스도께 속한 자들이며 사랑받는 아브라함의 자손들이다. 예수님 당시 서기관들과 바리새인들은 육신적으로 아브라함의 후손이기 때문에 "우리가 아브라함의 자손이다"(요 8:33)라고 자랑했다. 그 때 예수님께서는 그들에게 말씀하셨다. "나도 너희가 아브라함의 자손인 줄 아노라. …… 너희가 아브라함의 자손이면 아브라함의 행사를 할 것"이다(요 8:37, 39). 아브라함은 믿음의 조상이다. 믿음은 자연적인 출생에 의해 전달되지 않는다. 하나님의 말씀을 믿고 아브라함처럼 순종하는 것을 통해 그가 진정한 아브라함의 자손임을 드러낸다.

바울은 하나님의 사랑과 선택을 하나로 묶는다. 하나님께서는 우리를 사랑하셨기 때문에 선택하셨으며, 또한 우리를 택하셨기 때문에 우리를 사랑하신다. 하나님은 우리가 사랑스럽기 때문에 우리를 사랑하신 것이 아니라, 단지 그분 자신이 사랑이시기 때문에 우리를 사랑하신다. 이것은 우리의 이성으로 다 이해할 수 없는 신비이다. 그렇다면 바울은 이 신비에 속한 선택을 데살로니가 교회가 받았다는 것을 어떻게 알 수 있었을까? 우리도 바울이 제시한 기준으로 분별할 수 있다. 바울은 두 가지 근거를 제시하는데 첫째는 그들이 보여준 믿음의 역사와 사랑의 수고와 예수 그리스도에 대한 소망의 인내를 통해서 알았다. 바울은 그들이 기독교의 본질에 속하는 속성을 가진 것을 보면서 하나님께서 택하신 백성이라는 사실을 확신할 수 있었다. 그들이 택함을 입어서 성령 안에서 거듭났기 때문에 환난 가운데서도 그러한 삶을 살 수 있었다.

둘째는 5절 이하에 나오는데, 데살로니가 교회는 바울과 그의 동역자들이 전한 복음에 대한 반응(열매)을 통해서 그들이 하나님의 사랑하심을 입고 택하심을 입은 자들임을 나타냈다(5절). 선택 교리가 복음 전도를 불필요하게 만들기는커녕 필수적인 것으로 만든다는 것을 보여준다. 왜냐하면 하나님의 비밀이 계시되고 알려지는 것은 복음에 반응하는 것을 통해서 확연히 드러나기 때문이다. 바울은 교회가 영원 전부터 하나님의 사랑하심과 택하심을 입었으며, 하나님 안에 뿌리박고 하나님으로부터 생명을 공급받는 기관이라고 말한다. 교회는 믿음의 역사와 사랑의 수고와 소망의 인내를 가진 공동체이다. 교회는 단순히 사람들의 마음이 맞아서 함께 모여서 이런 저런 활동을 하는 단체가 아니다. 교회는 하나님이 영원 전에 택하심으로 말미암고, 하나님의 사랑에 뿌리가 박힌 생명의 공동체이다.

2. 복음의 열매들(5-10절)

1) 우리와 주를 본받음(5-6절)

데살로니가 교회 성도들이 하나님의 사랑과 택함을 받았다는 사실은 이들의 현재 삶의 내용이 증거했다. 그렇다면 믿음의 역사와 사랑의 수고와 소망의 인내를 가능하게 한 것은 무엇일까? 그것은 과거의 복음 전파자들에게서 듣고 믿은 "역사적·신앙적 만남"이 있었기 때문이다. 5절부터 시작하는 "왜냐하면"(우리말 번역 "이는")이 이것을 보여준다. 5절 전반부는 이런 뜻이다. "왜냐하면 우리 복음이 너희에게 말로만 이른 것이 아니라 또한 능력과 성령과 큰 확신으로 된 것이기 때문이다."

바울은 복음을 다양하게 표현했다. "우리 복음"이나 "내 복음"(엡 3:2-7), "하나님의 복음"(살전 2:2,8,9), 또는 "그리스도의 복음"(살전 3:2; 살후 1:8; 갈 1:7)이라고 부른다. 하나님은 복음의 창시자시며, 그리스도는 복음의 실체이시고 사도들은 복음의 일차적인 대행자였다. 교회는 복음의 이차적인 대행자이다. 교회는 복음에 의해 존재하게 되었고, 복음은 교회를 통해서 전파된다. 이들 각각은 서로 뗄 수 없는 관계이다. 바울은 5-10절에서 세 단계로 복음의 진보를 그려준다. 첫째, "우리 복음이 너희에게 이르렀다"(5절). 둘째, "너희는 복음을 받았다"(6절). 셋째, "주의 말씀이 너희에게로부터 각처에 들려졌다"(8절). 복음이 그들에게 전해졌고, 그들은 그것을 받았으며, 다시 그들은 다른 사람들에게 그것을 전했다.

또한 바울은 복음이 이르는 곳에서 일어나는 놀라운 변혁을 보여준다. 첫째, 복음은 사역자와 그리스도를 본받게 한다(6절). 둘째, 복음은 우상을 버리고 하나님을 섬기게 한다(9절). 셋째, 복음은 그리스도의 강림을 기다리게 한다. 복음은 "모든 믿는 자에게 구원을 주시는 하나님의 능력"이기 때문에 복음이 전진하는 곳에는 생명의 역사가 일어나게 된다. 에스겔 37장에서 마른 뼈들이 살아나는 것처럼, 영적으로 죽은 자들이었던 사람들, 즉 육신의 생명인 비오스만 있고 자기 추구적인 내향성만 갖고 있던 사람들에게 영원한 생명인 조에를 가진, 하나님과 이웃을 향해 일하는 새 생명이 들어가는 역사가 일어난 것이다. 에스겔 47장에서 성전에서 나온 물이 죽음의 땅을 생명의 땅으로 바꾸어 놓은 것처럼, 예수 그리스도의 복음은 죽음의 땅을 삼키고 생명을 주는 강수(江水)가 된다. 복음의 생명나무는 달마다 새 실과를 맺으며 생명의 풍성함을 공급하고, 그 잎사귀는 치료하는 약재료가 될 것이라는 에스겔의 예언이 주 예수 그리스도의 복음을 통해서 완벽하게 성취되었다.

이러한 복음은 데살로니가에 바람을 타고 이른 것이 아니었다. 또는 낙하산을 타고 하늘에서 떨어진 것이 아니었다. 바울과 실라와 디모데가 데살로니가에 가지고 들어왔다. 빌립보 감옥에서 죽지 않을 만큼 맞고 난 후에 빌립보에서 160킬로미터나 떨어진 데살로니가로 걸어서 들어온 허름한 세 명의 사역자들을 통해서 영광의 복음, 생명의 복음이 그들에게로 들어갔다. 이것이 얼마나 놀라운 일인가? 이것이 얼마나 아이러니한 일인가? 이렇게 놀라운 복음이 세상에서 눈에도 띄지 않는 사람들을 통해서 전진하고 있었다. 그것도 자신들의 현실적인 필요를 감당하기 위해서 힘들게 일해야 하는 보잘것없는 사람들을 통해서 전파되었다. 대적자들로 인해 수없이 고난과 핍박을 받는 연약한 자들을 통해서 복음이 전파되었다. 따라서 스스로 지혜롭게 여기는 자들과 세상의 영광만을 바라보는 사람들에게는 어리석고 미련한 것이었다. 인간의 시각으로 볼 때, 복음을 전하는 자들이나 복음의 내용 모두 사람들의 구미에 맞지 않았다. 모두 비위에 거슬리는 것뿐이었다.

그러나 바로 그렇게 연약한 자들이 전하는 "복음"이 데살로니가 사람들에게 이르렀을 때 그곳에 혁명적인 변화가 시작되었다. 유대인들과 경건한 헬라인의 큰 무리와 적지 않은 귀부인들도 권함을 받고 복음을 받아들였다(행 17:4). 도대체 무슨 일이 있었던 것일까? 어떻게 이런 일이 있을 수 있었겠는가? 바울과 그 일행이 전한 복음이 단지 말로만 이른 것이 아니라 "오직 능력과 성령과 큰 확신으로 된 것"이었기 때문이다.

바울은 여기서 복음 전파와 관련해서 네 가지 표현을 사용한다. 첫째로 복음은 말로 전파되었다. 본문에서는 "말"이 부정적으로 사용된 것처럼 보이지만, 문맥에서 강조하고자 하는 것은 "말" 이외에도 다른 표적들과 "함께" 나타났음을 강조하는 표현이다. 오늘날도 복음을 전하는 가장 중요한 통로와 수단은 "말"이다. 복음 자체는 하나의 메시지로서 "말씀(도)"(6절), "주의 말씀"(8절), "하나님의 말씀"(2:13)이기 때문이다. 말은 중요하다. 그것은 우리가 서로 의사소통하는 수단이자 사상을 전달하는 도구이다. 복음은 독특한 내용과 사상을 가지고 있다. 복음은 분명한 말로 선포되어야 한다. 이미지가 때로는 말보다 더 강력하다. 그러나 그 이미지들은 또한 말로 해석되어야 한다. 그러므로 공적 설교이건 개인적인 증거이건 간에 우리가 복음을 전할 때, 우리는 말을 선택하는 데에 많은 수고를 들일 필요가 있다.

둘째로 바울이 전하는 복음에는 하나님의 능력이 나타났다. 마음이 굳어진 사람들에게 복음이 들어가서 생명의 역사가 일어나려면, 더욱이 연약한 인간이 전하는 말이 신적인 능력으로 확증을 받으려면, 하나님의 강력이 필요하다. 여기서 능력은 죽어 있는 인간의 양심과 마음을 꿰뚫을 수 있는 성령의 감화시키는 내적인 역사뿐만 아니라, 외적으로 나타나는 각종 이적과 질병의 치유를 포함한다(히 2:4).

셋째로 복음은 성령으로 확증되었다. 성령께서는 사람들의 마음을 밝히셔서 그 말씀을 통해서 지성과 정서와 의지를 새롭게 하신다. "육에 속한 사람은 하나님의 성령의 일(사도의 가르침)을 받지 아니하나니 저희에게는 미련하게 보임이요 또 깨닫지도 못하나니 이런 일은 영적으로라야 분변함이니라"(고전 2:14). 성령 하나님은 복음 전도자들이 전하는 하나님의 말씀이 진리임을 확신하게 하고 그들의 마음을 찔러서 회개와 믿음과 순종의 반응을 하도록 만드신다.

넷째로 복음은 큰 확신으로 그들 가운데 증거되었다. 어떤 목사님은 '능력'은 설교의 객관적인 결과를 묘사하며, '확신'은 설교자의 주관적인 상태를 묘사한다고 말한다. 바울의 설교는 결과 면에서 능력이 있었을 뿐 아니라, 확신에 차서 제시된 것이라고 말한다. 물론 그렇다. 하지만 "큰 확신"은 바울뿐만 아니라, 데살로니가 성도들 모두에게 복음이 임하는 방식이었다. 그들은 말로 증거되는 복음의 능력을 맛보았고, 성령의 역사하심을 따라 복음의 진수를 체험했고, 그로 인해 큰 확신을 갖고 복음을 구현하는 삶을 살았다.

복음은 이 네 가지 방식으로 그들에게 생명의 역사를 시작하였고, 하나님이 택하신 백성으로서의 삶을 살게 만들었다. 이것은 데살로니가 교회가 바울과 함께 있을 때 분명하게 목격한 사실이었다. 데살로니가 교회는 이 모든 것을 기억하고 있을 뿐만 아니라, 그 일에 증인이며 그 결과를 누리고 실천하는 사람들이었다.

5절에서 바울과 그의 동역자들이 데살로니가에 전한 복음, 그리고 그 복음을 전하는 과정에서 일어났던 일에 초점을 맞추었다면, 6절에서는 이 복음을 받아들이는 과정과 그 후 데살로니가 성도들에게 나타난 복음의 열매에 초점을 맞춘다. 먼저 데살로니가 성도들이 복음을 받아들인 것으로 인해서 그 도시에 사는 사람들로부터 많은 환난을 당하게 되었다. 그들은 데살로니가 시민으로서 소유하고 있는 많은 특권을 포기하거나 빼앗겼다. 뿐만 아니라 사회적이고 경제적인 불이익을 감수해야 했다. 진정한 복음은 항상 어디에서나 반대를 받는다. 하지만 박해는 데살로니가 성도들을 막지 못했다. 그들에게는 세상이 줄 수 없는 성령의 기쁨이 있었다. 비록 고난과 환난이 있었지만, 그들에게 전하여진 하나님의 말씀은 말할 수 없는 기쁨을 주었다. "예수를 너희가 보지 못하였으나 사랑하는도다. 이제도 보지 못하나 믿고 말할 수 없는 영광스러운 즐거움으로 기뻐하니 믿음의 결국 곧 영혼의 구원을 받음이라"(벧전 1:8-9).

복음은 믿는 사람들에게 세상이 줄 수 없는 생명의 기쁨을 준다. 기쁨은 복음을 깨닫게 된 사람들에게 나타나는 삶의 첫 번째 열매이다(행 8:8, 39; 13:52; 16:34; 롬 5:5; 14:17; 갈 5:22). 복음 안에서 새롭게 태어난 데살로니가 성도들은 비록 초신자들임에도 불구하고 바울과 동역자들의 "역설적인 삶"(고난 속에서도 큰 기쁨을 누림)을 본받았다. 그들은 복음을 위해서 환난을 기꺼이 참아냈고, 다른 사람들에게 복음을 증거하기 위해서 헌신하고 수고하는 사도들의 성품과 삶의 본을 따랐다. 이렇게 복음 사역자들을 본받는 삶은 주 예수 그리스도를 본받는 것이었다.

"말씀을 받는 것"은 단지 지적으로 진리를 수납하는 것에 그치는 것이 아니다. 복음 진리를 지적으로 받아들이고 그리스도와 사도들의 삶의 모범을 따라 변화되는 것이다. 바울은 종종 자신이 복음을 전함으로 복음을 받아들인 성도들에게 자신을 본받으라고 말한다(갈 4:12; 고전 4:16; 11:1; 빌 3:17; 4:9; 살후 3:7,9; 엡 5:1). 이는 바울이 먼저 최선을 다해서 "주 되신 예수 그리스도"를 본받기 위해 힘썼고 말씀을 구현하여 "삶의 메시지"가 되었기 때문이다. 본받음은 그리스도의 성품을 닮는 것이며, 그리스도의 순종과 헌신을 닮는 것이다. 이것은 우리에게도 큰 도전이 아닐 수 없다. 우리는 우리 자녀들에게 이렇게 말할 수 있는가?

2) 본이 되고 주의 말씀의 나팔이 됨(7-8절)

데살로니가 교회에서 나타난 복음의 열매는 데살로니가 도시를 넘어서 "마게도냐와 아가야에 있는 모든 믿는 자의 본이 되었다." 데살로니가는 경제와 무역, 육상 교통과 해상 무역의 중심 도시였기 때문에 수많은 인파가 왕래하였다. 그래서 그들의 복음으로 인한 혁명적인 삶의 방식은 데살로니가뿐만 아니라, 마케도니아 전역과 멀리 아가야 지방까지 소문이 나게 된 것이다. "믿음, 사랑, 소망의 공동체"가 복음을 위한 헌신과 핍박과 환난 속에서도 기쁨으로 그리스도의 삶의 방식을 구현하는 것은 당시 사회의 톱뉴스가 되었을 것이다. 복음은 사람들을 변화시키고, 변화된 사람들을 통해서 또 다른 사람들을 변화시키는 능력을 갖고 있다. 참된 복음은 입술의 고백과 더불어 복음과 주님을 위한 진실한 삶을 통해서 확증된다. 복음으로 변화된 사람들의 특징은 충만한 기쁨과 담대한 용기, 그리고 사랑에서 나오는 헌신과 순종이다. 어느 시대에나 이런 사람들을 통해서 복음은 확산되었다. 레온 모리스라는 신학자는 이렇게 말했다. "다른 사람을 본받던 사람들이 이제는 다른 사람들의 본이 된다." 그리스도와 사도들을 그들의 본으로 삼은 사람들은 필연적으로 다른 사람들에게 본이 된다.

8절을 쉽게 번역하면 이렇다. "주님의 말씀이 여러분에게서 시작하여 마게도냐와 아가야에 울려 퍼졌을 뿐만 아니라, 하나님에 대한 여러분의 믿음이 곳곳에 알려졌습니다. 그러니 우리는 더 말할 필요가 없습니다." '울려 퍼졌다'는 의미의 헬라어 '엑세케오'(execheo)는 '소리가 우렁차게 울리다'라는 의미다. 그렇다면 데살로니가 교회가 말과 삶으로 증거한 복음이 "우렁찬 나팔 소리"로 온 세계에 울러 퍼졌다는 것을 말한다.

데살로니가 교회 성도들의 삶 자체가 거대한 울림통이 되어 복음을 확산시켰다. 그들은 과거에 부정직한 사람들이었다. 간음하던 자들이고, 우상숭배 하던 자들이었다. 그런데 복음이 그들을 흠 없고 거룩한 성품으로 변화시켰다. 그들은 이제 경건하고 정직하게 살았다. 그들은 가정에서나 직장에서나 그들이 만나는 모든 사람에게 더 이상 과거의 사람들이 아님을 혁명적으로 드러냈다. 그들의 변화된 거룩한 삶은 위대한 강단이 되어 복음이 퍼져 나가게 했다. 복음은 거대한 산맥을 넘고 바다를 넘어 마게도냐와 아가야까지 믿음의 소문이 퍼지게 했다. 발 없는 말이 천리를 가는 것처럼, 그들의 위대한 변화는 주변 지역으로 빠르게 전파되었다. 더욱이 그들은 믿지 않는 사람들에게 복음을 전하기 위해 진지하면서도 헌신적으로 노력했다. 복음을 위해서 기꺼이 자신의 재산과 자원들을 내놓았다. 데살로니가뿐만 아니라 여러 지역들에 있는 교회들에까지 거룩한 소문이 퍼졌다.

그들을 목격한 사람들은 흥분해서 말했을 것이다. "저 사람들에게 어떤 일이 일어났는지 들어보라. 저 사람들이 예수를 믿고 완전히 미친 것 같아. 완전히 새로운 사람처럼 변화되었다니까! 사람이 저렇게 변할 수 있다는 것을 나는 아직까지 들어 본 적이 없어. 내 말이 믿기지 않는다면 저들이 모이는 교회에 가봐라. 그러면 내 말이 옳다는 것을 알게 될 거야. 그들은 이전과 완전히 다른 사람이 되었고, 믿음과 소망과 사랑이 가득 찬 새로운 사회를 만들어 냈어!" 이런 식으로 믿지 않는 사람들은 시키지 않았어도 교회를 광고하고 다녔을 것이다.

오늘날 우리 교회가 데살로니가 교회처럼 우리의 성품과 헌신적인 노력을 통해서 하나님의 말씀을 우렁차게 울러 퍼지게 하고 있는가? 그렇다면 우리는 하나님의 말씀을 전파하는 가장 적합한 위치에 있는 것이다.

3) 우상을 버리고 하나님을 섬김(9절)

데살로니가로부터 멀리 전해지고 있는 소문은 "하나님을 향한 믿음의 소문"이었다. 9절과 10절은 복음을 통한 회심이 무엇인지를 명확하게 보여준다. 진정한 회심은 첫째로 우상을 버리는 것이다. 둘째로 하나님께 돌아와서 적극적으로 하나님을 섬기는 것이다. 셋째는 그리스도의 재림을 소망하는 것이다.

회심은 곧 전환이다. 결정적인 전환이다. 죄로부터 그리스도에게로 돌아서는 것이다. 어둠에서 빛으로 돌아서는 것이다. 우상들로부터 하나님께로 돌아서는 것이다. 이러한 전환은 삶의 구조인 세계관이 전적으로 바뀌는 것을 의미한다. 삶의 목표가 달라지고 삶의 관점이 달라진다. 말씀이 들어가서 그 사람 속에서 혁명이 일어난 것이다. 충성의 대상이 전격적으로 바뀐 것이다. 죽은 우상들을 버리고 살아 계신 하나님께로 완전히 돌아선 것이다. 우상들은 사람들의 정신과 마음과 삶을 전적으로 지배한다. 우상들이 사람들의 세계관을 장악하고 허무한 것에 굴복하게 하며 하나님께로 나아가지 못하도록 막았으나 복음은 우상들의 실상을 폭로한다. 그리하여 우상에게서 떠나 그리스도께로 오는 것이 살 길임을 보여 주었다. 일생 매어서 종 노릇 하던 자리를 박차고서 사시고 참된 하나님께로 나오게 한다.

오늘날 사람들을 사로잡고 있는 우상은 무엇인가? 재물과 지위, 명성과 쾌락이 우상이 되었다. 이러한 모든 우상들은 결국 자신을 숭배하는 것이다. 어떤 사람에게는 돈이 우상이다. 돈이 모든 것의 척도이다. 어떤 사람에게는 명예가 우상이다. 명예를 얻기 위해서 모든 것을 희생한다. 어떤 사람에게는 쾌락이 우상이다. 그런 사람은 스포츠나 텔레비전, 영화에 사로잡혀 산다. 술이나 마약, 성 중독에 빠지기도 한다. 누구든지 하나님보다 다른 어떤 것을 더 사랑한다면 그는 우상숭배자이다. 여러분에게 하나님을 위하여 포기하지 못하는 어떤 것이 있다면 그것이 바로 여러분의 우상이다. 여러분에게 하나님의 영광보다 더 간절히 추구하는 어떤 것이 있다면 그것 역시 여러분의 우상이다. 진정한 회심은 이런 모든 우상들로부터 돌아서는 것을 의미한다.

회심의 두 번째 단계는 거짓 우상(자기)으로부터 돌아서서 살아 계시고 참되신 하나님을 섬기는 것이다. 회심은 옛 생활에서 떠나는 것뿐 아니라 적극적으로 하나님을 섬기는 것으로 나타난다. 하나님을 섬기는 것은 하나님을 예배하는 것, 하나님께 순종하는 것, 자신의 전 존재를 하나님의 존귀와 영광을 위해 헌신하는 것을 의미한다. 진실로 회심한 사람은 모든 곳에서 살아 계신 하나님을 섬기고자 한다. 하나님의 임재로 인한 복은 그의 삶 전체에 영향을 미친다. 회심은 우리의 지성과 감성, 의지가 모두 바뀌는 것이다. 사단과 죄에 지배를 받던 지성이 진리의 지배를 받는다. 정욕과 죄를 본성적으로 좋아하던 감정이 죄의 결과들뿐 아니라 죄 자체를 미워하게 된다. 하나님께 속한 것을 그 무엇보다 기뻐하게 된다. 또한 그의 의지가 하나님의 뜻을 따름으로써 삶에서 회개의 열매를 맺는다. 하나님을 기쁘시게 하는 삶을 살고자 분투한다.

4) 주의 강림을 기다림

회심은 또한 예수 그리스도의 재림을 기다리게 한다. "또 죽은 자들 가운데서 다시 살리신 그의 아들이 하늘로부터 강림하심을 기다린다고 말하니 이는 장래 노하심에서 우리를 건지시는 예수시니라"(10절). 스펄전 목사님은 '그리스도의 재림을 기다리지 않는 회심은 거짓 회심'이라고 말했다. 그리스도인은 이 땅에서 결코 유토피아를 건설할 수 없다는 것을 아는 사람이다. 우리가 열심히 노력해서 사회를 개선시킬 수는 있겠지만 완벽하게 만들 수는 없다. 예수님께서 다시 오셔서 모든 것을 바로잡은 후에야 의롭고 평화로운 통치가 이루어질 것이다. 우리는 날마다 악의 세력과 싸우면서 주께서 다시 오실 날을 기다린다.

이러한 기다림은 우리의 삶의 틀을 새롭게 형성한다. 주의 오심을 기다리는 사람은 현세의 보상에 미련을 두지 않는다. 이 세상에 모든 것을 걸고 사는 사람이 아니다. 광야를 통과하는 순례자에게 많은 자원들은 오히려 짐이 될 뿐이다. 따라서 광야를 통과하기에 필요한 단순한 삶의 방식이 그에게는 더 적합하게 느껴진다. 진정한 성도는 이 세상의 보상이 아니라 다시 오실 주님의 보상을 바라보면서 현재를 사는 사람이다. 우리는 세상의 보상이나 사람의 보상을 전부로 알거나 갈망하지 않는다. 하나님의 아들이 오셔서 우리에게 어떤 평가를 하실 것인가에 대해서 더 큰 관심을 갖는다. 우리는 세상의 평가나 사람의 평가가 아니라 주께서 진리로 판단하실 최종적인 평가에 맞추어 살고자 한다. 세상의 모든 것이 장차 하나님의 진노의 심판을 받게 될 것을 안다. 그때 우리를 하나님의 노하심에서 건지실 예수님을 기다린다. 이것이 우리가 세상과 다르게 살아갈 수 있는 능력과 힘이다.

거룩한 삶이 복음의 나팔이다

아직 복음의 능력을 경험하지 못한 것처럼 보이는 분들에게 두려움으로 묻는다. 하나님의 사랑하심과 택하심을 받았다는 내적이고 외적인 증거가 여러분의 삶에 있는가? 복음의 능력을 체험했는가? 복음으로 말미암은 큰 확신이 있는가? 환난 가운데서도 말씀을 통해서 기쁨을 누리는가? 성령 안에서 말씀을 따라 예수 그리스도를 본받는 삶이 있는가? 참된 회심의 증거가 있는가? 우상들에게서 진정으로 돌아섰는가? 참되신 하나님을 섬기는 것이 최고의 소망인가? 그리스도의 재림을 기다리는 간절함이 있는가? 그 재림을 기다리기 때문에 여러분의 삶의 방식이 바뀌었는가? 비오스(육신적 생명)가 아닌 조에(영적 생명)가 있는가? 이런 것을 물으면 어떤 분들은 불편해 한다.

그러나 이는 말씀 사역자의 의무이다. "너희가 믿음에 있는가 너희 자신을 시험하고 너희 자신을 확증하라. 예수 그리스도께서 너희 안에 계신 줄을 너희가 스스로 알지 못하느냐 그렇지 않으면 너희가 버리운 자니라"(고후 13:5). 바울은 고린도 교회가 구원받은 성도임을 잘 알고 있었지만, 그것을 스스로 시험하고 확증하여 구원받은 자답게 살라 한다. 청교도 리처드 백스터 목사님은 말씀 사역자가 자신의 회중의 영적 상태를 분별하지 못한다면 그는 사역자로서 자격이 없는 자라고 했다.

18세기 대각성운동의 시기에 조지 휫필드 목사님은 설교할 때마다 거듭나야 한다고 강조했다고 한다. 그때 어떤 귀족 차림의 여자 성도가 항의를 했다. "목사님은 설교 때마다 거듭나야 한다고 하는데 왜 그렇게 합니까?" 휫필드 목사님은 이렇게 대답했다. "그것은 바로 부인이 거듭나야 하기 때문입니다." 거듭남과 참된 회심이 없다면, 기독교 윤리는 불가능하다. 거듭남이 없이 자신의 노력으로 최선을 다해서 기독교 윤리를 실천하고자 했던 인도의 수상 간디도 실패했다. 그것은 참된 기독교가 아니다. 세상 사람들이 기독교를 이해하지 못하는 것도 바로 이것을 이해하지 못하기 때문이다. 그들은 자신들의 노력으로 기독교를 이해하려고 했고, 기독교의 가르침을 실천하려고 했다. 그러나 그 모든 것은 실패로 끝나고 말았다. "육신의 생각은 하나님과 원수가 되나니 이는 하나님의 법에 굴복치 아니할 뿐 아니라 할 수도 없음이라. 육신에 있는 자들은 하나님을 기쁘시게 할 수 없느니라"(롬 8:7-8).

여러분이 하나님의 말씀을 삶에 적용하고자 하려는 것은 좋은 일이다. 그래서 복음의 열매가 나타났다면 그것이 바로 거듭남과 택하심의 확증이다. 그러나 열매가 없다면 자신을 심각하게 점검해야 한다. 먼저 자신에게 거듭남과 회심의 은혜가 있는지를 점검해야 한다. 생명(조에)의 역사는 결코 메마른 도덕주의자를 만들지 않는다. 생명의 역사는 내부에 증거를 갖고 있다. 내부에 생명의 빛이 들어 있다. 속에서부터 생명의 강이 흘러넘친다(요 7:38). 이것이 없다면 먼저 하나님께 애통하며 부르짖어야 한다. 자신의 실상을 객관적으로 보게 해주시길 바라며 죄를 깨닫게 해달라고 기도해야 한다. 자신 속에 있는 수많은 우상에게서 돌아설 수 있는 거듭남과 회심의 은혜를 주시기를 간절히 기도해야 한다. 기독교는 여기서부터 출발하는 것이다. 이런 시작이 없으면 아무리 비슷해 보여도 그것은 참된 기독교가 아니다.

이 말씀을 우리 교회에게도 적용하자. 여러분이 거듭났다면, 하나님의 사랑하심과 택하심의 증거가 삶을 통해서 나타나야 한다. 성령으로 복음을 기쁘게 받았으면 우리도 복음을 통해서 그리스도의 성품으로 변화되어야 한다. 그리고 데살로니가 교회처럼 희생과 헌신으로 하나님과 교회를 사랑하며 섬기는 일에 헌신해야 한다. 복음이 우리의 삶에서 커다란 공명(共鳴)이 되고, 우렁찬 나팔 소리가 되어야 한다. 세상이 우리 안에 있는 복음의 빛을 보게 하려면 우리의 행위로 빛을 비추어야 한다. 우리가 전하는 메시지와 동일한 거룩한 삶이 없다면 모든 것이 헛될 것이다.

복음을 전하는 교회는 반드시 그 복음을 삶으로써 구현해야 한다. 데살로니가 교회로부터 퍼져 나간 '주의 말씀'은 그들의 전도만이 아니라 그들의 회심으로 인한 삶의 혁명적인 변화가 있었기에 가능했다. 그들은 그 시대의 모든 우상들을 담대하게 거부했다. 그들은 박해 가운데서도 복음을 구현하는 것을 가장 큰 기쁨으로 여겼다. 그들의 변화된 세계관, 그들의 믿음의 역사와 사랑의 수고와 소망의 인내는 사람들을 감동시키기에 충분했다. 어쩌면 그들의 변화에 대한 소문을 확인하기 위해서 많은 사람들이 데살로니가를 방문했을지도 모를 일이다. 많은 사람들이 교회가 전하는 복음이 그들의 삶 속에서 구현되는 현장을 보면서 기독교만이 참되고 유일한 종교라는 것을 깨닫게 되었을 것이다.

오늘날은 삶으로써 복음을 구현하는 참 교회의 나팔 소리가 더욱 요청된다. 교회에서조차 주의 말씀이 능력을 상실했고, 복음을 시대에 맞지 않는 처방처럼 여기고 있다. 주님의 말씀보다 심리학과 상담학을 더 의존한다. 그들은 주님의 말씀보다 세상의 처방이 더 효과적이라고 떠벌리면서 복음의 완전성을 믿는 우리를 조롱

한다. 오! 주의 말씀을 사랑하는 성도들이여! 주의 말씀의 능력을 체험한 성도들이여! 우리의 삶 속에서 복음의 능력을 드러내야 한다. 복음을 새로운 활력으로 전파함으로써 저들의 조롱에 응답하자. 거룩한 성품을 통해 그리고 끊임없는 수고를 통해서 주의 말씀의 능력을 보여주자!

말씀을 구현함으로써 복음만이 죽은 자를 살리는 생명이며, 복음만이 중독과 속박으로부터 진정한 해방을 준다는 것을 보여주자. 영적인 배고픔과 고통으로 파리해진 영혼들에게 복음만이 부요한 양식을 제공한다는 사실을 전하자. 복음만이 정신적으로 심리적으로 약한 자들에게 담대함과 힘을 준다는 것을 증언하자. 복음만이 슬픔에 잠긴 자에게 진정한 위로가 되고, 진정한 치료를 준다는 것을 보여주자. 요란한 광고와 선전을 통해서가 아니라, 우리의 실천적인 성결을 통해서 말씀의 은밀한 능력을 구현하자.

복음이 우리의 삶의 현장 모든 곳에서 우렁차게 울리게 하자. 다른 모든 잡소리를 압도할 만큼 크고 우렁찬 복음의 나팔을 아름답게 연주하자. 우리 모두 이 구원의 길을 알리기 위해서 일곱 배의 능력을 구하자. 그리스도의 영광과 능력이 대적들에게 공격을 당하고 있는 이때에 우리 모두 일어나자. 복음의 전신갑주를 입고 거룩한 부르심에 따라 힘차게 전진하자. 우리를 통해 믿음과 사랑과 기쁨이 절망의 세상 속으로 흘러넘치게 하자. 불법이 횡행하는 땅에서 우리의 존재와 행위를 통하여 신음하는 자들에게 의와 평강이 흘러가게 하자.

4강

역설(逆說)의 리더십

데살로니가전서 2:1~ 12

1형제들아 우리가 너희 가운데 들어감이 헛되지 않은 줄을 너희가 친히 아나니

2너희 아는 바와 같이 우리가 먼저 빌립보에서 고난과 능욕을 당하였으나

우리 하나님을 힘입어 많은 싸움 중에 하나님의 복음을 너희에게 말하였노라

3우리의 권면은 간사에서나 부정에서 난 것도 아니요 궤계에 있는 것도 아니라

4오직 하나님의 옳게 여기심을 입어 복음 전할 부탁을 받았으니 우리가 이와

같이 말함은 사람을 기쁘게 하려 함이 아니요 오직 우리 마음을 감찰하시는

하나님을 기쁘시게 하려 함이라 5너희도 알거니와 우리가 아무 때에도 아첨의

말이나 탐심의 탈을 쓰지 아니한 것을 하나님이 증거하시느니라 6우리가

그리스도의 사도로 능히 존중할 터이나 그러나 너희에게든지 다른 이에게든지

사람에게는 영광을 구치 아니하고 7오직 우리가 너희 가운데서 유순한 자 되어

유모가 자기 자녀를 기름과 같이 하였으니 8우리가 이같이 너희를 사모하여

하나님의 복음으로만 아니라 우리 목숨까지 너희에게 주기를 즐겨함은 너희가

우리의 사랑하는 자 됨이니라 9형제들아 우리의 수고와 애쓴 것을 너희가

기억하리니 너희 아무에게도 누를 끼치지 아니하려고 밤과 낮으로 일하면서 너희에게 하나님의 복음을 전파하였노라 10우리가 너희 믿는 자들을 향하여 어떻게 거룩하고 옳고 흠없이 행한 것에 대하여 너희가 증인이요 하나님도 그러하시도다 11너희도 아는 바와 같이 우리가 너희 각 사람에게 아비가 자기 자녀에게 하듯 권면하고 위로하고 경계하노니 12이는 너희를 부르사 자기 나라와 영광에 이르게 하시는 하나님께 합당히 행하게 하려 함이니라

힘을 숭배하는 사회

우리는 힘(능력)을 숭배하는 사회에서 살고 있다. 이는 오늘날에 등장한 새로운 현상이 아니다. 힘에 대한 열망은 언제나 인간 역사의 특징이었다. 아담과 하와가 사단에게 받은 유혹에서부터 시작되었기 때문이다. 사단이 아담과 하와에게 하나님을 반역함으로써 얻을 수 있다고 유혹한 것도 바로 힘이었다. 사람들이 돈과 명성과 권력을 추구하는 것 뒤에는 바로 힘을 얻고자 하는 갈망이 있다. 인간 사회의 모든 분야에서 더 큰 힘을 가진 자가 더 작은 힘을 가진 자들을 지배한다. 철학자 니체가 힘을 특히 숭배하고 예찬했다.

불행히도 교회 역시 힘을 갈망한다. 교파(教派) 간에 누가 더 큰 가를 겨룬다. 교단에서 힘센 목사들이 교단을 좌지우지한다. 교회들이 서로 경쟁하듯이 더 많은 힘을 얻기 위해서 분주하다. 선교

단체들은 자기 조직이 세계적인 조직으로 확장되기를 꿈꾼다. 어떤 목사님은 이렇게 말한다. "힘(능력), 그것은 술보다 더 취하게 만들고 마약보다 더 중독성이 강하다." 19세기 영국의 정치가 액튼 경은 "권력은 부패하는 경향이 있으며, 절대 권력은 절대적으로 부패한다"고 말했다. 그렇다고 해서 지도자가 없어야 된다는 것은 아니다. 그것은 일반 사회에서도 성경에서도 결코 지지하지 않는다. 인간 사회 모든 곳에서 지도자가 필요하다.

지도자란 특정 집단이나 사회를 앞장서서 이끌며 따르도록 요구하는 사람이다. 지도한다는 것은 다른 사람들보다 앞서 가고, 길을 보여주며, 자기를 따르라고 고무한다. 사회 모든 분야에서 지도자는 필요하다. 리더십은 세계의 정치가, 국가 고급 관리, 대중 매체를 지배하는 여론 형성자들만 가지고 있는 것이 아니다. 학교의 교사, 가정의 부모, 대학의 학생 동아리 회장 등 각 영역에서 일정한 영향력을 미치는 사람이 다 지도자이다.

리더십이란 단어는 그리스도인이나 세상 사람들이 다 사용한다. 그러나 그 개념은 다르다. 예수님은 세상과 다른 섬기는 리더십을 보여주셨다. "예수께서 불러다가 이르시되 이방인의 소위 집권자들이 저희를 임의로 주관하고 그 대인들이 저희에게 권세를 부리는 줄을 너희가 알거니와 너희 중에는 그렇지 아니하니 너희 중에 누구든지 크고자 하는 자는 너희를 섬기는 자가 되고, 너희 중에 누구든지 으뜸이 되고자 하는 자는 모든 사람의 종이 되어야 하리라"(막 10:42-44).

예수님은 더 큰 힘(지위)을 소유함으로써 지도자가 되고자 다투는 제자들에게 오히려 종이 되어야 지도자가 될 수 있다고 말씀하신다. 하나님의 힘은 인간의 약함 속에서, 즉 섬기는 종으로서 살 때 가장 효과적으로 드러난다. 바울은 이것을 삶을 통해서 보여주었다. 인간의 약함은 하나님의 능력을 가장 잘 보여줄 수 있는 무대이다. 이것을 오늘 본문이 보여주고 있다.

1. 하나님을 기쁘시게 하는 리더십(1-4절)

1) 좌절하지 않는 리더십(1-3절)

바울은 12절까지 여섯 번에 걸쳐 성도들이 알고 기억하는 내용을 활용하여 자신의 신실한 복음 사역을 변호한다(1, 2, 5, 9, 10, 11절). 바울은 1장 5절에서 이미 "우리가 너희 가운데서 너희를 위하여 어떤 사람이 된 것은 너희가 아는 바와 같으니라"고 말했다. 이것을 반복적으로 말하는 이유는 일차적으로 바울 일행의 사역을 비방함으로써 교회를 와해하고자 하는 유대인 대적자들을 대항하기 위함이었다. 둘째는 데살로니가 성도들이 사도와 동역자들의 삶을 기억함으로써 교훈을 받도록 하기 위함이었다.

바울은 1절에서 데살로니가 성도들을 향하여 "형제들아!"라고 부른다. 어떤 신학자는 "나의 사랑하는 그리스도인 가족이여!" 또는 "내 사랑하는 가족들이여!"라고 번역한다. 그리스도 안에서 하나의 가족이 된 성도들을 부르는 가장 친밀한 사랑의 호칭이다. 바울은 그들에게 자기 일행이 어떻게 데살로니가에 갔었는지를 상기시킨다. 그들은 빌립보에서 심한 능욕을 당한 후에 데살로니가에 도착했다. 데살로니가 성도들이 다 아는 사실이다. 그렇다면 그들은 데살로니가에서는 더 신중하게 조심스레 행동했는가? 데살로니가에서도 많은 싸움이 있었지만 큰 열정으로 담대하게 복음을 전했다.

바울이 복음을 전하는 곳마다 "많은 싸움"이 있었다. 사람들은 바울을 대적하고 소요를 일으켰다. 바울은 이런 고난과 어려움을 싸움으로 표현했다(빌 1:30; 고전 15:32). 어떤 반대나 핍박이 있다고 해도 물러설 수 없는 것이 전쟁이다. 이 전쟁은 여호와의 전쟁이며 메시야의 전쟁이다. 바울은 단지 자신의 싸움을 싸우는 것이 아니라, 그리스도의 남은 싸움을 수행하고 있다는 분명한 의식을 가지고 있었다. 그래서 그는 더욱 과감하고 당당하게 그 싸움에 임했다. 어떤 반대나 고난도 그를 위축시키지 못했다. 사도는 복음을 전하다가 고난을 받고 반대에 부딪칠 때 적당히 메시지를 순화하지 않았다. 고난은 오히려 그들이 전하는 복음의 정당성을 입증해 줄 뿐 아니라, 사단에게 사로잡혔던 사람들에게 진정한 해방과 기쁨, 안식을 주었다. 흑암의 세력이 장악하고 있는 영적 질서를 뒤흔드는 폭탄 같은 메시지가 전파되는데 아무 어려움이 없는 것을 오히려 이상하게 여겼다.

겉으로 볼 때 바울 일행은 약한 사람들이었다. 당시 사회와 로마 제국 전체를 사단이 지배하고 있었다. 모든 세력들이 바울과 그 일행을 대적하였다. 그럼에도 그들은 조금도 굴하지 않았다.

전능하신 하나님을 힘입고 복음을 가지고 진군했다. 복음 사역자들의 용기와 힘의 근원은 바로 창조주 하나님이다. 우리도 마찬가지이다. 우리의 싸움 또한 우리만의 싸움이 아니다. 교회의 싸움이며 그리스도의 싸움이다. 우리가 관두고 싶다거나 힘들다고 해서 포기하거나 떠날 수 없는 전쟁이다. 우리가 직면하고 있는 현실의 장벽, 우리를 대적하는 자들과의 싸움은 결코 우리의 힘으로 이길 수 없다. 그렇다고 그들과 적당히 타협하는 것은 자멸하는 길이다.

바울은 어떻게 그렇게 담대할 수 있었을까? 그리스도인의 힘은 하나님께 대한 거룩한 헌신에서 나온다. 삼손을 생각해 보자. 그는 나실인이었음에도 불구하고 들릴라의 유혹에 넘어가 머리에 삭도를 대서 머리칼을 자르자 모든 힘이 소멸되고 말았다. 바울이 힘든 싸움에서도 결코 두려워하지 않고 굴복하지 않았던 것은 그가 하나님께 헌신되었기 때문이었다. 하나님의 전능한 힘을 입고 담대하게 나아갔다. 우리도 영적 전쟁에서 승리하려면 거룩한 헌신으로 하나님의 힘을 의뢰하여야 한다.

2) 청지기로 검증된 리더십(3-4절)

3절과 4절을 보자. "우리의 권면은 간사에서나 부정에서 난 것도 아니요 궤계에 있는 것도 아니라 오직 하나님의 옳게 여기심을 입어 복음 전할 부탁을 받았으니 우리가 이와 같이 말함은 사람을 기쁘게 하려 함이 아니요 오직 우리 마음을 감찰하시는 하나님을 기쁘시게 하려 함이라." 본문에 청지기라는 말은 나오지 않지만 4절에 "복음 전할 부탁을 받았으니"라는 말에 암시되어 있다. 집주인이 자기 재산을 청지기에게 맡기는 것처럼 하나님께서 복음을 바울에게 맡겼다.

하나님께서는 아무에게나 영광의 복음을 맡기지 않으신다. 복음을 맡기실 때 먼저 사역자를 시험하고 검증하여 옳게 여기신 후에 맡기셨다. 하나님의 검증된 일꾼으로 복음 전함을 위탁받은 사도는 복음의 내용과 전파하는 방식을 하나님께서 원하시는 대로 하였다. 사도의 권면은 자신 속에서 나온 것이 아니라 하나님께로부터 나온 것이었다. 바울은 고린도후서 5장 20절에서 이렇게 말씀한다. "우리가 그리스도를 대신하여 사신이 되어 하나님이 우리로 너희를 권면하시는 것 같이 예수 그리스도를 대신하여 간구하노니 너희는 하나님과 화목하라."

당시에도 오늘날처럼 많은 종교적인 사기꾼들이 있었다. 사기꾼들은 사람들에게 종교적 혹은 철학적 특효약을 판다고 선전하였다. 그들은 추종자들로부터 후원을 받아서 호화롭게 살면서 헬라 세계를 누비고 다녔다. 유대인들은 바울을 그런 종교적 사기꾼으로 몰아갔다. 유대인들은 바울을 비방하면서 이렇게 말했다. "바울이 자신의 이익에 맞지 않으니까 너희를 버리고 떠나서 돌아오지 않는 것이다." 연약한 성도들이 복음에서 돌이켜서 다시 유대교로 돌아오게 하려고 했던 것이다. 이런 배경에서 바울은 자신의 복음 전파의 동기와 행위가 순수했음을 강조했다.

교회의 사역자는 언제나 하나님의 시험에 합격하여 검증된 사람이어야 한다. 어떤 학위나 외모가 중요한 것이 아니라, 복음의 내용과 복음 전파의 동기가 순수해야 하고, 복음 전파의 방식 또한 하나님께서 인정하시는 것이어야 한다. 바울은 간사('불결함')나 부정('야심' '탐욕' '인기')이나 궤계(속임수)로 사역하지 않았다. 다시 말하면 예수님의 제자가 될 때 치러야 할 대가를 숨기거나, 하늘에 속한 신령한 복을 세상의 복으로 제시함으로써 교회에 나오도록 한 적이 없다. 바울은 자신의 메시지가 참되고 그의 동기는 순수했으며, 그의 방법은 공개적이며 솔직했다고 주장한다. 이런 점에서 바울의 양심은 결백했다. 청지기는 그의 주인을 대표한다. 하나님의 청지기는 하나님의 성품과 사역을 드러낸다. 바울이 그랬다.

3) 하나님을 기쁘시게 하는 리더십(4절)

바울은 하나님께서 자신을 옳게 여기셔서 복음을 섬길 청지기로서 복음을 위탁하셨다고 말했다. "우리가 이와 같이 말함은 사람을 기쁘게 하려 함이 아니요 오직 우리 마음을 감찰하시는 하나님을 기쁘시게 하려 함이라." 바울은 자신을 보낸 하나님을 기쁘시게 하는 것을 자신의 사명으로 알고 사역했다. 바울은 모든 상황에서 모든 사람의 입장에 서서 사역하기 위해서 자신의 권리를 포기했다. 그는 자신의 유익이 아니라 복음을 받는 자의 입장에 서서 그들의 유익을 구했다. "약한 자들에게는 내가 약한 자와 같이 된 것은 약한 자들을 얻고자 함이요 여러 사람에게 내가 여러 모양이 된 것은 아무쪼록 몇몇 사람들을 구원코자 함이니"(고전 9:22).

바울은 최선을 다해서 회중의 입장을 배려했다. 복음을 있는 그대로 전할 때 사람들이 어떻게 반응할지를 그는 알고 있었다. 엄청난 반대와 싸움이 발생할 것을 알았다. 하지만 사람들을 얻기 위해서 복음의 메시지를 감하거나 왜곡하지 않았다. 사람들의 비위가 상할 내용을 빼고 그들의 육신적 코드에 맞게 다른 것을 섞어서 전하지 않았다. 강력하게 죄를 지적하고 회개를 촉구했을 뿐 아니라 그리스도의 제자로 살기 위해서는 자기 십자가를 지고 자기를 부인해야 한다는 내용까지 담대하게 전했다.

바울이라고 사람들이 마음 상하는 것을 몰랐겠는가? 율법의 정죄 앞에 인간을 세울 때 그들이 대적할 것을 몰랐겠는가? 다 알았다. 그러나 그는 마음을 감찰하시는 하나님 앞에서 복음을 증거하는 사람이었다. 그는 범사에 하나님께서 모든 사람의 마음에 있는 동기를 감찰하심을 알고 있었다. 그래서 인간에게 아부하거나 자기의 이익을 위해서, 또는 사람들에게 인기를 얻기 위해 속임수를 쓰지 않았다. 바울과 그 일행들은 자신들의 동기나 행위, 생각과 삶이 마음을 감찰하시는 하나님께 대해서 책임이 있음을 늘 의식하고 사역하였다. "이에 숨은 부끄러움의 일을 버리고 궤휼 가운데 행하지 아니하며 하나님의 말씀을 혼잡케 아니하고 오직 진리를 나타냄으로 하나님 앞에서 각 사람의 양심에 대하여 스스로 천거하노라"(고후 4:2). 바울은 한 사람이라도 속인 적이 없었다.

바울은 하나님의 인정을 받고, 하나님께 사명을 받은 자로서 범사에 하나님을 기쁘시게 하는 삶을 살았다. 우리 역시 바울처럼 하나님의 검증을 받았고, 복음을 전하는 교회의 몸 된 지체로 부르심을 받았다. 따라서 우리의 사역은 사람들을 더 많이 얻기 위해서 복음의 메시지를 낮추거나 변형시켜서는 안 된다. 우리는 모든 삶에 대해서 청지기로서 하나님께 책임을 져야 한다. 하나님은 우리의 외적인 활동뿐 아니라 마음의 동기도 감찰하고 계신다. 우리가 이것을 의식하고 사역할 때 사람들의 평가나 비난에서 벗어나 진정한 자유를 누리게 된다. 하나님께서 우리의 모든 마음의 동기와 삶을 보시고 공의로 판단하실 것이기 때문이다.

2. 모성(母性)의 리더십(5-8절)

1) 깨끗한 리더십(5절)

사도 바울은 다시 데살로니가 교회 성도들이 알고 있는 사실로부터 시작한다. "너희도 알거니와 우리가 아무 때에도 아첨의 말이나 탐심의 탈을 쓰지 아니한 것을 하나님이 증거하시느니라." 바울의 동기와 사역을 데살로니가 교회가 알 뿐만 아니라, 그것에 대하여 하나님께서도 증언하신다고 선언한다. 바울은 아무 때에도 아첨의 말, 곧 자신의 이익을 위해서 사람들을 치켜세워 주는 말을 하지 않았다. 일반적으로도 아첨하는 말을 하는 자는 믿을 수 없는 자이다. 고대의 시(詩)에 이런 표현이 나온다. "알지어다, 아첨하는 자들은 아첨을 듣는 청중들을 희생시킨 대가로 산다는 것을."

1세기 당시에도 복음 사역을 빙자하여 탐심의 탈을 쓴 자들이 많았다. 탐심으로 자신의 욕망을 이루기 위해서 성경을 왜곡하여 다른 사람을 착취하였다. 바울 일행은 달랐다. "마음으로 우리를 영접하라. 우리가 아무에게도 불의를 하지 않고 아무에게도 해롭게 하지 않고 아무에게도 속여 빼앗은 일이 없노라"(고후 7:2).

베드로후서 2장에서 거짓 교사들은 이렇게 탐심의 탈을 쓰고 아첨의 말로 사람들을 속여서 굳세지 못한 영혼들을 정욕으로 유혹하여 멸망에 이르게 한다고 경고하고 있다. 거짓 교사의 특징은 언제나 위로와 축복의 메시지만 전한다. 그들의 메시지에는 좁은 길이 없다. 그들은 사람들에게 죄인임을 지적하지 않는다. 그들은 자기를 부인하고 죄를 미워하라고 말하지 않는다. 그들은 아첨의 말과 탐심을 부추기는 교묘하고 세련된 말로 사람들을 현혹한다.

참된 그리스도의 사역자는 그렇게 하지 않는다. 그는 오직 하나님의 말씀을 순수하게 전한다. 사람들이 듣든지 아니 듣든지, 사람들이 싫어하든지 좋아하든지 오직 주의 말씀만을 정직하고 순수하게 전한다. 참된 사역자는 그가 전하는 메시지와 삶이 현저하게 차이가 나지 않는다. 오히려 그의 메시지는 그의 삶의 울림통 속에서 더 큰 메아리로 확장된다. 바울이 바로 그와 같은 모범을 보여 주었다.

2) 권리를 포기 하는 리더십(6절)

"우리가 그리스도의 사도로 능히 존중할 터이나 그러나 너희에게든지 다른 이에게든지 사람에게는 영광을 구치 아니하고"(6절). 바울은 만왕의 왕이신 하나님의 사자였다. 그는 사도로서 데살로니가 성도들에게 존경과 명예를 구할 수 있었다. 그러나 바울은 그 권리를 내려놓았다. 그는 자신의 지위의 중요성을 과대평가하지 않았고 사도로서의 지위를 이용하여 자신의 유익을 구하지 않았다. 어떤 전도자들은 높은 곳에 서서 다른 사람들이 자신들을 존경하고 치켜세워 주기를 바랐다. 이러한 풍조 때문에 바울은 자신에게 맡겨진 복음 전파의 영광을 높게 평가할 수 없었다. 바울은 자신이 보물을 담은 질그릇에 불과한 것처럼 살았다.

바울은 회심자들의 봉사와 경의를 바라지 않았고 친히 "예수를 위하여" 그들의 종임을 자처했다(고후 4:5). 그에게 사도로서 권리가 있었고 생활에 필요한 경비를 지지받을 권리가 있었지만 그 권리를 억지로 요구하지 않았다. 예수님께서 누가복음 22장 27절에서 "나는 섬기는 자로 너희 중에 있노라"고 말씀하신 것처럼, 바울은 어떻게든 교회에 부담을 주지 않으려고 했다. 이는 자신의 삶을 통해서 성도들에게 좋은 본이 되고자 하였기 때문이다.

3) 모성(母性)의 리더십(7-8절)

바울은 유순한 자가 되어 유모가 자녀를 양육함과 같이 그들을 섬겼다. 젖먹이 아이를 기르는 어머니의 부드러움으로 유순하게 그들을 지도했다. 그가 교회를 얼마나 사랑하였던지, 복음으로만 아니라 자신의 목숨까지 그들에게 주기를 기뻐했다고 말한다. 바울은 그들이 자신을 섬기도록 하기는커녕 그들을 섬기기 위해서 자신을 주었다. 복음을 전하면서 그들에게 목숨까지 주었다는 것은 어떤 의미일까? 목숨은 시간과 자원을 통해서 표현된다. 자신을 위해서 써야 할 시간과 자원들을 교회를 위해서 기꺼이 내어준 것을 의미한다. "내가 너희 영혼을 크게 기뻐함으로 재물을 허비하고 또 내 자신까지 허비하리니 너희를 더욱 사랑할수록 나는 덜 사랑을 받겠느냐"(고후 12:15). 바울은 어머니 같은 유순함과 부드러움으로 교회를 위해서 자신의 모든 것을 소모하면서 복음을 전했다.

그리스도의 사랑을 아는 사람은 자신을 위해서 성도들을 이용하려고 하지 않는다. 그리스도의 사역자는 자신의 시간과 자원, 곧 목숨까지도 교회를 위해서 헌신하는 사람이다. 이런 사역자로부터 배웠던 마게도냐 교회들도 동일한 헌신을 나타냈다. "우리의 바라던 것뿐 아니라 저희(마게도냐 교회들)가 먼저 자신을 주께 드리고 또 하나님의 뜻을 좇아 우리에게 주었도다"(고후 8:5). 주의 사랑을 참으로 경험한 사람들은 다른 사람이 자신에게 무엇인가를 해주기를 요구하지 않는다. 오히려 자신이 먼저 그 사랑을 나타내기를 기뻐하고 사모한다. 생명의 특성은 외향성에 있다. 자기를 넘어 이웃에게로 향하는 사랑에서 생명의 특성이 나타난다. 또한 누군가에게 작은 대접을 받았을 때에도 그것이 자신에게 과분하다고 여긴다. 복음을 받은 성도들과 목회자들이 복음을 위해 자기 목숨까지 내어줄 때 그 속에서 생명의 역사가 일어난다. 이렇게 복음의 열매는 아름답고 풍성하게 드러난다.

3. 부성(父性)의 리더십(9-11절)

1) 본이 되는 리더십(9절)

바울은 자신을 자녀를 위한 유모에 비유하고 또한 아버지로 비유한다. 다시 바울은 그들의 기억을 상기시킨다. 데살로니가에서 있으면서 바울은 직접 수고하여 삶의 방편들을 조달하기 위해서 밤낮으로 일하면서 복음을 전했다. 이것은 데살로니가 교회 성도들 모두가 다 알고 있는 사실이었다. 그렇지만 이는 전혀 새로운 방식의 사역이었다. 그동안 바울과 같은 교사는 없었다. 이를 통해서 바울은 자신이 전하는 복음을 삶으로 구현함으로써 하나님께 영광을 돌리는 삶이 무엇인지를 보여주었다.

교회의 리더십은 군림하고 다스리는 리더십이 아니다. 교회의 지도자는 자신이 먼저 사랑으로 수고하고 섬기는 사람이어야 한다. 고린도전서 16장 15-16절을 보라. "형제들아 스데바나의 집은 곧 아가야의 첫 열매요 또 성도 섬기기로 작정한 줄을 너희가 아는지라 내가 너희를 권하노니, 이 같은 자들과 또 함께 일하며 수고하는 모든 자에게 복종하라." 견실하고 진정한 교회의 리더십은 자신의 삶 전체를 드려서 교회를 섬기는 사랑의 수고를 하는 자에게서 나온다. 그래서 바울은 이렇게 수고로 섬기는 자에게 복종하라고 권면했다.

간혹 어떤 사람은 교회에서 제일 똑똑한 것처럼 말한다. 그러나 그런 사람은 말은 하지만, 실제로는 헌신하려고 하지 않는다. 디모데전서 5장에 보면 젊은 과부들 중에 어떤 사람들은 "집집에 돌아다니고 게으를 뿐 아니라 망령된 폄론을 하며 일을 만들며 마땅히 아니할 말을 한다"(13절)고 했다. 하나님 나라는 말에 있지 아니하고 오직 능력에 있다(고전 4:20). 그동안 교회를 섬겨 오면서 깨달은 것은 말이 앞서는 사람은 일단 신뢰하지 않아야 한다는 것이다. 그의 행위는 결코 본이 되지 않기 때문이다.

2) 사람과 하나님 앞에 검증된 리더십(10절)

바울은 5절에 이어서 다시 한 번 데살로니가 성도들과 하나님을 증인으로 세우면서 자신과 동역자들의 사역을 변호한다. 그들은 교회에서나 세상에서나 항상 거룩하고 옳고 흠 없이 행동했다. 그들이 거룩했다는 것은 하나님 앞에서 하나님을 기쁘시게 하는 경건을 실천했음을 말한다. 그리고 옳았다는 것은 데살로니가 성도들 앞에서 윤리적으로 올곧게 행동했음을 의미한다. 또한 흠 없이 행동했다는 것은 교회의 성도들에게나 세상의 일에서도 일체 깨끗하게 처리했음을 의미한다.

그들은 하나님 앞에서와 교회 앞에서, 그리고 세상 속에서 (천막 제조와 판매를 위한) 사업상 만나는 모든 사람들에게 일체 온전함을 드러내었다. 디모데전서 3장에서 장로의 자격을 말하면서 "외인에게서도 선한 증거를 얻은 자라야 할지니 비방과 마귀의 올무에 빠질까 염려하라"(7절)고 말씀한다. 교회의 지도자는 교회의 성도들과 세상 사람들에게도 '흠 없음'을 인정받아야 할 뿐만 아니라, 그의 삶이 하나님을 기쁘시게 하는 실천적 경건을 소유했음을 검증받아야 한다.

3) 부성(父性)의 리더십(11절)

11절에서 바울은 다시 "너희도 아는 바와 같이"라고 말한다. 데살로니가 성도들이 바울이 어떻게 사역했는지 알고 있음에 근거를 두고 자신의 사역의 동기와 자세를 해설해 주고 있다. "우리가 너희 각 사람에게 아비가 자기 자녀에게 하듯 권면하고 위로하고 경계하노니." 바울은 먼저 교회 성도들 각 사람에게 권면했음을 상기시킨다. 사도행전 20장 31절에서도 "내가 삼 년이나 밤낮 쉬지 않고 눈물로 각 사람을 훈계하던 것"을 기억하라고 말했다. 골로새서 1장 28절에서도 "우리가 그를 전파하여 각 사람을 권하고 모든 지혜로 각 사람을 가르침은 각 사람을 그리스도 안에서 완전한 자로 세우려 함이니"라고 말씀한다. 각 사람, 즉 한 사람 한 사람의 영혼을 천하보다 귀하게 여기며 각 사람에게 최선을 다한 사도의 모습을 볼 수 있다.

바울은 성도들에게 "그리스도 예수 안에서 복음으로써 너희를 낳았다"(고전 4:14-15)고 말한다. 사실 바울이 밤낮으로 수고하면서 일하는 것도 아비가 자녀를 양육하기 위한 책임을 감당하기 위한 것이었다. 아버지들은 자녀들에게 일관된 모범을 보여야 할 뿐 아니라 그들을 격려하고 위로하며 징계해야 한다. 바울은 아비가 자녀에게 하듯 권면하고 위로하고 징계하였다고 말한다. 고대 세계에서 아버지는 자녀에게 가르침을 주어서 도덕적인 행동을 훈련할 의무가 있었다. 자녀를 키우는 사람은 자녀들에게 권면과 위로와 징계를 필요에 따라 적절히 행해야 한다. 낙심해 있을 때는 위로해 주고, 교만해져 있을 때에는 징계하고, 어려운 상황을 지혜롭게 대처하도록 적절한 가르침을 주어야 한다. 운동선수에게 감독이 하는 역할처럼, 그의 약점과 장점을 잘 파악하여서 말씀에 따라 적절하게 행동할 수 있도록 격려하고 힘을 주고, 부족한 것을 교정하도록 훈련시켜야 한다.

그리스도인으로 온전하게 세우는 일은 결코 쉽지 않다. 그것은 성도들로부터 환영받지 못하는 일이기도 하다. 하지만 사도는 아버지와 같은 사랑으로 권면하고 위로하고 경계했다. "아비가 자식을 불쌍히 여김같이 여호와께서 자기를 경외하는 자를 불쌍히 여기시나니"(시 103:13). 아버지는 힘들다고 자녀에게 필요한 교육을 중단하거나 포기하지 않는다. 빚을 내서라도 교육을 시키는 것처럼, 자녀들을 위해서라면 어떤 일도 하려고 한다. 바울은 자녀들을 올바로 양육해야 하는 아버지와 같은 심정으로 그들에게 필요한 가르침을 주기 위해서 최선을 다했다.

교회 리더십의 목적-하나님께 합당하게 행하게 함(12절)

바울 사역의 최종 목적은 성도들이 하나님께 합당히 행하도록 하는 것이었다. "이는 너희를 부르사 자기 나라와 영광에 이르게 하시는 하나님께 합당히 행하게 하려 함이니라." 하나님 앞에서 합당한 삶을 살아가는 자들이 되게 하기 위해서 먼저 자신의 삶을 통해서 모범을 보였고(5, 10절), 권면하고 위로하고 경계했다. 하나님은 성도들을 자기 나라와 영광으로 부르시는 분이시다. 그 부르심에 합당하게 행하도록 하는 것이 교회의 리더십의 목표이다. 우리는 하나님의 은혜로 이미 하나님 나라의 백성이 되었다. 이제는 그 나라에 합당한 자답게 생활해야 한다. 우리의 삶에서 하나님 나라의 거룩한 도리가 구현되어야 한다. 그것이 하나님께 합당히 행하는 것이다.

에베소서 4장에서도 예수님께서 교회에 직분자들을 세우신 목적을 이렇게 말한다. "이는 성도를 온전케 하며 봉사의 일을 하게 하며 그리스도의 몸을 세우려 하심이라. 우리가 다 하나님의 아들을 믿는 것과 아는 일에 하나가 되어 온전한(성숙한) 사람을 이루어 그리스도의 장성한 분량이 충만한 데까지 이르리니"(12-13절). 교회가 아는 것과 믿는 것에서 하나가 되어 성숙할수록 그리스도의 충만한 영광을 현시(顯示)하게 된다. 교회의 직분자는 바로 이를 위해서 세워진다.

교회의 리더십이 이러한 목적을 이루지 못한다면, 그 리더십은 어딘가에 큰 결함이 있는 것이다. 우리 각자는 다른 성도들을 세워 주기 위해서 복음으로 서로를 섬기며 선한 영향력을 미치는 지도자들이다. 우리의 섬김과 사역을 통해서 그리스도의 몸인 교회가 세워지고, 성도들이 성숙한 자가 되어야 한다. 이를 위해서 우리는 검증받은 청지기로(1-4절), 어머니와 같은 유순함으로(5-8절), 아버지와 같은 사랑으로 서로를 섬겨야 한다.

오늘날은 목사의 사역의 본질에 대해서 매우 혼란스러운 상황이다. 어떤 이는 목사를 설교자로만 생각한다. 그런 경우 설교만 하고 자신의 직무를 다했다고 생각한다. 어떤 이는 목사는 심리치료사나 상담자로 생각한다. 어떤 사람들은 기업의 최고경영자

(CEO)나 행정가로 생각한다. 어떤 사람은 교회의 주인이거나 예배의 사회자 정도로 생각한다. 교회 역사를 보면 목사에 대한 이해는 성직자를 상위 계급으로 존경하는 성직주의와 성직자를 가볍게 여기거나 불필요한 존재로 여기는 반(反)성직주의의 극단을 오락가락했다. 우리 시대는 두 가지가 공존하고 있는 것 같다. 어떤 교회에서는 목사가 교황과 같은 권위를 행사하는가 하면, 어떤 교회에서는 담임 목사가 성도들의 뒤치다꺼리나 사소한 심부름을 하도록 요구받기도 한다.

목사는 누구이고, 무엇을 하는 사람인가? 첫째로 복음을 전하도록 검증을 받고 보내심을 받은 하나님의 청지기(種)이다. 그는 자신을 비롯하여 사람을 기쁘게 하는 것이 아니라, 하나님을 기쁘시게 하는 사람이다. 하나님께서 부탁하신 복음을 전하기 위해서 세워진 사람이다.

둘째로 목사는 사람의 영광이 아니라 하나님의 영광을 구하는 사람이다. 목사는 하나님의 사역자로 자신의 권세를 주장하는 사람이 아니다. 자신의 영광과 권리를 주장하거나 사람들의 인기를 얻기 위해서 사역하는 사람이 아니다. 인기 있는 설교자가 되려는 허영의 유혹에 넘어지는 목사가 많다. 인기 있으면서 동시에 신실한 설교자가 되는 것이 가능할까? 신실함을 희생하여 인기를 얻든가, 아니면 인기를 희생하고 신실하기로 결심하든가 둘 중 하나이다. 왜냐하면 십자가는 여전히 많은 사람들에게는 미련한 것이며, 거리끼는 것이기 때문이다(고전 1:23). 참된 목사는 만물의 찌기처럼 대우를 받으면서도(고전 4:13) 어머니 같은 유순함으로 말씀의 젖을 먹이는 사람이다. 자신의 양을 위하여 목숨을 버리신 선한 목자 예수님을 따르는 사람은 자신의 생명도 아끼지 않고 교회를 위해 헌신하는 사람이다.

셋째로 목사는 아버지와 같이 각 사람에게 복음으로 권면하고 위로하고 경계하는 사람이다. 아버지처럼 악한 자들의 위험을 경고해 주고, 악에 빠지지 않도록 훈계하며 가르치는 데 전념하는 사람이다. 하나님의 자녀들이 세상의 도전과 배교의 물결을 헤쳐 나갈 수 있도록 훈련하고 격려하며 힘을 불어넣는 사람이 목사이다. 그것을 싫어하는 어린 성도들을 인내하면서 가르치는 사람이다. 이 모든 사역은 성도들이 하나님의 부르심에 합당하게 행하도록 하는 데 초점이 있다.

하나님께서 세우신 목사는 세상적인 힘을 의뢰하지 않는다. 그로 인해서 고난을 당하고, 비방과 조롱을 당할 수 있다. 그러나 바로 그런 약한 사역자들을 통해서 그리스도께서 승리하실 것이다. 십자가는 여전히 정복의 증표이다. 연약함으로 십자가에 달리신 그리스도는 그 십자가로 사단과 악의 세력들을 정복했다. 참된 교회도 세상적인 힘을 의뢰하지 않는다. 교회는 약함을 통해서 하나님의 능력을 가장 잘 드러낸다. "그러므로 내가 그리스도를 위하여 약한 것들과 능욕과 궁핍과 핍박과 곤란을 기뻐하노니 이는 내가 약할 그때에 강함이니라"(고후 12:10). 우리가 약할 때에 그리스도의 능력을 더욱 의뢰하기 때문이다.

우리는 모든 권위가 무너지고 있는 시대에 살고 있다. 자기를 기쁘게 하고, 자기의 유익만을 위해 사는 것을 당연하게 여길 뿐만 아니라 그것이 권리라고 외치는 시대이다. 이런 시대에 힘이 아니라 섬김을 내세우는 지도자는 멸시를 당할 수 있다. 그러나 복음을 알고 깨달은 사람들은 그를 가장 귀히 여기고 사랑하며 배나 존경할 자로 알 것이다(살전 5:12-13; 딤전 5:17). 사람들이 우리를 알아주지 않더라도 우리는 우리에게 맡겨진 일에 충성하도록 부르심을 받았다. 힘을 우상으로 섬기는 시대에 온유한 섬김으로 말씀을 구현하는 성도들에게 진정한 기쁨과 행복이 있다.

"나는 오래지 않아 설교를 귀로 듣기보다 눈으로 보리라.
나는 그저 길을 보여 주는 이가 아니라 나와 함께 걷는 이를 보리라.
눈은 귀보다 자발적이고 훌륭한 학생이라네.
세련된 상담은 혼란스럽지만 본보기는 분명하지!"

무명(無名)의 성도

5강

주님을 닮아 서로 닮은 형제들

데살로니가전서 2:13~ 16

13이러므로 우리가 하나님께 쉬지 않고 감사함은 너희가 우리에게 들은바

하나님의 말씀을 받을 때에 사람의 말로 아니하고 하나님의 말씀으로

받음이니 진실로 그러하다 이 말씀이 또한 너희 믿는 자 속에서 역사하느니라

14형제들아 너희가 그리스도 예수 안에서 유대에 있는 하나님의 교회들을

본받은 자 되었으니 저희가 유대인들에게 고난을 받음과 같이 너희도 너희

나라 사람들에게 동일한 것을 받았느니라 15유대인은 주 예수와 선지자들을

죽이고 우리를 쫓아내고 하나님을 기쁘시게 아니하고 모든 사람에게 대적이

되어 16우리가 이방인에게 말하여 구원 얻게 함을 저희가 금하여 자기 죄를 항상

채우매 노하심이 끝까지 저희에게 임하였느니라

너무 닮았다?

나는 어려서 집에서 키우는 가축들이 새끼를 낳는 모습을 보면서 자랐다. 그런데 흥미로운 것은 막 태어난 송아지나 강아지들, 또는 새끼 돼지들은 어미가 없어도 어미가 제공해 줄 수 있는 젖만 주면 잘 자란다는 것이다. 그 앙증맞은 강아지나 어린 돼지새끼들도 태어난 후 잠시만 지나면 홀로 걸어 다니고, 먹이를 찾아 돌아다닌다. 송아지도 어미 소가 태어날 때 묻어있는 진득한 액체를 제거해 주면 곧장 걸어 다니고, 어미의 젖을 찾아내서 젖을 빨기 시작한다. 그런 모습을 보면서 인간은 참으로 약한 존재라는 것을 많이 생각했다. 한 아이가 태어나서 걷기 시작하는 데만 적어도 10개월에서 1년이 걸린다. 대소변을 가리는 데 다시 2–3년이 걸리고, 자신이 다른 사람의 도움이 없이 생계를 꾸릴 수 있으려면 적어도 십 수 년씩 교육을 받아야 한다. 한 사람이 성장하여 자신의 생계를 제대로 해결하기 위해서 수많은 사람들의 도움이 있어야 한다. 이는 인생이 죄로 인해 타락한 결과 해산과 구로(劬勞)의 고통을 겪게 되었기 때문이다.

반면 동물들이나 사람이나 다르지 않은 것은 그들을 낳아준 부모를 꼭 닮았다는 것이다. 한 어미 개에게서 태어난 여러 마리의 강아지도 각기 독특한 모습을 한 것처럼 보이지만 어미를 닮았다는 공통점이 있다. 송아지도 어미 소를 닮았다. 모든 생명체는 자신에게 생명을 준 부모를 닮도록 하나님께서 정하신 것이다. 육신의 생명체가 그에게 생명을 준 부모를 닮는 것처럼, 영적인 생명을 소유한 사람은 그 생명의 부모인 하나님을 닮게 된다. 뿐만 아니라 그 부모의 생명을 함께 공유한 여러 형제들과도 닮는다. '피는 물보다 진하다'는 말이 있다. 이를 영적인 생명에 적용하면 '성령으로 거듭남은 피보다 더 진하다'라고 말할 수 있다.

믿음으로 구원을 받은 거듭난 생명도 스스로 자존하여 살 수 있는 것이 아니다. 독립적인 존재가 아니다. 하나님의 은혜로부터 멀어지면 곧 실족할 수밖에 없는 연약한 존재이다. 우리가 하나님께로부터 독립된 존재로 생각하는 순간 우리는 생명에서 인식적으로 분리된다. 우리는 모든 영역에서 하나님의 섭리적 돌보심 가운데 생존하고 있고, 앞으로도 그럴 것이다. 영적으로 장성하여 하나님의 복을 누리는 것은 우리를 위해 섬기는 수많은 사람들의 희생과 사랑을 통해서이다. 이는 우리의 생명이 하나님뿐 아니라 교회와 다른 성도에게도 의존되었음을 깨닫게 한다. 이것을 아는 사람은 범사에 겸손할 수 있다. 오늘 본문은 데살로니가 교회가 하나님과 바울과 다른 교회들과 닮았을 뿐만 아니라 서로 의존되어 있음을 보여준다.

1. 사역자들의 감사와 교회

"우리가 하나님께 끊임없이 감사함은 너희가 우리에게 들은 하나님의 말씀을 받을 때에 사람의 말로 받지 아니하고 하나님의 말씀으로 받음이니 진실로 그러하도다. 이 말씀이 또한 너희 믿는 자 가운데서 역사하느니라"(13절). 여기에 나타나는 '하나님'과 '우리'와 '너희'라는 말 사이에는 긴밀한 상호작용이 이어진다. 데살로니가 교회가 받은 것은 하나님께서 사도에게 위탁하신 것으로서 그것을 사도들이 전했고, 교회가 들을 때에 하나님의 말씀으로 받았다. 그 말씀이 데살로니가 교회 가운데서 역사하였다고 했다. 하나님으로부터 사도를 통해서 데살로니가 교회에게 설교의 메시지가 이르렀고, 그것을 하나님의 말씀으로 교인들이 받았으며, 그 말씀은 그들을 변화시키고 열매를 맺게 했다. 바울 사도와 동역자들은 이것을 감사하고 있다.

바울 사도는 2장 1-12절에서 자신들이 데살로니가에 이르렀을 때, 어떤 고난과 어려움 속에서 복음 사역을 하였는지를 상기시켰다. 그들은 극심한 반대와 어려움 속에서도 하나님의 청지기로서 하나님께서 기뻐하시는 사역을 했다. 어머니와 같은 사랑과 헌신으로, 아버지와 같은 권면과 위로와 경계함으로 하나님의 말씀을 전했다. 이렇게 사역한 결과 데살로니가 교회가 탄생했고, 그들이 주께 합당하게 행하는 것을 보면서 크게 기뻐하고 감사하고 있다. 사도의 일행은 데살로니가 교회와 성도들을 기억하며 하나님께 쉬지 않고 기도하면서 감사한다.

1) 거룩한 삶을 통과한 감사

바울은 자신들이 세상에서나 교회 앞에서 또 하나님 앞에서 온전하고 흠 없이 살았음을 그들이 보았다고 말했다. 어떤 사람이든 마음속에 있는 것이 밖으로 나오게 되어 있다. 예수님께서 바리새인들과의 논쟁 중에서 이르시길 그 마음에서 나오는 것이 그 사람이 누구인지를 말해 준다고 말씀하셨다(막 7:1-23). 우리 속에 갖고 있지 못한 것이 우리에게서 나올 수 없다. 주전자에 물이 가득 있어야 갈증으로 목말라 하는 사람에게 물을 나눠줄 수 있다. 우리 속에 하나님의 은혜와 생명에 속한 거룩함이 있어야 다른 사람들에게 생명에 속한 물을 공급해서 인생의 갈증을 해소해 줄 수 있다. 우리 속에 영원히 솟아나는 생명의 샘이 있어야 다른 사람들에게도 그 생명의 강수가 흘러갈 수 있다(요 7:38). 인생의 허무와 절망으로 인한 갈증으로 죽어가는 사람들에게 생명의 강수를 부어줄 수 있는 것보다 더 큰 기쁨과 보람은 없다. 우리가 나눠 주는 생명수는 사망을 이기도록 만들어 줄 뿐 아니라, 우리가 생명수를 나눠 줄수록 그것이 더 풍성해지기 때문이다.

그러한 생명의 강수는 거룩함이라는 수로(水路)를 통해서 전달된다. 하나님의 생명을 소유했을지라도 거룩함이 없다면, 수로가 막혀 있기 때문에 생명수를 공급받지 못한다. 그러면 다른 사람들에게도 생수를 흘려보낼 수 없다. 주를 닮는 거룩함이야말로 생명의 강이 흘러넘치게 하는 행복한 삶의 비결이다. 많은 사람들이 하나님의 뜻을 행하는 거룩함보다 '주의 이름'으로 큰일을 행하는 것으로 거룩함을 대치하려고 한다(참고 마 7:21-23). 그런 사람들은 어떻게든 큰일을 이루면 하나님께서 기뻐하실 것이라고 생각한다.

그래서 교회를 대형화하고, 크고 놀라운 사업들을 만들고, 세상의 저명인사가 되어 이곳저곳에 초대를 받아 격려사를 하는 사람이 되고자 한다. 그렇게 큰일을 이루었다고 하는 사람들을 보면 대개 감사가 없다. 그들은 자신들이 이룬 큰 사업에 만족해서 하나님이 아니라 자신을 영화롭게 하는 데 바쁘기 때문이다.

하나님을 기쁘시게 하는 경건한 삶이 하나님을 섬기는 사역의 중심이 되어야 한다. 우리가 모든 삶에서 하나님을 기쁘시게 하고자 한다면, 그 자체로 우리는 감사하는 사람이 될 것이다. 왜냐하면 우리가 그 어느 때보다도 거룩한 존재가 되기를 열망하고 있을 것이기 때문이다. 그런 사람이 주께서 쓰시기에 합당한 그릇으로 준비되어 있는 것이다. 거룩하고 순결한 삶은 항상 찬양과 감사로 이어지게 된다. 이런 사람들은 사람들의 평가에 크게 흔들리지 않는다. 이런 사람은 칭찬과 교만에서 해방되어 진정한 자유를 누리는 사람이다.

바울과 동역자들이 하나님께 쉬지 않고 감사할 수 있었던 것은 그들의 삶 자체가 거룩했고, 그 거룩한 삶을 통해서 하나님의 생명이 데살로니가 교회로 흘러들어갔기 때문이다. 우리는 거룩함으로 모든 일에 준비되어야 한다. J. C. 라일 목사님은 "모든 은혜의 방편들이 외치는 것은 오직 거룩한 사람이 되려고 노력하라는 것뿐이다"라고 말했다. "하나님께서 당신에게 행하신 모든 자비의 기적들이 외치는 것은 '너희는 거룩하라 너희는 거룩하라'는 것뿐이다." 우리는 무엇을 하기 전에 먼저 거룩한 사람, 하나님을 닮은 사람이 되라는 부르심을 받았다. 그것이 우리의 사역에서 첫 번째의 일이다. 바울은 그것을 끊임없이 감사하며 기도했다.

2) 산고(産苦)를 통과한 감사

이런 사도의 감사는 쓰라린 산고를 거친 후에 나온 것이다. 사도는 데살로니가 교회를 복음으로 낳고 기르기 위해서 자신의 생명까지 아끼지 않고 사역했다. 그들은 교회를 위해서 밤낮으로 수고하되 거룩하고 옳고 흠 없이 모범을 보이면서 사역했다. 그들은 "눈물을 흘리며 씨를 뿌리는 자"처럼 일했다(시 126:5). 물론 구원이 "원하는 자로 말미암음도 아니요 달음박질하는 자로 말미암음도 아니요 오직 긍휼히 여기시는 하나님으로 말미암음이니라"(롬 9:16)는 말씀은 영원한 진리이다. 그렇다고 해서 바라지 않고 경주하지 않는 사람에게 주어지는 것도 아니다. 원하기는 하지만 주저앉아서 아무것도 하지 않는 사람들에게는 아무것도 주어지지 않는다. 하나님의 섭리를 믿는 자들은 모든 것이 하나님께 달려 있다는 것을 믿고 의뢰하면서도 자신에게 맡겨진 일에 대해서 최선을 다해 이루려는 열망이 있다.

스펄전 목사님은 이렇게 말했다. "죽은 벌은 은혜의 땅에서나 자연의 땅에서 꿀을 만들어 낼 수 없습니다. … 하나님의 이름으로 온 힘을 다해 사랑의 수고를 행함과 믿음으로 감당하지 않는다면 여러분의 기대와 제안은 열매를 맺을 능력이 없는 사과 꽃처럼 땅에 떨어지고 말 것입니다. 우리는 자연이 우리에게 제공하는 것보다 훨씬 더 큰 힘을 구하지 않으면 실패하고 말 것입니다. 우리는 응답을 받을 때까지 결코 포기하지 않는 열정을 갖고 주님께 간구해야 합니다." 하나님께 진정으로 감사하는 사역자는 누구보다 사랑의 수고를 많이 한 사람이다.

2. 말씀을 받는 교회

1) 설교가 외면당하는 시대

오늘날 설교는 유행이 지난 소통의 형식으로 여겨지고 있다. 어떤 사람은 설교를 '버려진 과거로부터 온 메아리'라고 말한다. 사람들은 텔레비전에 중독되어 있고, 스스로를 자존적이고 독립적인 존재로 생각하기 때문에 권위에 대해서 적대적이다. 그래서 많은 사람들이 전통적인 설교를 포기하고 영상을 보여 주거나 사람들의 마음을 위로하는 지루하지 않은 예화로 대체하고 있다. 심지어 어떤 목사는 "너는 나를 본 고로 믿느냐? 보지 못하고 믿는 자들은 복되다"(요 20:19)는 예수님께서 도마에게 하신 말씀을 인용하면서 이렇게 말한다. '예수님께서는 보고 믿는 것을 부정하는 것이 아니기 때문에 영상의 시대에 맞게 사람들에게 보여서 믿게 해야 한다.' 설교보다 예배 의식에 더 치중하고, 사람들의 기호에 더 접근해야 하는 것이 현대인들에게 더 설득력이 있다고 말한다.

오늘날 사람들은 설교보다 상담이 사람들에게 더 유용한 방식이라고 말한다. 현대인들이 겪는 수많은 고통과 어려움들이 너무 많다는 것이다. 사람들이 겪고 있는 문제가 무엇인지 알고, 그들이 난관을 극복하고 새로운 삶을 살도록 돕기 위해서는 한 사람 한 사람의 문제를 따로따로 해결해 주어야만 한다고 말한다. 설교보다 상담이 더 적실성 있는 인간 문제의 해결책이라고 말한다. 설교에 대한 믿음이 내려갈수록 상담에 대한 기대와 요구는 상승한다. 이는 어제 오늘의 일이 아니다. 로이드 존스 목사님은 이미 1960년에『목사와 설교』에서 그것을 지적했다.

"오늘날 많은 교회들은 설교 시간보다 찬양하는 시간이 더 많고, 설교보다 간증하는 시간을 더 많이 넣고, 설교보다 사회의 저명인사를 초청하여 강연을 듣기를 더 좋아하고 있다. 그런 사람들의 말을 듣는 것이 목사의 설교를 듣는 것보다 더 좋다는 것이다. 현대는 광적으로 오락에 몰입하는 시대이다. 그래서 어떤 사람은 설교를 통해서 교인들을 웃기지 못하는 것은 죄라고 말할 정도가 되었다. 그래서 많은 사람들이 그런 사람을 따라하면서 설교에도 오락의 요소를 가미하고, 사람들의 감동을 주는 예화를 찾느라고 혈안이 되어 있으면서도 성경 본문이 무엇을 말하는지는 연구하지 않는다. 그래서 어떤 본문을 설교하더라도 내용은 동일하다는 말까지 나오는 것이다."

2) 하나님의 말씀인 설교

그러나 참된 설교는 인간의 진정한 필요를 채울 뿐만 아니라, 우리 개인의 모든 문제도 반드시 해결할 수 있다. 예수님은 많은 이적과 기적을 행하셨지만, 그것은 두 번째였다. 항상 설교를 통해서 가르치는 것이 첫 번째였다. 사도들도 마찬가지이다. 그들은 어디를 가든지 설교를 통해서 하나님의 말씀을 전했다. 어느 곳에서나 복음이 참되게 전해지면, 설교자가 알지 못했던 각 개인의 개별적인 문제들도 성령 하나님께서 해결해 주신다. 개인 상담도 중요하지만, 그것은 보조적인 수단이지 결코 설교를 대체할 수 없다.

데살로니가 교회는 보잘것없는 외모의 사람들이 가서 전했던 설교를 하나님의 말씀으로 받았다. 1장 5절에서 말씀한 것처럼, 그들은 바울 일행이 전하는 복음을 말로만이 아니라 오직 능력과 성령의 큰 확신으로 받았다. 그들은 연약한 사람들이 전하는 복음을 들을 때 사람의 말이 아니라 하나님의 말씀으로 받았다. 어떻게 그렇게 될 수 있는가? 오늘날도 목사가 전하는 설교는 하나님의 말씀으로 권위가 있는가?

설교는 무엇보다 그 내용이 철저히 하나님의 말씀, 곧 성경에서 온 것이어야 한다. 하나님의 말씀을 풀어서 전하는 것만이 참된 설교가 될 수 있다. 참된 설교는 철저히 성경적이어야 한다. 설교의 내용은 성경에서 뽑아온 옷감(직물)이어야 한다. 그 옷감을 자신의 청중에게 맞게 재단하고 맞출 수 있다. 성경에서 나온 옷감이 아닌 것으로 옷을 만든다면, 그것은 성경적인 설교가 아니기에 하나님의 말씀이 아니다. 참되고 진정한 설교는 철저히 성경적일 뿐만 아니라, 동시대적인 것이다. 설교는 자신의 이론이나 사상, 견해를 표명하는 것이 아니다. 설교는 하나님의 말씀을 강해하는 것이다. 강해란 하나님께서 의도하신 의미를 본문으로부터 찾아내서 현 시대의 상황에 맞게 본문의 의미를 적용하는 것이다. 그런 의미에서 모든 설교는 강해 설교가 되어야 한다.

하나님의 말씀을 통해서 인간과 세계, 역사에 대한 영적 실상을 명확히 대면하게 해주는 것이 설교이다. 사람들이 사는 사회가 아무리 바뀌고 현재의 상황이 바뀌었다고 해도, 사람들은 바뀌지 않았다. 사람들은 타락한 이후 조금도 개선되지 않았다. 정확히 똑같이 죄와 사망의 문제를 안고 있을 뿐이다. 하나님도 바뀌지 않으셨다. 하나님께서 사람들을 구원하는 방식도 바꾸지 않으셨다. 하나님께서는 전도의 미련한 것을 통해서 사람들을 구원하시기를 기뻐하셨다(고전 1:21). 오늘날 교회가 이 복음의 능력을 체험하도록 참된 설교를 전하지 않기 때문에 성도들의 삶이 변화되지 않는 것이고, 교회가 내리막길을 가는 것이다. 성도들이 거룩한 능력을 회복하고 교회가 참된 부흥을 이루는 길은 오직 설교의 회복을 통해서만 가능하다.

데살로니가 교회 성도들은 당시로서는 최첨단의 삶의 방식을 받아들인 헬라인들이었다. 그들은 소크라테스, 플라톤, 아리스토텔레스, 수많은 스토아학파와 에피쿠로스학파의 가르침을 통해서 자신의 삶이 변화되기를 바랐다. 그들은 당시 유행하는 모든 종교적 행사에도 참여했을 것이다. 오늘날 사람들처럼 상담자들을 찾았을 것이고, 다양한 오락을 찾았을 것이다. 그들도 나름 고상하고 복된 삶을 갈망했을 것이다. 그러나 그것들부터 아무것도 얻지 못했다. 오히려 그들은 더 큰 허무와 절망을 맛보았을 뿐이다. 그래서 어떤 사람들은 유대교의 회당 예배에도 참여했다. 그러나 어떤 것도 그들의 문제를 올바로 진단해 주지 못했고, 만족할 만한 해결책을 주지 못했다.

그런 상황에서 바울 사도가 전하는 복음을 들었다. 처음에는 말쟁이들이 이런 저런 지식 조각들을 끌어 모아서 돈벌이하는 사람들 정도로 보았을 것이다(행 17:18). 그러나 그들은 곧 그들의 행위가 다른 철학자들과 다르다는 것을 알았다. 세상 사람들은 자기들의 이익을 위해서 청중을 이용하려 했지만, 바울은 자신을 철저히 희생하면서 청중들을 돕고자 밤낮으로 수고하며 가르쳤다. 그것이 전부가 아니었다. 바울이 전하는 메시지가 단순히 사람에게서 나온 것이 아니라는 것을 알게 된 것이다. 그들은 단지 눈에 보이는 바울과 그 일행에게서 그렇게 놀라운 말씀이 나온 것이 아니라는 것을 확신하게 되었다.

그들은 바울의 설교를 통해서 들리는 하나님의 말씀을 기쁘게 들었다. 그들은 큰 갈망을 갖고 말씀을 들었고, 말씀을 사모하는 가운데 하나님께로부터 직접 듣는 것처럼 경외하는 마음으로 받았다. 사무엘하 24장에서 다윗이 인구조사를 하는 죄를 범하고 난 후에 여호와의 사자를 만나서 기도했다. 다윗은 기도의 응답으로 선지자 갓을 통해서 주어진 말씀을 하나님의 말씀으로 받았다. "다윗이 여호와의 명하신 바 갓의 말대로 올라가니라"(삼하 24:19). 다윗은 선지자 갓이 전한 말을 갓에게서 나온 것이 아니라 하나님께로부터 왔음을 알고 그 말씀에 순종하였다.

데살로니가 교회의 성도들도 마찬가지였다. 그들이 처음 설교를 들었을 때, 정말 하나님의 말씀인가 하고 분별하는 과정을 거쳤다. 그리고 그 말씀이 단지 사람에게서 나온 것이 아니라 하나님께로부터 왔다고 확인되었을 때 그들은 믿음으로 그 말씀을 붙잡았다. 데살로니가 교회 성도들은 진실로 예수님의 양이었다. 예수님께서 "또 이 우리에 들지 아니한 다른 양들이 내게 있어 내가 인도하여야 할 터이니 저희도 내 음성을 듣고 한 무리가 되어 한 목자에게 있으리라"고 말씀하셨다(요 10:16). 주님의 음성을 듣는 것은 주님의 말씀을 듣고 순종하는 것을 의미한다. 반면에 예수님이 택하신 양들은, "타인의 음성은 알지 못하는 고로 타인을 따르지 아니하고 도리어 도망하느니라"(요 10:5)고 말씀했다. 예수님께서 택하신 사람들은 설교자가 하나님의 말씀이 아닌 사람의 사상을 전하고, 세상의 허접한 것들을 축복이라고 가르치면 그것이 너무나 시시하고 천박하기 때문에 그를 따르지도 않고, 오히려 도망한다. 그런 설교자가 외모도 좋고, 화려한 수사학을 사용하고, 고상한 시들을 인용하고, 큰 감동을 준다 할지라도 그것은 하나님의 음성이 아니기 때문에 그런 사람의 말을 받지 않는다. 하나님께서 택하신 사람은 오직 하나님의 말씀이 아니면 결코 만족할 수 없다.

사람의 말과 하나님의 말씀 사이에는 본질적인 차이가 있다. 이 둘을 혼동하는 것은 치명적인 착각이다. 신앙이 어린 상태에서는 이것을 분별하지 못할 수 있다. 그러나 시간이 지났는데도 구분하지 못하고 있다면, 자신이 진리에 속해 있는지부터 점검해야 한다. 요한 사도는 "사랑하는 자들아 영을 다 믿지 말고 그 영들이 하나님께 속하였나 시험하라. 많은 거짓 선지자가 세상에 왔음이니라"고 말씀했다(요일 4:1). 성경으로 설교를 할지라도 그가 전하는 것이 하나님의 말씀인지 아닌지를 분별해야 한다고 가르친 것이다. 수많은 사람들이 진리와 진리를 가장한 사이비를 분별하지 못하고 맹종하거나 허무한 것에 자신의 은사를 낭비하는 어리석은 삶을 살고 있다.

3) 말씀이 너희 속에서 역사한다

만약 여러분이 설교를 통해서 전해지는 하나님의 말씀을 사람의 말로 여긴다면, 복음을 통해서 주시는 복을 받을 수 없을 것이다. 복음의 단맛은 복음이 하나님의 말씀이라는 사실을 확신할 때 주어지기 때문이다. 복음을 사람의 말로 받는 것은 복음을 받는 것이 아니다. 그러나 복음이 하나님께로 온 것으로 확신하고 흠 없는 계시로 받으면 그 말씀의 능력을 체험하게 된다. 복음에게 정복당하는 사람만이 복음의 풍성한 열매를 맛보게 된다.

복음을 하나님의 말씀으로 받는 사람은 그 복음에 순종함으로 복을 누린다. 복음은 그것을 받지 않는 사람들에게 조롱과 비웃음의 대상이지만, 그 복음을 받는 사람들에게는 큰 능력을 준다. 이 복음에 어떻게 반응하느냐 하는 문제는 생(生)과 사(死)가 갈리는 중대한 갈림길이다. 복음을 하나님의 말씀으로 받는 사람들에게 하나님의 권능이 임한다. 새 생명의 능력과 축복을 경험하게 한다. 또한 성령의 권능으로 세상을 이기게 한다.

설교를 하나님의 말씀으로 받은 사람들 속에서 일어나는 변화가 무엇일까? 복음을 하나님의 말씀으로 받는 사람들에게는 죄와 사망의 결박에서 해방되고 진정한 자유와 안식을 누리게 된다. 자기 사랑과 이기심에서 해방되어 이타심을 갖고 타인을 섬기게 된다. 자신을 향한 내향성과 폐쇄성, 자기 사랑에서 벗어나서 하나님과 이웃을 향한 사랑을 실천함으로 말할 수 없는 기쁨과 부요함을 누리게 된다. 진리로 세상과 자신을 바라보며 하나님의 선하시고 기뻐하시는 뜻을 분별하여 하나님 편에 서서 살게 된다. 세상에 붙박였던 시야가 영원 세계를 향해 열리게 된다. 인생의 참된 의미와 목적을 발견하게 된다. 역사의 목적을 알고, 그 목적에 부합하는 삶을 살고자 한다. 자신의 정체성과 사명을 알고, 자신의 전 존재와 행위를 통해서 구원하신 목적을 이루고자 한다. 하나님의 말씀은 그 말씀을 받는 사람의 마음과 영혼을 바꾸어 준다. 굳어졌던 마음이 부드러운 마음으로 바뀐다. 어둠에 사로잡혔던 마음과 영혼이 빛으로 환하게 변한다. 그런 변화는 숨길 수 없다. 인간의 힘으로 막을 수 없을 만큼 강하고 확실하다.

이런 사람들을 세상이 감당할 수 있겠는가? 이런 사람들을 누가 막을 수 있겠는가? 복음으로 변화된 사람들은 극심한 고난 가운데서도 믿음의 역사와 사랑의 수고와 소망의 인내를 통해서 자신들이 복음의 사람임을 증거했다. "대저 하나님께로 난 자마다 세상을 이기느니라 세상을 이김은 이것이니 우리의 믿음이니라"(요일 5:4). 하나님의 말씀을 믿음으로 받는 자들이 세상을 이길 수 있다. 하나님의 말씀은 그것을 믿는 자에게는 그 자체가 하나님의 능력이다. 설교가 인간의 말에 지나지 않는 것이라면 그것은 아무런 능력도 주지 못한다. 죽어 있는 인간을 살릴 수 있는 것은 아무것도 없다. 마른 뼈 같이 영적으로 죽어 있는 인간에게 하나님의 능력의 말씀이 선포되어야만 죽음을 이기고 생명을 얻을 수 있다.

하나님의 능력은 그 말씀을 경외함으로 받는 사람들 속에서 역사한다. "너희가 우리에게 들은 바 하나님의 말씀을 받을 때에 사람의 말로 아니하고 하나님의 말씀으로 받음이니 진실로 그러하다. 이 말씀이 너희 믿는 자 속에서 역사하느니라." 하나님의 말씀은 우리의 죄를 드러내고, 그 죄에 대하여 두려움을 갖게 한다. 하나님의 말씀은 자기 사랑에 대해서 혐오하며, 거룩을 향한 열정을 갖게 한다. 하나님의 말씀은 세상의 것에 대한 욕망이 아니라, 신령한 것에 대한 끝없는 욕망을 일으킨다. 우리 안의 정욕을 죽이고, 악한 사욕을 복종시킨다. 하나님의 말씀은 하나님께 속한 것을 사랑하게 하지만, 세상과 사단에 속한 것을 미워하게 한다. 여러분에게 이것이 있다면 여러분은 예수님의 양이다. 예수님의 음성을 듣고, 그로 인해 풍성한 꼴을 얻는 행복한 사람들이다.

3. 서로 닮는 교회

1) 그리스도의 성품을 공유한 교회

거기에 덧붙여 한 가지 더 복된 증거가 있다. 다른 회심자들과 동일한 마음의 변화를 경험한다는 사실이다. 세상에서 가장 닮은 사람들이 있다면 바로 예수님을 구주로 영접한 사람들이다. 성도들은 복음을 하나님의 말씀으로 받아 진정한 변화를 체험한 사람들이다. 그들의 나이와 인종과 지역과 학력과 언어가 다 다르고 엄청난 문화의 차이가 있다고 할지라도 그리스도 안에서 일란성 쌍둥이처럼 온전히 닮은 면이 있다. 당시 세상에서 가장 큰 차이는 유대인과 이방인의 차이였다. 이는 당시에 뛰어넘을 수 없는 커다란 장벽이었다. 그런데 이 차이가 그리스도 안에서 완전히 극복되었다. "형제들아 너희가 그리스도 예수 안에서 유대에 있는 하나님의 교회를 본받는 자 되었으니 저희가 유대인들에게 고난을 받음과 같이 너희가 너희 나라 사람들에게 동일한 것을 받았느니라"(14절).

데살로니가 교회나 유대에 있는 교회가 모두 그리스도를 머리로 모시는 교회이다. 모든 그리스도인들은 영적으로 예수님과 연합되어 있다. 또한 그리스도의 몸인 교회와 연합되어 있다. 이제 어느 민족이든 그리스도를 믿는 교회는 온전히 새로운 인류로 하나가 되었다. 특히 에베소서에서 이런 사상이 아주 잘 가르쳐지고 있다. 바울은 예수님께서 십자가로 그 장벽을 허물었음을 분명히 했다. "원수 된 것 곧 의문에 속한 계명의 율법을 자기 육체로 폐하셨으니 이는 이 둘로 자기의 안에서 한 새 사람을 지어 화평하게 하시고"(엡 2:15)라고 말한다. 이제 그리스도 안에서 사람들을 차별하는 장벽이 사라졌다. 그들은 한 주님으로부터 생명을 공급받았다. 몸이 하나이요 성령이 하나이며, 부르심의 한 소망 안에서 하나가 되었다.

너희는 우리의 영광이라

거듭난 그리스도인들은 누구든 그리스도의 성품을 닮았다. 그들은 온유하고 겸손하다. 얼굴이 다르고, 피부색도 다르고, 인종과 민족이 다르고, 빈부노유 신분의 격차가 아무리 크다 할지라도, 그들 안에는 그리스도적인 성품을 공유하고 있다. 물론 양적인 차이는 있겠지만 본질적인 면에서 사랑과 희락과 화평, 오래 참음, 자비, 양선, 충성, 온유, 절제라는 성품에서 온전히 닮았다. 우리가 어떤 형제자매를 통해서 기뻐하고 즐거워하는 것은 그리스도의 성품이 그 안에서 발견되기 때문이다. 중국이나 일본이나 미국이나 독일이나 어느 나라 사람이든지 그리스도 안에 있는 사람들은 모두 그리스도의 성품을 소유했다. "주도 하나이요 믿음도 하나이요 세례도 하나이요 하나님도 하나이시니 곧 만유의 아버지시라"(엡 4:5-6). 그래서 그리스도의 교회는 세상에서 경험할 수 없는 보편성이 있다. 하나님의 사랑으로 말미암아 새롭게 그리스도의 형상으로 빚어졌기 때문이다.

결혼하는 형제자매가 서로 하나가 되고 복된 가정을 이룰 수 있으려면, 각자 그리스도의 성품을 더욱 닮기를 원해야 한다. 그리스도 안에서만 온전한 하나를 이룰 수 있기 때문이다. 가정과 교회가 하나 되는 방식도 마찬가지이다. 교회와 가정이 하나가 되려면, 그리스도의 성품으로 서로를 섬기기 위해서 자신을 부정하는 일을 계속해야 한다. 우리의 개성이나 독특성을 다 버리라는 것이 아니다. 우리가 가지고 있는 은사와 특성들을 다 선용하되, 그리스도적인 성품을 따라 사용하라는 것이다.

2) 그리스도의 삶을 공유한 교회

일반적으로 사람이 서로 성품이 닮으면 취향도 비슷해진다. 회심하여 그리스도의 성품을 공유한 성도들도 유사한 면이 나타난다. 그리스도인은 그리스도께서 가르치신 좁은 길을 가고자 한다. 그들은 넓은 길을 피하고, 넓은 길로 유혹하는 자들을 멀리한다. 그리스도의 종으로 서로를 섬기기를 원하고, 그리스도의 명령을 따라 세상에 빛을 비추기 위해서 함께 길을 간다. 그들은 삶의 모든 영역에서 하나님을 섬기기를 바란다. 삶이 곧 하나님께 드리는 예배가 되길 원한다. 그들은 어디에 있든지 주님께서 기뻐하시는 것을 알고 싶어 하고, 주님께서 원하시는 일을 하고자 한다.

그리스도인은 율법을 지키기 위해서 기계적으로 움직이는 율법주의를 배격하고 하나님을 사랑하기 때문에 율법의 원리를 따라 행한다. 그리스도인의 인격의 핵심은 하나님을 향한 사랑이다. 하나님의 사랑에서 자연스럽게 흘러나오는 것이 율법의 행위이다. 그리스도인은 이런 면에서 서로 닮았다. 우리는 만난 지 얼마 되지 않았어도 오랫동안 사귀어 온 친구와 같이 친밀하다. 주를 위한 일이라면 서로 협력하고, 자원함으로 더 많이 섬기고자 한다. 이렇게 서로 닮은 사람들을 어디서 볼 수 있겠는가? 바로 복음을 하나님의 말씀으로 받는 하나님의 교회가 아니고서는 그 어디에서도 볼 수 없다.

3) 핍박 속에서도 신절을 지키는 교회

뿐만 아니라 복음을 받은 공동체는 주님을 위한 삶에서 고난 받는 것까지 닮는다. 데살로니가 교회가 복음적인 삶의 방식 때문에 지역 사람들로부터 고난을 받은 것은, 유대 지역에 있는 교회가 유대인들로부터 고난을 받은 것과 같다. 유대인들이나 믿지 않는 세상 사람들은 자기를 기쁘게 하고, 자기 영광을 추구하는 사람들이다. 그들은 자신들과 동일한 보조를 취하지 않는 교회를 핍박하는 것으로 자기 죄를 채우며 장차 받을 진노를 쌓고 있다.

베드로전서 5장 9절에서 "너희는 믿음을 굳게 하여 저를 대적하라. 이는 세상에 있는 너희 형제들도 동일한 고난을 당하는 줄 앎이니라"라고 했다. 모든 시대 모든 교회는 그리스도의 길, 좁은 길을 가기 때문에 고난을 당한다. 특별히 교회를 다니면서도 넓은 길, 세상을 추구하는 길을 가는 사람들이 참된 교회와 성도들을 더 핍박하고 조롱한다. 이는 사단이 참된 교회를 미워하기 때문에 발생하는 필연적인 고난이다. 누가 되었든지 좁은 길을 가지 않는다면 성경의 위대한 약속은 자신의 것이 아니다. 넓은 길을 가면서도 성경에 약속된 복을 자신의 것으로 생각하는 사람은 마치 다른 사람의 통장에서 돈을 빼서 쓰려는 사람과 같다. 그런 일이 어쩌다 한두 번은 성공할지 모르지만 결코 지속될 수 없다.

중요한 것은 참된 교회와 성도는 이런 고난과 핍박 속에서도 믿음을 지킨다는 사실이다. 시련은 믿음을 버리게 하는 것이 아니라 더욱 믿음을 견고하게 하는 기회가 된다. 우리는 이 세상의 핍박과 어려움을 통해서 이 땅에서 이방인이요 순례자임을 기억하게 된다. 어려움을 겪으나 물질적 풍요나 편안함 속에 머물지 않고, 주님이 다시 오실 날을 기다리고 고대하기에 더 적극적으로 충성하고자 한다. 교회는 이 절망의 세상 속에서 소망의 불꽃으로 타오르며 그리스도를 위한 고난과 부끄러움마저 개의치 않고 복음을 증언한다.

서로 닮는 형제들

교회는 주님을 닮고, 사도들을 닮고, 서로를 닮았다. 1세기 초대 교회나 5세기 교회나 16세기 종교개혁 시대의 교회나 오늘날 우리의 교회가 닮았다. 중국의 교회나 미국의 교회나 아프리카의 교회나 유럽의 교회나 그리스도가 머리이시기 때문에 그 교회가 참 교회라면 동일한 성품을 지니고 동일한 사역을 행할 것이다.

교회는 하나님의 말씀 위에 굳건하게 세워지고 성도는 복음을 듣고 순종함으로 그리스도의 성품을 소유한다. 그리스도의 사역을 행하는 교회는 어느 시대, 어느 곳에서나 동일한 모습으로 세워졌다. 성도들 개인도 마찬가지다. 진정으로 복음을 통해서 변화된 형제자매 속에는 그리스도의 형상이 아로새겨져 있기 때문에 그들과 함께 교제해 보면 우리가 어느 누구보다 서로 닮았음을 알게 된다. 이런 형제와 자매를 만날 때마다 큰 기쁨과 위로가 넘치게 된다. 하나님을 아는 사람들의 고상하고 아름다운 성품과 삶은 어떤 예술 작품보다 더 큰 감동과 위로를 준다.

모든 시대의 모든 참 교회가 이렇게 서로 닮게 되는 것은 무엇 때문인가? 첫째로 하나님의 말씀으로 거듭나서, 하나님의 말씀을 먹고 성장하기 때문이다. 교회는 말씀을 사랑하고 그 말씀에 순종함으로 그리스도를 닮는다. 교회는 삶을 통해서 말씀을 구현하는 것으로 주님의 교회로서 하나임을 드러낸다. 둘째로 교회는 오직 하나님만을 예배하는 점에서 동일하게 닮았다. 참 교회는 매주일 공예배를 통해서 성삼위일체 하나님께서 이루신 구속의 역사를 찬양하고, 그 예배의 정신을 따라 일상의 삶에서도 자기 몸을 하나님이 기뻐하시는 산 제물로 드리고자 한다. 셋째로 참된 교회는 서로 돌보는 사역을 통해서 하나임을 드러낸다. 인종과 나라와 연령과 사회적 배경을 막론하고 온전히 그리스도 안에서 하나의 형제로 자매로 사랑하고 섬기고자 하는 점에서 서로 닮았다. 넷째로 교회는 세상을 향해 복음으로 섬기는 일에서 서로 닮았음을 증거한다. 자기만을 위한 내향적인 사역이 아니라, 빛이 없어서 절망에 빠진 사람들에게 복음을 전하고자 헌신하는 일에서 서로 닮았다. 마지막으로 참된 교회는 그리스도의 재림을 소망하는 것으로 서로 닮았다. 이 세상이 전부가 아니라, 오실 그리스도를 기다리면서 슬기로운 처녀와 같이 지혜롭게 행동하는 점에서 닮았다. 우리 옆에 있는 형제들을 돌아보자. 이렇게 아름다운 사람들이 어디 있는가? 외모가 아니라 그의 속에 회복된 하나님의 형상을 보라. 주님을 닮은 공동체는 진정으로 강하고 아름답다. 우리를 이렇게 아름다운 공동체로 불러 주신 하나님을 찬양하자. 지금은 비록 연약해 보이지만 주께서 우리와 함께하신다. 우리는 지금 고난을 당하지만, 말할 수 없는 기쁨으로 기뻐하는 사람들이다.

이사야 선지자는 그리스도를 통해서 구원받은 성도들을 내다보면서 노래했다. "너희는 이전 일을 기억하지 말며 옛적 일을 생각하지 말라. 보라 내가 새 일을 행하리니 이제 나타낼 것이라. 너희가 그것을 알지 못하겠느냐. 정녕히 내가 광야의 길과 사막에 강들을 내어 내 백성, 나의 택한 자로 마시게 할 것임이라. 이 백성은 내가 나를 위하여 지었나니 나의 찬송을 부르게 하려 함이니라"(사 43:19). 우리는 과거의 우리가 아니다. 이전 일을 기억하지 말며 옛적의 일을 생각하지 말아야 한다. "옛날이 오늘보다 나은 것이 어찜이냐 하지 말라 이렇게 묻는 것이 지혜가 아니니라"(전 7:10).

믿지 않는 사람들은 '젊어서는 꿈을 먹고 살고 나이가 들면 추억을 먹고 산다'고 말한다. 이는 현재는 언제나 과정일 뿐이었고, 참된 행복을 붙잡지 못했음을 의미한다. 하지만 그리스도 안에 있는 우리는 주께서 행하신 새 일을 맛보고 있다. 광야와 같이 황량한 현재이지만 그 속에서도 생명의 강물을 마음껏 누리는 사람들이 되었다. 우리는 이 세상에서도 주님의 복을 누리는 행복한 자들이지만, 주께서 완전하게 다스릴 하나님 나라의 극치를 소망하면서 산다. 이것은 모든 시대, 모든 장소에서 하나님의 택하심을 따라 사랑을 입은 성도와 교회의 모습이다. 우리는 교회사 가운데 위대하게 사역했던 거룩한 성도들과 닮았다. 그들이 올곧게 나아갔던 그 아름다운 길을 우리도 가야 한다. 주님과 그들을 닮은 삶으로 주님께 영광을 돌리자! 할렐루야!

6강

복음 합주곡

데살로니가전서 2:17~ 3:13

17형제들아 우리가 잠시 너희를 떠난 것은 얼굴이요 마음은 아니니 너희 얼굴 보기를 열정으로 더욱 힘썼노라 18그러므로 나 바울은 한번 두번 너희에게 가고자 하였으나 사단이 우리를 막았도다 19우리의 소망이나 기쁨이나 자랑의 면류관이 무엇이냐 그의 강림하실 때 우리 주 예수 앞에 너희가 아니냐 20너희는 우리의 영광이요 기쁨이니라

1이러므로 우리가 참다 못하여 우리만 아덴에 머물기를 좋게 여겨 2우리 형제 곧 그리스도 복음의 하나님의 일군인 디모데를 보내노니 이는 너희를 굳게 하고 너희 믿음에 대하여 위로함으로 3누구든지 이 여러 환난 중에 요동치 않게 하려 함이라 우리로 이것을 당하게 세우신 줄을 너희가 친히 알리라 4우리가 너희와 함께 있을 때에 장차 받을 환난을 너희에게 미리 말하였더니 과연 그렇게 된 것을 너희가 아느니라 5이러므로 나도 참다 못하여 너희 믿음을 알기 위하여 보내었노니 이는 혹 시험하는 자가 너희를 시험하여 우리 수고를 헛되게 할까 함일러니 6지금은 디모데가 너희에게로부터 와서 너희 믿음과 사랑의 기쁜

소식을 우리에게 전하고 또 너희가 항상 우리를 잘 생각하여 우리가 너희를 간절히 보고자 함과 같이 너희도 우리를 간절히 보고자 한다 하니 7이러므로 형제들아 우리가 모든 궁핍과 환난 가운데서 너희 믿음으로 말미암아 너희에게 위로를 받았노라 8그러므로 너희가 주 안에 굳게 선즉 우리가 이제는 살리라 9우리가 우리 하나님 앞에서 너희를 인하여 모든 기쁨으로 기뻐하니 너희를 위하여 능히 어떠한 감사함으로 하나님께 보답할꼬 10주야로 심히 간구함은 너희 얼굴을 보고 너희 믿음의 부족함을 온전케 하려 함이라 11하나님 우리 아버지와 우리 주 예수는 우리 길을 너희에게로 직행하게 하옵시며 12또 주께서 우리가 너희를 사랑함과 같이 너희도 피차간과 모든 사람에 대한 사랑이 더욱 많아 넘치게 하사 13너희 마음을 굳게 하시고 우리 주 예수께서 그의 모든 성도와 함께 강림하실 때에 하나님 우리 아버지 앞에서 거룩함에 흠이 없게 하시기를 원하노라

노란 리본

세월호 참사가 일어난 지 벌써 두 계절이 지났다. 아직도 팽목 항에는 돌아오지 못하는 아이들을 위한 노란 리본, 빛이 바래가며 차마 땅에 떨어지지 못한 슬픈 눈물처럼 매달려 바람에 나부끼고 있다. 자녀를 찾지 못한 부모의 마음은 슬픔과 안타까움 속에서 어디서도 안정을 찾지 못하고 있을 것이다. 부모의 마음은 자녀들 이 어디에 가 있든 자녀들과 함께 있다. 차가운 바다 속에 있을 아

이를 생각하면 부모들은 자기 집에서 편하게 잠을 이룰 수 없기 때문에 아직 바다 옆에서 노숙 아닌 노숙을 하고 있다.

어떤 사람의 장성한 딸이 아직 휴대전화가 널리 쓰이기 전에 세계 여행을 떠났다고 한다. 딸은 여행이 얼마나 재미있었는지 몇 주 동안이나 집에 전화 한 번 하지 않았다고 한다. 딸에게 전혀 연락할 방법이 없었던 부모는 근심에 휩싸였다. 매일 밤잠을 이루지 못하였고 날마다 애타게 전화를 기다렸다. 급기야 교회에 사실을 알리고, 온 교회가 기도회를 열어 하나님께 도움을 구했다. 다음 날 딸이 마냥 즐겁고 태평한 목소리로 전화를 했다고 한다. 부모들은 밤에 깨어서도 자식들을 걱정한다. 그러나 자식들은 부모가 얼마나 그들을 생각하는지 잘 모른다. 얼마나 자식의 행복을 바라고 일어날지도 모르는 위험을 떠올리며 잠을 뒤척이는지 짐작 못한다.

바울은 2장 1-16절에서 자신이 데살로니가에서 벌인 복음 사역을 말하며 대적자들의 모함에 대항하여 자신을 변호했다. 그는 청지기와 사자(使者)와 같이 정직하고 충성스럽게 하나님의 말씀을 전했고, 어머니와 아버지와 같은 사랑으로 교회를 섬겼다. 2장 17절부터 3장 13절에서 그가 얼마나 간절한 마음으로 데살로니가 교회에 가고자 했었는지를 변호한다. 부모가 어린 자녀를 걱정하여 간절한 마음으로 염려하듯 애틋하게 그리워하는 모습을 본다. 또한 자녀들이 어려움 속에서도 바르게 성장하고 있으며 부모를 사랑하고 그리워하고 있다는 소식을 듣고는 뛸 듯이 기뻐하는 부모의 마음을 드러내 보이고 있다.

1. 만나기를 열정으로 힘썼다(2:17-20)

1) 마음은 교회와 함께 있었다(17a)

바울은 데살로니가를 떠나고 싶어서 떠난 것이 아니었다. "떠난 것"에 해당되는 헬라어는 문자적으로 '부모를 빼앗기게 된 어린 아이의 상태'나 '자식을 빼앗긴 부모의 외로운 상태'를 의미한다. 이는 바울과 동역자들이 원치 않는 가운데서 데살로니가 교회 성도들과 헤어지고 큰 아픔과 상실의 마음을 갖게 되었음을 말한다. 바울의 이와 같은 애절한 마음은 이어지는 표현들에서도 진하게 묻어나고 있다. 그는 다시 "형제들아!"라고 가장 친근한 용어로 그들을 부르고, "우리가 잠시 너희(성도)들을 떠나게 되었지만, 떠난 것은 얼굴이요 마음은 아니다"라고 말한다. 또한 이들의 "얼굴을 보기를 열정으로 더욱 힘썼다"고 고백한다.

바울은 이런 표현을 통해서 자신이 데살로니가를 떠날 수밖에 없었던 것은 고통스러운 일이었다는 것을 상기시킨다. 유대인들이 일으킨 소요사태로 인해 당국자들의 추방 명령이 떨어졌으니 교회를 떠나는 것이 교회를 보호할 수 있는 최선의 방책이었다. 그래서 바울은 그들과 떠나 있지만 결코 마음이 멀어진 것은 아니라고 말한다.

2) 열정으로 그들에게 돌아가고자 했다(17b-20절)

"너희 얼굴 보기를 열정으로 더욱 힘썼노라. 그러므로 나 바울은 한 번 두번 너희에게 가고자 하였으나 사단이 우리를 막았도다." 바울은 어떻게 해서든 데살로니가 교회를 방문하고자 했으나 사단이 막아서 가지 못했음을 말한다. 사단의 훼방은 크게 네 가지로 설명되고 있다. 첫째는 유대인들의 핍박과 반대, 둘째는 바울에게 있었던 '육체의 가시' 곧 질병("사단의 사자") 때문에, 셋째는 데살로니가 읍장들이 야손에게 내린 법적 금지령, 넷째는 고린도에 머물러 있어야만 했던 바울의 상황이나 징벌 등이다. 아마 바울과 데살로니가 성도들은 당시의 문제와 어려운 상황을 알았을 것이다. 오늘날 우리는 당시의 역사적 문맥을 알기가 쉽지 않다. 여기서 바울이 말하고자 하는 요점은 자신과 동역자들이 데살로니가를 방문하고자 하는 마음이 간절했음에도 불구하고 사단의 방해(또는 궁극적으로는 하나님의 섭리, 롬 16:20; 살후 2:8)로 그것이 성사되지 못했음을 전한다. 그래서 데살로니가 교회를 향한 자신의 사랑이 변함없음을 확증하고 있다.

바울은 적극적으로 데살로니가 성도들을 향한 자신의 애정과 신뢰를 수사적 의문문으로 묘사하고 있다. 데살로니가 성도들은 바울과 동역자들의 소망이며 기쁨이며 자랑의 면류관이자 영광이었다. 이런 은유적 표현은 현재적이면서 동시에 미래적이다. 이는 데살로니가 교회를 향한 바울의 신뢰와 소망을 강하게 드러낸다. 바울의 자랑을 두고 그가 그리스도와 그의 십자가 안에서만 자랑하겠노라고 말했던 구절(갈 6:14; 고전 1:31)들과 상충된다고 생각해서는 안 된다. 데살로니가 교회는 그리스도께서 십자가에서 승리하신 후에 얻은 전리품이기 때문이다. 바울이 선택한 단어 하나하나에 그의 사랑이 듬뿍 배어 있다. 사랑에 도취된 그의 표현에서 바울 자신은 이 세상에서 누리는 기쁨과 내세에서 누릴 영광이 데살로니가 교회와 하나로 연결되어 있음을 보여준다.

2. 디모데를 보내고(3:1-5)

1) 자신이 홀로 남겨지는 것을 감수했다

바울은 자신이 데살로니가에 재차 방문하지 못하는 안타까움뿐만 아니라 그곳 성도들의 소식을 전혀 듣지 못하는 상황으로 인해 마음이 더욱 눌려 있었다. 자신이 베뢰아에서 쫓겨나올 때 멀리 아덴까지 동행했던 베뢰아 교회의 성도들에게 그들이 돌아가는 즉시 디모데와 실라를 보내달라고 부탁했다. 그래서 아덴에서 디모데를 만났지만, 데살로니가 교회에 대한 깊은 근심으로 다시 디모데를 데살로니가 교회로 보내게 되었다. 그는 다시 우상이 가득한 도시 아덴에 고아처럼 홀로 남게 되었다. 많은 시련과 환난이 있는 상황에서 홀로 고립된 상황을 감수한 것은 데살로니가 교회를 위해 걱정하면서 지내기보다는 차라리 자신이 홀로 남겨지는 것이 낫겠다는 판단 때문이었다.

2) 디모데를 보낸 목적

바울은 디모데를 "우리 형제, 곧 그리스도 복음을 전하는 하나님의 일꾼"으로 소개한다. 바울은 믿음직한 복음의 일꾼으로 검증된 디모데를 보낸 이유를 다섯 가지로 말한다. 첫째는 데살로니가 교회 성도들을 굳건하게 하기 위함이었다. 새롭게 회심은 했지만, 자라지 못하면 여러 가지 시험과 세상의 풍조에 휩쓸릴 수 있기 때문에 데살로니가 교회는 굳건하게 설 필요가 있었다. 둘째는 그들의 믿음을 위로하기 위함이었다. 믿음으로 서 있는 성도들이 세상의 핍박과 어려움 속에 있을 때는 무엇보다 말씀의 위로가 필요하기 때문이다. 셋째는 데살로니가 교회가 여러 환난 중에도 요동하지 않게 하려 함이었다. 이런 환난은 모든 성도들이 당하는 일이다. "무릇 그리스도 예수 안에서 경건하게 살고자 하는 자는 핍박을 받으리라"(딤후 3:12). 그리스도 안에서 살고자 하는 모든 경건한 사람은 세상으로부터 핍박을 받는다. 실제로 바울은 그들에게 복음을 전할 때 참된 성도에게는 환난이나 핍박이 반드시 있을 것을 가르쳤다. 4절을 보자. "우리가 너희와 함께 있을 때에 장차 받을 환난을 너희에게 미리 말하였더니 과연 그렇게 된 것을 너희가 아느니라." 바울은 그들에게 미리 가르쳤던 환난이 실제로 임했을 때 "과연 그렇게 된 것을 친히 알고 있다"라고 하였다. 사도행전 14장 22절에서도 "제자들의 마음을 굳게 하여 이 믿음에 거하라 권하고 또 우리가 하나님 나라에 들어가려면 많은 환난을 겪어야 할 것이라"고 교훈했다.

5절에서 다시 한 번 "참다 못하여"를 반복하면서 디모데를 보낸 이유를 설명한다. 네 번째 이유는 바로 데살로니가 성도들의 믿음을 점검해 보기 원했기 때문이었다. 사도는 데살로니가 교회가 고난 가운데서도 복음을 저버리지 않고 믿음의 방식을 견고하게 지키고 있는가를 알고 싶어 한 것이다. 다섯 번째 이유는 시험하는 자가 교회와 성도들을 흔들어 놓을 때 그들이 열매를 맺지 못하게 될 것을 염려하는 마음 때문이었다.

바울은 이런 여러 가지 이유로 디모데로 하여금 아덴에서 바울을 떠나 데살로니가 교회로 가도록 했던 것이다. 복음을 받은 지 얼마 되지 않은 교회가 큰 환난 가운데서 믿음이 더욱 견고해지고, 그들이 말씀 안에서 위로를 받아 더욱 믿음의 길을 감으로써 고난에 적극적으로 대처하여 나가기를 바랐다. 또한 데살로니가 교회의 소식에 목말라 하던 바울이 교회의 최근 근황을 알고자 했던 것이다. 바울과 데살로니가 교회는 복음의 사역의 산 증인이요 또한 열매들이었다.

3. 디모데가 가져온 소식으로 기뻐하다(3:6-10)

6절의 "지금은"이라는 말은 디모데가 데살로니가에서 바울이 있는 고린도에 와서 그곳의 상황을 전달한 시점을 이야기한다(행 18:5). 디모데가 가져온 소식은 두 가지였다. 첫째는 데살로니가 성도들이 비록 초신자들임에도 자신들의 믿음과 사랑의 실천적인 교제가 공동체 안에서 잘 이루어지고 있다는 것이다. 그들 안에 믿음의 역사와 사랑의 수고와 소망의 인내가 있었다. 둘째로 데살로니가 교회 성도들은 대적자들의 비방에도 불구하고 바울과 동역자들에 대해 여전히 신뢰와 존경을 표하고 있으며, 그들을 간절한 마음으로 만나고 싶어 한다는 것이었다.

디모데로부터 뜻밖의 좋은 소식을 접한 바울은 "그들의 믿음으로 말미암아" 위로를 받게 되었음을 고백한다. 바울과 동역자들은 데살로니가 교회 성도들로부터 받은 소식으로 인해 큰 기쁨과 위로를 받았다. 자신들이 고린도 지역에서 현재 당하고 있는 여러 궁핍과 환난을 견딜 수 있게 하는 힘이 되었던 것이다. 사실 디모데와 실라는 이런 좋은 소식뿐만 아니라 데살로니가 교회가 보낸 선교 헌금까지 가지고 왔다. 바울에게 얼마나 큰 위로를 주었겠는가? 고생하는 부모를 위해 어린 자녀가 돈을 모아서 보낸 것처럼 느꼈을 것이다. 복음 사역에 지쳐 있던 사도에게 큰 힘이 되고 격려가 되었을 것이다.

그동안 바울 사도는 천막 짓는 일을 하면서 복음을 전하였는데, 그들의 후원을 받은 때로부터는 천막 일을 멈추고 담대히 복음을 전하게 되었다(참고. 행 18:5; 고후 11:8-9; 빌 4:14). 바울과 동역자들은 마케도니아 지역에서와 같이 고린도 지역에서도 끊임없는 고난을 겪었다. 고난의 현장에서 복음 전도자들에게 큰 기쁨과 위로가 된 것은 이들의 사역으로 세워진 교회가 고난 가운데서도 믿음을 저버리지 않고 고난들을 능히 잘 이겨낼 뿐만 아니라 복음 전파를 위한 선교 헌금, 사랑의 열매를 보내준 사실이었다.

바울은 8절에서 "그러므로 너희가 주 안에 굳게 선즉 우리가 이제는 살리라"고 말한다. 유모(어머니)(2:7)와 아버지(2:11) 같이 사역했던 사랑에서 터져 나오는 기쁨과 감사이다. 바울과 데살로니가 교회는 "주 안에서" 유기적인 연합으로 한 생명 안에 있음을 보게 된다. 바울 사도는 고린도후서 11장 28-29절에서 자신의 고난의 목록을 이야기하며 말한다. "이외의 일은 고사하고 오히려 날마다 내 속에 눌리는 일이 있으니 곧 모든 교회를 위하여 염려하는 것이라. 누가 약하면 내가 약하지 아니하며 누가 실족하게 되면 내가 애타지 않더냐?"

바울은 데살로니가 교회가 보여준 사랑의 열매를 확인하면서 하나님께 향한 지극한 감사로 승화시키고 있다. 자신이 누리는 하나님 앞에서의 기쁨은 데살로니가 교회로 말미암은 것이었다. "우리가 우리 하나님 앞에서 너희를 인하여 모든 기쁨으로 기뻐하니 너희를 위하여 능히 어떠한 감사함으로 하나님께 보답할꼬?" 교회를 향한 바울의 목회적 돌봄은 그들을 향한 감사와 기쁨으로 표현된다. 더불어 그들을 향한 성실하고도 간절한 기도가 시작된다. 바울의 기도 내용은 크게 두 가지이다. 첫째는 데살로니가 교회 성도들의 얼굴을 다시 보기를 원하는 것이다. 둘째는 그렇게 다시 보게 되었을 때 혹 부족한 믿음이 있다면 그것을 더 온전하게 채워 주려는 소망이다.

4. 교회를 위한 기도(3:11-13)

이제 바울은 더 적극적으로 하나님께 기도한다. 이는 바울과 교회가 함께 기도하기를 바라면서 드리는 기도이다. 기도의 내용은 세 가지이다. 첫째는 하나님과 주 예수께서 다시 바울과 동역자들이 데살로니가 교회에 방문할 수 있도록 인도해 주시길 기도한다. 사단이 막고 있는 장애물들을 제거해 달라는 기도이다. 바울의 기도는 응답되었다. 물론 그것은 한참 시간이 흐른 후였다. 바울이 약 5년 후에 3차 전도 여행을 마치고 마케도니아를 두 번 방문할 수 있었다.

둘째는 바울과 동역자들이 데살로니가 교회를 사랑한 것처럼 성도들이 사랑 안에서 서로 위하고 모든 사람들을 향한 사랑이 더욱 충만하고 넘치게 해주시길 기도한다. 그럼으로써 그들의 마음을 굳게 할 수 있도록 해달라고 주께 기도한다. 특히 바울은 기도에서 "우리가 너희를 사랑함과 같이"라는 수식어를 사용하고 있다. 바울이 보모처럼 그들을 사랑한 것을 그들이 보았기 때문에 그들도 그러한 사랑으로 서로 사랑하라는 것이다. 다른 사람이 사랑의 사람이 되기를 기도하고 원하는 사람은 먼저 자신이 사랑의 사람이 되어 본을 보여야 한다. 바울은 담대하게 기도했다. 교회의 성도들 간에 사랑이 넘치길 바라고, 그 사랑이 다시 복음을 전하게 하는 더 큰 능력의 사랑으로 넘치길 기도했다.

셋째는 주께서 모든 성도들과 함께 강림하실 때에 하나님 우리 아버지 앞에서 거룩함에 흠이 없게 해주실 것을 기도한다. 그리스도의 오심을 기다리는 자들답게 범사에 "거룩함에 흠이 없게 하시기"를 기도하였다. 성도의 내적인 성품과 외적인 삶에서 주를 닮도록 날마다 성장하기를 기도한 것이다.

바울의 기도는 매우 구체적이고 실제적이다. 그의 모든 기도는 현실의 삶과 연결되어 있다. 바울의 기도는 간결하면서도 강력하다. 이 기도는 그동안 이 편지에서 지금까지 말했던 모든 내용을 요약한 것이다.

복음 합주곡

바울과 데살로니가 교회 성도들이 '복음의 합주곡'으로 함께 연주한 삶의 노래는 '복음으로 인한 고난'과 '복음으로 인한 기쁨과 감사'의 이중주였다. 이러한 합주곡은 하나님께 드리는 기도의 후렴구로 더 큰 감동을 준다. 이 노래는 우리도 주께서 다시 오실 때까지 교회적 삶으로 연주해야 할 아름다운 복음의 합주곡이다.

그렇다면 세워진 지 몇 개월밖에 되지 않는 교회가 어떻게 그 많은 환난 가운데서도 이렇게 아름다운 선율로 복음을 구현했을까? 복음을 전해준 말씀 사역자는 멀리 떠나 버렸고, 다시 돌아온다는 기약도 없는 상태 가운데 데살로니가 교회가 놓여 있었다. 이런 상황에서도 그들은 "믿음의 역사와 사랑의 수고와 우리 주 예수 그리스도에 대한 소망의 인내"로 참 교회의 본질에 가까운 모습을 보였다. 무엇이 이러한 복음 합주곡을 온 세상에 메아리치게 했는가?

1) 하나님의 말씀을 갈급함으로 받아야

그들은 사역자들이 전하는 설교를 하나님의 말씀으로 받았다. 말씀이 믿는 자들 속에서 역사하였다. 성령께서 그 말씀을 은혜의 방도로 사용하셔서 그들 속에 생명을 심으신 것이다. 새롭게 태어난 생명은 생명의 양식인 말씀을 먹고 계속 자라서 새 사람의 열매를 맺으며 하나님 나라를 구현하는데, 이것이 성령께서 이루시는 구속의 역사이다. 이것이 믿는 자들 속에서 역사하는 말씀과 성령의 열매이다.

데살로니가 교회는 말씀을 단지 신학 강의로 받는 것이 아니라 생명의 양식, 은혜의 방도로 받았다. 말씀을 생명의 양식으로 받는 사람은 그 사람 속에 갈급함, 곧 주림이 있는 사람이다. "의에 주리고 목마른 사람"이 배부름을 얻는다. 영혼에 주림이 없는 사람은 세상의 허접한 것으로 이미 배불러 있다. 그들은 남편에게 만족하고 자식에게 만족하고 세상의 것들이 마음에 가득 차 있기에 말씀에 배고픔을 느끼지 못한다. 말씀을 공부하라고 아무리 외쳐도 주림이 없기에 식욕이 전혀 없다. 하나님의 말씀을 갈급해 하는 사람에게 말씀이 들어가서 역사한다. 말씀에 대한 갈급함이 없는 사람은 생명의 말씀을 들으면서도 종교적인 지식을 습득하는 것처럼 반응한다. 그렇게 신학적 지식을 쌓고자 공부하는 사람은 자신의 지식을 은근히 드러내면서 자기 의를 추구한다. 그런 사람은 결코 말씀의 능력을 경험할 수 없다.

먼저 심령이 가난하여 빈곤함을 느껴야 한다. 자신 속에 의가 없음을 발견하고 탄식하면서, 하나님의 의를 갈망하는 사람에게 말씀이 역사한다. 자신 속에서 계속해서 분출되는 죄를 보면서 그것을 억제하려고 최선을 다해 보지만, 하면 할수록 자신의 힘으로는 역부족이라는 사실을 깨닫고 하나님의 능력을 갈구하지 않을 수 없다. "오호라! 나는 곤고한 자로다!" 그래서 하나님의 은혜를 갈망하면서 말씀에 집중한다. 동시에 자신은 그 말씀을 따라 살 수 없음을 알기에 성령님께서 힘 주시길 날마다 간구한다. 그런 사람에게 말씀이 은혜의 방편이 되어 자신의 내적인 부패와 세상의 유혹과 사단의 시험을 이기게 한다.

2) 사단의 속임수를 파악하고 이길 능력이 있어야

환난과 핍박에서도 믿음을 지키려면 힘이 있어야 한다. 육체적인 핍박이나 물리적인 박해를 이기는 것도 큰 믿음이 요구된다. 극심한 고문이나 파산의 압력을 견디는 것도 어지간한 믿음으로는 불가능하다. 그러나 더 간교하고 무서운 환난과 핍박은 그 실체가 드러나지 않는 음성적인 공격이다. 교묘한 속임의 상태에서는 겉보기에 모든 것이 잘되어 가는 것처럼 보이고 평안한 것처럼 보인다. 그렇게 세상에서 잘되고 축복받았다는 자만심이 생기면서 부지불식간에 양심이 마비된다. 세상을 사랑하면서도 실제로는 그런 줄도 모른다. 교회에 열심히 다니고 전도도 열심히 하기 때문에 안전하다고 생각하지만, 영적인 소경이 되어서 세상 영광을 추구하고 세상을 사랑하면서도 그것을 인식하지 못한다. 이것이 사단의 무서운 속임수이다.

사단의 공격에 사로잡혀 있으면서도 아무런 각성이 없고 그것에 저항하지 않는 것은 무엇 때문일까? 홍수에 떠내려가는 사람처럼 세상 풍조에 휩쓸려가면서도 아무 감각이 없는 사람들이 교회 안에 있다. 그들은 스스로 주류에 속해서 대세를 따른다고 여긴다. 외적인 환난과 박해가 있을 때 믿음으로 끝까지 견디려면 능력이 있어야 하는 것처럼, 교묘한 세상의 풍조에 저항하기 위해서는 큰 믿음이 요구된다. 야고보는 "간음하는 여자들이여 이 세상을 사랑하는 것이 하나님과 원수 되는 것을 알지 못하느뇨"(약 4:4)라고 말했다. 많은 사람들이 세상을 사랑하여 하나님과 원수 된 자리에 있으면서도 교회만 열심히 다니면 아무 문제가 없다고 생각한다.

우리의 삶의 목표나 방향이 하나님 나라, 곧 그리스도의 다스림을 받고 살고 있느냐가 더 중요하다. 데살로니가 교회는 연약한 가운데서도 이러한 믿음의 역사가 있었기 때문에 세상의 풍조를 따라가지 않을 수 있었다. 그들은 그리스도께 온전히 헌신했기 때문에 강했다. 말로는 헌신한다고 하면서 실제 생활에서는 주께서 원하시는 것이 아니라 자신이 원하는 것을 추구하는 사람은 작은 유혹에도 쉽게 무너진다. 우리는 주의 말씀을 간절함으로 받고 받은 말씀을 구현하고자 자신의 부족함을 늘 인식하면서 하나님께 온전히 헌신하기 위해 기도하는 것을 삶의 패턴으로 삼아야 한다.

3) 교회아 의식을 가져야

개인의 성결도 중요하지만 교회아 의식을 가지고 교회의 사명을 이루려는 지체로서의 각성이 있어야 한다. 우리는 구원받아서 그리스도의 몸인 교회의 지체로 신비한 연합 속에 들어왔다. 그렇다면 우리는 자기가 알아서 신앙생활 하다가 천국에 가면 된다는 유치한 생각을 버려야 한다. 자신이 그리스도의 지체로서 교회에 참여하고 있다면 그 몸 전체의 활동에 기여해야 한다.

밤낮 배워도 자신의 개인 구원이나 기껏해야 자기 가족 문제의 틀에서 맴돌고 있다면 다른 종교를 가진 사람들과 무엇이 다르겠는가? 불교인들도 득도(得道)해서 자신과 가족이 안심입명(安心立命)하기를 원한다. 교회에 다니는 사람들도 그런 영향에서 벗어나지 못하고 예수님을 믿어서 구원받고 자신이 거룩한 길을 가는 것이 전부인 줄 안다. 그러나 그리스도인은 그리스도와 신비한 생명의 연합을 해서 교회와 필연적으로 연결된다. 참된 교회는 그리스도와 신비한 연합을 이루고 있기 때문에 모든 지체들은 성령 안에서 하나로 연합되어 있다. 그러므로 우리의 거룩한 삶의 근거는 언제나 하나님 나라, 곧 그리스도의 통치를 받는 것으로 드러나야 한다.

우리의 세계관과 인생관은 하나님 나라의 사상에 근거해야 한다. 개인적인 성화의 완성만을 추구하는 것은 기독교의 성화에 대한 이해가 부족한 탓이다. 오늘날 비교적 신앙생활을 잘한다는 사람들조차 '어떻게 해서든지 예수님 잘 믿어서 죄 안 짓고 어떻게든 주님을 의지하고 살겠다'는 사고(思考)에 머물고 있다. 이를 두고 어떤 분이 말하길 두 다리로 걸어야 할 사람이 한 다리로만 걷는 것이라고 했다. 그런 정도의 의식이라면 하나님께서 우리에게 맡기신 사명을 이룰 수 없을 뿐만 아니라 이 세상의 풍조에 저항하지 못하고 함께 떠내려가고 말 것이다.

교회에 대한 의식이 부족하더라도 개인적으로 선한 종교인이 되고 개인의 도덕적인 완성을 열심히 추구할 수는 있다. 하지만 그것은 하나님 나라의 사상에서는 큰 결핍이 있는 상태이다. 하나님 나라를 증시(證示)하는 일과 교회의 지체로서 살아간다는 교회아 의식이 참으로 중요하다. 교회아 의식이 없이 하나님의 자녀로 산다는 생각만 가지고 산다면, 결국 그 사상의 결핍으로 인해 개인적으로도 정상적인 성장을 할 수 없게 된다. 교회아 의식이 없어도 개인의 도덕적 완성을 위해 노력할 수는 있지만 그것만으로는 충분하지 않다는 것이다.

선이란 무엇인가? 선이란 하나님께서 기뻐하시는 것이다. 개인이 도덕적으로 완성되는 것이 최고의 선이 아니다. 교회아로서 하나님의 영광이 나의 생활을 통해서 나타날 때, 그것이 최고의 선이다. 우리가 개인적인 거룩함을 추구하지만, 더 나아가서 하나님께서 이 시대의 교회에 맡기신 사명을 지혜롭고 충성되게 감당하는 것이 더 중요함을 알아야 한다. 우리의 의무는 그리스도의 몸 된 교회의 지체로서 하나님 나라의 사명을 이루는 것이다. 그것을 이루기 위해서 거룩함이 있는 것이지, 하나님께서 맡기신 사명은 생각지도 않고, 그저 자신의 구원과 거룩함만을 추구하는 것은 이기적인 종교인에 불과한 것이다.

교회아 의식은 자신의 정체성을 확정하고 세상에서 어떤 태도와 어떤 사랑을 나타내고 사느냐를 결정한다. 우리 개개인이 단순히 독립적으로 존재하는 것이 아니라 그리스도의 몸 된 교회 안에서 지체로 존재함을 깨달아야 한다. 공동체로서 가지는 연대 의식은 성도 개인과 교회가 이 세상과 전투를 해나갈 때 힘을 북돋아 준다. 그래서 바울은 자신이 교회를 사랑한 것처럼, 교회의 성도들이 서로 사랑함으로 온전한 생명의 연합을 이루도록 기도했다. 교회아 의식에서 성장하기를 기도한 것이다.

교회는 무엇보다 말씀을 가장 중요하게 여긴다. 말씀을 옹호하고 그 말씀이 역사하도록 모두가 함께 섬기고 봉사한다. 교회의 직분자들은 사실 이 일을 위해서 세워졌다. 말씀을 가볍게 여기는 성도와 교회는 배교의 위험에 처한다. 우리는 정신을 차리고 말씀을 깊이 연구하고, 그 말씀이 우리 안에서 구현되도록 날마다 기도해야 한다. 교회아 의식을 가지고 모든 생활에서 교회에 주어진 사명과 목표를 이루기 위해서 자기의 자리에서 믿음을 굳게 하고 서로 봉사하는 일에 온전히 헌신되어야 한다. 더불어 옆에 있는 형제자매가 이런 의식을 갖도록 늘 도와야 한다.

우리는 개혁교회로서 말씀 위에 굳게 서는 원상의 교회를 이루기 위해서 진력하고 있다. 우리 교회는 '역사를 통하여 흐르는 주류의 신앙과 신학'을 전승하고 전수하고자 한다. 이 위대한 역사적인 개혁교회의 신앙과 정신을 이어받고 전해줄 자로서 스스로의 임무를 깨달아야 한다. 이 시대에 참으로 있어야 할 교회의 모습을 드러내기 위해서 분투해야 한다. 사람이 많든지 적든지 하나님께서 우리에게 주신 사명을 바르게 인식하고 그것을 이루기 위해서 늘 지혜롭게 생각하고 행동하는 것이 중요하다. 교회가 하나님 나라를 바르게 증시하고 하나님의 영광을 드러내는 사명을 감당하는 것, 교회아 의식을 가지고 거룩한 삶 가운데서 우리에게 주어진 시대적 사명을 이루는 것이 목표가 되어야 한다.

데살로니가 교회는 비록 어린 교회였지만, 이런 의식을 가지고 환난 가운데서도 담대하게 믿음으로 승리하였다. 그들은 자신들이 받은 말씀을 굳게 붙들었다. 환난과 핍박 중에 있으면서도 교회아 의식을 가지고 서로 사랑했으며, 온전한 헌신을 통해서 하나님 나라의 영광을 드러냈다. 이것이 교회가 아름답고 능력 있게 되는 길이다. 말씀을 갈급함으로 받고 그 말씀에 자신을 온전히 헌신하는 성도가 많을 때, 우리 교회도 데살로니가 교회처럼 어떤 환난과 어려움 속에서도 '복음 합주곡'을 연주할 수 있을 것이다.

7강

경건에서 성장하라

데살로니가전서 4:1~ 12

1종말로 형제들아 우리가 주 예수 안에서 너희에게 구하고 권면하노니 너희가

마땅히 어떻게 행하며 하나님께 기쁘시게 할 것을 우리에게 받았으니 곧 너희

행하는 바라 더욱 많이 힘쓰라 2우리가 주 예수로 말미암아 너희에게 무슨

명령으로 준 것을 너희가 아느니라 3하나님의 뜻은 이것이니 너희의 거룩함이라

곧 음란을 버리고 4각각 거룩함과 존귀함으로 자기의 아내 취할 줄을 알고

5하나님을 모르는 이방인과 같이 색욕을 좇지 말고 6이 일에 분수를 넘어서

형제를 해하지 말라 이는 우리가 너희에게 미리 말하고 증거한 것과 같이 이

모든 일에 주께서 신원하여 주심이니라 7하나님이 우리를 부르심은 부정케

하심이 아니요 거룩케 하심이니 8그러므로 저버리는 자는 사람을 저버림이

아니요 너희에게 그의 성령을 주신 하나님을 저버림이니라 9형제 사랑에

관하여는 너희에게 쓸것이 없음은 너희가 친히 하나님의 가르치심을 받아 서로

사랑함이라 10너희가 온 마게도냐 모든 형제를 대하여 과연 이것을 행하도다

형제들아 권하노니 더 많이하고 11또 너희에게 명한것 같이 종용하여 자기 일을

하고 너희 손으로 일하기를 힘쓰라 **12**이는 외인을 대하여 단정히 행하고 또한

아무 궁핍함이 없게 하려 함이라

'당나귀 형제?'

12세기 말에서 13세기 초에 활동한 프란체스코는 자기 몸을 '당나귀 형제'라고 불렀다고 한다. 우리의 몸은 자신의 소중한 일부이면서 제 나름의 길로 가려는 고집이 센 동물과 같다. 크고 완고한 동물을 원하는 대로 움직이려면 훈련을 시켜야 하듯이, 몸도 길들여서 순종하게 하는 훈련이 필요하다는 것이다. 좋은 말을 길들여 훌륭한 경주마가 되면 기수와 완벽한 동반 관계를 이루는데, 말에게는 이렇게 되는 것이 가장 영광스러운 일일 것이다. 말은 기수의 뜻을 알고 기수와 완전히 하나가 되어 행동하는 데서 기쁨과 영광을 얻는다.

이런 조화로운 관계는 우리 안에 심긴 새 생명과 우리 몸과의 관계도 마찬가지이다. 우리의 몸도 성령 하나님의 도구가 되어 의의 병기로 사용할 수 있기 위해서는 훈련이 필요하다. 우리가 거듭났다고 해서 우리의 몸이 절로 새로운 삶의 방식에 순응하지 않기 때문이다. 죄가 몸을 통해서 들어와서 우리를 방해한다. 따라서 우리는 몸이 과거에 따르던 죄의 소욕이 아니라, 성령께서 주시는 새로운 삶의 방식을 따라 살도록 훈련해야 한다. 성령의 거

룩한 부르심을 성취하려는 열망과 기대에 부응하도록 해야 한다. 몸을 '당나귀 형제'라고 한 프란체스코의 비유는 우리의 새 생명과 몸이 완벽한 동반 관계를 이루어서 주님의 거룩한 도구로 사용되게 해야 한다는 것을 가르치는 좋은 비유가 될 수 있다.

오늘날 기독교의 문제 중 현저한 것을 꼽는다면, 기독교 윤리에 대한 무지와 가르침에 대한 부재이다. 어떤 사람들은 행위가 아닌 믿음으로 구원 얻는 것이라고 하면서 윤리를 소홀히 하고, 그저 열심히 예배에 참석하고 전도만 하면 된다고 생각한다. 복음과 율법을 분리한다. 복음은 열심히 가르치지만 율법은 가르치지 않는다. 율법을 무시하고 심지어 율법과 상관없이 살 자유를 갖고 있는 것처럼 말한다. 그러나 복음과 율법, 복음과 윤리를 분리하는 것이야말로 반기독교적이다. 다른 한편으로 어떤 이들은 기독교 윤리를 강조하지만 메마르고 기계적인 윤리 준수를 강요함으로써 바리새인적인 위선을 조장한다. 기독교의 윤리는 기계적인 규범을 따라 어떤 것은 해야 하고, 어떤 것은 하지 말아야 하는 식의 영혼 없는 법칙이 아니다.

우리가 율법을 지켜서 구원 받은 것이 아니다. 율법은 그런 목적으로 주어진 것도 아니었다. 우리가 그리스도인이 되었을 때 성령 안에서 "율법의 요구를 이룰 수 있게 되었다"(롬 8:3-4). 성령이 우리 가운데 거하시는 목적은 우리의 마음에 율법을 새겨 놓으시고 율법을 따라 살도록 하기 위함이라고 할 수 있다(겔 36:37; 렘 31:33; 고후 3:3-8). 오늘 본문에서 바울 사도가 복음과 함께 기독교 윤리를 전했음을 알 수 있다. 복음 안에는 이미 기독교의 윤리가 포함되어 있다. 윤리가 빠진 복음은 온전한 복음이 아니다. 그러나 바울과 성경이 전하는 기독교의 윤리는 메마르고 기계적인 윤리가 아니라, 생동감이 넘치고 풍요로운 삶의 비결이다. 오늘 본문은 그것을 우리에게 명확하게 보여 준다.

4장에서는 인간이 직면하는 삶의 근본적인 문제 세 가지를 다룬다. 쾌락(性), 돈, 죽음인데, 바울은 이런 인간의 근본 문제를 명확하고 실제적으로 가르친다. 오늘 본문은 쾌락과 돈에 대한 그리스도인의 삶의 자세와 태도를 다룬다. 계속해서 다음 주에 보게 될 13절 이하에서는 죽음의 문제를 다루는데, 그것은 단지 '하라, 하지 말라'는 식의 기계적인 선언이나 규범 목록이 아니다. 하나님을 기쁘시게 하는 삶의 원리에서 출발해서 그렇게 살아야 할 이유와 그 삶의 결과까지 선명하게 드러내 준다.

1. 하나님을 기쁘시게 하는 삶(1-2절)

1) 신적인 권위로 하는 권면

종교 다원주의와 상대주의가 팽배한 이 시대에 우리는 성경이 가르치는 기독교 윤리의 원리와 실제적인 지침들을 온전히 깨닫고 적용해야 한다. 1-3장에서 바울은 자신과 동역자들의 과거 사역을 회상하고, 데살로니가 교회가 보여준 믿음과 사랑, 소망의 삶을 칭찬했다. 이제 4-5장에서는 그런 회상을 통해서 성도들의 현재와 미래를 고려하여 삶의 구체적인 교훈과 당부를 아끼지 않는다. 이런 권면의 이면에는 디모데가 전해준 데살로니가 교회의 소식, 그리고 교회가 디모데를 통해서 한 질문에 대한 답변으로 주어졌던 것 같다. 9절과 13절, 그리고 5장 1절에서 "~관하여는"이라는 말로 시작하고 있기 때문이다. 데살로니가 교회의 질문이나 의문에 대한 답으로 주어졌음을 짐작할 수 있다.

1-2절은 그리스도인의 경건한 삶의 대헌장이다. 로마서에서 1장부터 11장까지 모든 교리를 진술하고 나서 12장 1-2절에서 삶에 대한 적용을 위한 원리를 제시하는 것과 같다. "종말로"는 주제의 전환을 나타낸다. 그러므로 "형제들아!" 하고 불러서 우리는 이렇게 살아야 한다는 실천적인 윤리를 권면하고 있다. 이 문맥이 전체의 흐름상 새롭게 시작되는 것은 사실이지만, 앞서의 기도에서 구한 두 가지 내용을 확대 적용하여 가르친다. "사랑"(12절)의 삶을 더욱 넘치게 하는 것이 어떻게 드러나야 하는지, 그리고 "거룩함"(13절)이 실제 삶에서 어떻게 흠 없이 드러나야 하는지에 대한 권면이다.

먼저 주목해야 할 것은 이러한 가르침을 바울이 처음 하는 것이 아니라는 점이다. 데살로니가 교회는 이미 바울 사도가 복음을 전할 때 마땅히 어떻게 행할 것에 대해 가르침을 받았다. 그들은 이미 받은 그 가르침을 따라 행하고 있는데, 그것을 더욱 많이 힘쓰라고 권면하고 있다. 바울은 복음을 전할 때마다 복음에 합당한 삶의 윤리를 함께 전했음이 드러난다. 바울은 2장 12절에서 자신의 사역의 목표를 "자기 나라와 영광에 이르게 하시는 하나님께 합당히 행하게 하려 함이니라"고 이미 말했다. 데살로니가 교회는 그 말씀을 하나님의 말씀으로 받고 순종함으로써 하나님께 합당하게 행하여 말씀이 믿는 자 속에서 역사하는 것을 보여주었다.

다음으로 주목해야 할 점은 바울의 이러한 권면과 가르침의 출처이다. 이런 권면과 가르침이 자신의 것이 아니라, 주님께로 말미암았음을 확언한다. 1절, "우리가 주 예수 안에서 너희에게 구하고 권면하노니," 그의 권면과 가르침은 모두 주 예수 안에서 이루어진 것이다. 예수님께서 그들에게 말씀하신 것을 자신은 전달하는 사자(使者)로서 가르친다는 점이다. 2절도 "우리가 주 예수로 말미암아 너희에게 무슨 명령으로 준 것을 너희가 아느니라"고 하였다. 바울이 가르치는 복음과 윤리는 자신에게서 비롯된 인간적인 윤리가 아니라, 주 예수 그리스도의 명령이라는 것이다. 8절에서 더 선명하게 선언한다. 이러한 가르침을 "저버리는 자는 사람을 저버림이 아니요 너희에게 그의 성령을 주신 하나님을 저버림이니라." 15절도 동일하다. "우리가 주의 말씀으로 너희에게 이것을 말하노니……". 바울과 동역자들은 주의 말씀을 전달하는 사역자일 뿐이다. 바울이 전하는 말씀을 받지 않는 자들은 하나님을 저버리는 것이 된다.

바울이 자신의 권위를 높이기 위해서 그렇게 말한 것이 아니다. 예수님께서는 누가복음 10장 16절에서 제자들에게 말씀하셨다. "너희 말을 듣는 자는 곧 내 말을 듣는 것이요 너희를 저버리는 자는 곧 나를 저버리는 것이요 나를 저버리는 자는 나 보내신 이를 저버리는 것이라 하시니라." 바울이 전하는 복음과 윤리는 예수님께서 직접 가르치시는 것과 동일한 신적 권위를 가지고 있다. 그의 복음은 하나님의 말씀이며, 그의 명령들은 그리스도의 명령들이다. 우리가 이것을 알고 경외함으로 이 말씀들을 받아야 한다. 베드로는 바울의 편지가 구약성경과 동등한 권위가 있음을 교회에 가르쳤다. "우리 형제 바울도 그 받은 지혜대로 너희에게 이같이 썼고 …… 그 중에 알기 어려운 것이 더러 있으니 무식한 자들과 굳세지 못한 자들이 다른 성경과 같이 그것도 억지로 풀다가 스스로 멸망에 이르느니라"(벧후 3:15-16).

2) 그리스도인의 삶의 목적

기독교 윤리의 초석은 하나님을 기쁘시게 하는 삶이다. 예수님은 이 땅에 거하실 때 항상 자신은 '하나님 아버지의 기뻐하시는 것을 행하셨다'(요 8:29). 예수님은 "나의 양식은 나를 보내신 이의 뜻을 행하며 그의 일을 온전히 이루는 이것이니라"(요 4:34)고 말씀하셨다. 또한 "내가 아무 것도 스스로 할 수 없노라. 듣는 대로 심판하노니 나는 나의 원대로 하려 하지 않고 나를 보내신 이의 원대로 하려는 고로 내 심판은 의로우니라"고 말씀하셨다. 또 "내가 하늘로서 내려온 것은 내 뜻을 행하려 함이 아니요 나를 보내신 이의 뜻을 행하려 함이니라"(요 6:38-39). 예수님의 전 생애는 자신의 뜻과 자신의 영광을 추구하기 위한 것이 아니었다. 그는 철저히 하나님의 뜻을 행하고, 하나님께서 기뻐하시는 것만을 행하려고 하셨다.

그런데 왜 사람들은 하나님께서 기뻐하시는 것만을 행하시는 예수님을 믿지 않고 죽이려고 했는가? 왜 주 예수께서 보내셔서 그의 말씀을 전하는 바울을 핍박하였는가? 왜 오늘날도 사람들이 하나님의 말씀을 온전히 전하는 사람을 거부하는가? 요한복음 7장 17절을 보자. "사람이 하나님의 뜻을 행하려 하면 이 교훈이 하나님께로서 왔는지 내가 스스로 말함인지 알리라." 그러면서 예수님은 말씀하신다. "스스로 말하는 자는 자기 영광만을 구하되 보내신 이의 영광을 구하는 자는 참되니 그 속에 불의가 없느니라." 하나님께로부터 보내심을 받은 증거는 무엇인가? 그 메시지가 하나님께로부터 왔다는 것을 어떻게 알 수 있는가? 그가 하나님의 뜻을 행하는가, 하나님의 영광을 구하는가? 아니면 자신의 뜻 자신의 영광을 추구하는가로 드러난다. 예수님이 말씀하셨다. "너희가 서로 영광을 취하고 유일하신 하나님께로부터 오는 영광은 구하지 아니하니 어찌 나를 믿을 수 있느냐?"(요 5:44). 자기 영광이나 세상의 영광을 더 사랑하는 사람은 결코 예수님을 따를 수 없다. 요한복음 12장 43절을 보면 바리새인들과 관원 중에 있었던 상황이 드러난다. 예수님을 믿었지만 출회를 당할까 하여 드러내놓고 말하지 못한 자들이다. "저희는 사람의 영광을 하나님의 영광보다 더 사랑하였더라."

진정한 그리스도인의 삶의 목적은 예수님처럼 자신보다도 하나님을 기쁘시게 하는 삶, 곧 하나님의 영광을 추구하는 것이다. 바울도 이미 2장 4절에서 자신의 사역을 "사람을 기쁘게 하려 함이 아니요 오직 우리 마음을 감찰하시는 하나님을 기쁘시게 하려 함이라"고 말했다. 고린도후서 5장 9절에서도 말한다. "우리는 거하든지 떠나든지 주를 기쁘시게 하는 자 되기를 힘쓰노라." 하나님을 기쁘시게 하는 것이 바울의 유일한 야망이었다. 웨스트민스터 소요리문답 제1문답에서 이렇게 선언한다. "사람의 제일 되는 목적이 무엇입니까? 사람의 제일 되는 목적은 하나님을 영화롭게 하고 그를 영원토록 즐거워하는 것입니다."

그리스도인의 행위의 근본 동기는 언제나 "하나님을 기쁘게 하는 것"이어야 한다. 그리스도인이 되었다는 것은 자신을 기쁘게 하는 삶을 추구하는 자가 아니라 하나님을 기쁘시게 하는 자가 되었다는 의미이다. 자신의 가족을 기쁘게 하는 삶이 아니요 세상을 기쁘게 하는 삶이 아니라, 오직 하나님을 기쁘시게 하는 삶을 추구하는 자가 되었다는 것을 뜻한다. 자기의 영광이나 세상의 영광을 추구하는 것이 아니라 하나님의 영광을 추구하는 것으로 인생의 목적이 바뀐 사람이 그리스도인이다. 그리스도는 하나님을 기쁘시게 하는 삶을 사셨고, 제자들에게도 하나님을 기쁘시게 하며 살 수 있는 방법을 가르쳐 주셨다. 사도들은 강제적인 규율을 만들어서 성도들을 통제하지 않았다. 성도들에게 진정한 자유의 삶을 가르쳤다. 그리스도인의 자유는 죄와 죄의 세력으로부터 해방된 것이다. 하나님을 기쁘시게 하는 삶에서 적극적이고 역동적인 자유를 누리게 된다.

이것이 제자도의 핵심이다. 세상이 이해할 수 없는 급진적인 변혁이다. 세상이 아무리 노력해도 도달할 수 없는 하나님 나라에 속한 삶이다. 그리스도 안에서 거듭난 사람에게서만 가능하다. 이것은 우리의 믿음을 시험하는 시금석이다. 하나님을 사랑한다고 하면서도 하나님을 기쁘시게 하는 삶이 없다면 그 믿음의 진정성은 의심받을 수밖에 없다.

이러한 원리는 세상의 어떤 도덕률보다 융통성 있고 유연하다. 기독교의 윤리는 기계적으로 이것은 해도 되고 저것은 하면 안 된다는 차원을 훨씬 뛰어넘는다. 그것은 바리새주의에 가깝다. 율법도 하나님을 사랑하기 때문에 행하는 것이다. 율법은 메마른 도덕률이 아니다. 하나님의 사랑을 받은 사람이 하나님을 마음을 다하고 뜻을 다하고 힘을 다하여 사랑하는 방식으로 율법에 순종하는 것이다. 어떻게 하면 나의 삶에서 하나님을 기쁘시게 할 수 있을까를 늘 생각하고, 하나님께서 기뻐하시는 것에 대해서 가르침을 받아야 한다. 배운 말씀을 묵상함으로써 단순히 율법을 지키는 차원이 아니라 율법을 주신 하나님을 기쁘시게 하는 행동을 해야 한다. 그리하면 더욱 주님의 뜻을 분별하는 상태로 자라갈 수 있다.

3) 더욱 많이 힘쓰라

그러나 이러한 삶의 원리는 하루아침에 온전해지는 것이 아니다. 또한 우리의 목표가 예수님처럼 완벽하게 하나님을 기쁘시게 하는 것이라면, 우리는 결코 그 목표에 도달할 수 없을 것이다. 성경만큼 참된 현실주의는 없다. 바울은 그들이 이미 하나님을 기쁘시게 하는 삶을 살고 있음을 인정한다. "하나님께 기쁘시게 할 것을 우리게 받았으니 곧 너희 행하는 바라." 그러나 바울은 거기에 머물러서는 안 된다고 가르친다. "더욱 많이 힘쓰라." 우리가 하나님을 기쁘시게 하는 삶의 원리는 급진적이고 융통성 있는 원리이며, 또한 점진적인 원리이다.

나는 목사로서 어떤 형제자매가 말씀을 집중적으로 공부해야 할 시기에 다른 것에 더 마음을 빼앗기고 있는 것을 볼 때가 가장 안타깝다. 어떤 형제는 돈 때문에 고난을 당하는 것처럼 보이지만, 그의 문제는 돈 문제가 아니다. 어떤 자매에게는 실력이 없어서 고난을 당하는 것처럼 보이지만, 그의 문제는 세상적인 실력의 문제가 아니다. 어떤 성도는 건강의 문제인 것처럼 보이지만, 그에게는 더 시급하고 중요한 문제가 있다. 사실 우리의 모든 문제는 신학적이며 영적인 문제에서 비롯되었다. 현상의 문제에만 집중한다면 우리는 결코 하나님의 선하심을 맛볼 수 없을 것이다.

우리에게 문제가 있다면 바로 성경을 공부하여 하나님의 기뻐하시고 선하신 뜻이 무엇인지를 분별하는 계기가 되어야 한다. 사람들은 대체로 '그 일은 주일에 하루 종일 하면 되지 얼마나 더 하라는 거야!' 또는 '매일 가정예배 지침서대로 공부하면 되었지 어떻게 동영상 공부까지 하라는 거야!'라는 식으로 반응한다. 나는 그런 태도로 사는 성도들을 볼 때 마음이 아프다. 그런 식의 삶은 사람의 영광을 하나님의 영광보다 더 사랑하는 것이기 때문이다.

우리는 온전해지기 위해서 "더욱 많이 힘쓰라"는 명령을 듣고 있다. 데살로니가 교회 성도들보다 더 열심히 하는 사람이 있으면 이 명령을 따르지 않아도 된다. 데살로니가 교회 성도들보다 더 하나님을 기쁘시게 하고 있다면, 이 명령은 당신에게 해당되지 않는다고 주장할 수 있을 것이다. 우리 중에 누가 그렇게 말할 수 있겠는가? 위대한 바울 사도조차 "우리가 거하든지 떠나든지 주를 기쁘시게 하는 자 되기를 힘쓰노라"(고후 5:9)고 말씀한다. 하나님의 명령을 따라서 살든지 죽든지 오직 주를 기쁘시게 하는 자가 되기 위해 힘써서 노력했다고 고백한다. 그런데 우리가 어떻게 조금 알고, 조금 주를 기쁘시게 하는 것 때문에 자만해질 수 있다는 말인가?

17세기의 영국의 청교도 토마스 굿윈 목사님이 말했다. "참된 성도는 반드시 자라게 되어 있다. 왜냐하면 그리스도께서 우리의 머리시요 우리가 그의 몸이기 때문이다. 머리와 몸이 연결되어 있기만 하면 당연히 자랄 수밖에 없다. 생명의 가장 중요한 요소는 움직이고 자라는 것이다. 하나님의 은혜를 받은 사람은 반드시 성장하게 되어 있다. 그리스도의 충만이 우리의 성장을 위한 것이듯이, 우리의 성장은 그분의 충만을 더욱 온전하게 한다. 물론 그분의 인격은 우리가 없어도 온전하지만, 이러한 그분의 충만은 신비가 아닐 수 없다. 모든 그리스도인은 그리스도의 장성한 분량이 충만한 데까지 이르도록 자라가야 한다."(엡 4:13)

우리의 성장은 주 예수님께서 주신 명령이다. 청교도 목사인 윌리암 로는 이렇게 말했다. "있는 힘을 다하여 하나님을 섬기려는 마음이 부족하여 참된 경건에 미치지 못한다면 아무런 핑계도 댈 수 없다." 그러면서 이렇게 말한다. "약하고 불완전한 사람들은 그들의 연약과 결점에도 불구하고 최선을 다하여 하나님을 기쁘시게 하려고만 하면 하나님을 기쁘시게 할 수 있을 것이다." 우리가 비록 온전한 자리에 도달하

지 못한다 할지라도 하나님께서는 우리의 마음을 보시고 기뻐하
시며, 우리의 불완전하고 부족한 사랑을 통해서 영광을 받으실 것
이다.

2. 거룩한 삶(3-8절)

1) 하나님의 뜻은 거룩함이다

하나님을 기쁘시게 하는 삶이야말로 하나님의 뜻이다(살전 5:18;
롬 12:2; 엡 6:6; 골 4:12; 요일 2:17; 약 4:15; 벧전 2:15). 바울은 하나님을 기쁘시
게 하는 것이 다른 무엇보다 신자들의 "거룩함"이라고 말한다(3,4,7
절). 그들이 취해야 할 거룩함은 다름 아닌 가정에서 시작되어야
한다. 그래서 부부생활에서 성적인 거룩함을 부연(敷衍) 설명한다.
그리스도인은 모든 일에 거룩해야 하지만, 당시 데살로니가 교회
의 정황에서 시급하게 다루어야 할 문제가 성적인 부도덕이었다.
당시 헬라 세계의 모든 도시들에서는 성적인 문란함이 이루 말할
수 없었다. 특히 종교제의가 이루어졌던 신전에서는 공식적인 성
매매가 이루어졌다. 당시 남자에게는 지적인 동료애까지 공급해
줄 수 있는 정부(情婦)가 있었고, 노예제도는 첩을 쉽게 만들 수 있
게 했다. 육체적인 만족은 창녀로부터 얻는 것이 일상적인 일이었
다. 아내는 단지 가정을 관리하고 적자(嫡子)들과 상속인들의 어머
니 노릇을 하는 것뿐이었다.

그래서 바울은 성적인 윤리에 집중해서 거룩함에 대해 권면한

다. 성적인 윤리가 거룩함의 전부는 아니지만 중요한 측면이었다. 특히 헬라의 이교주의에서 돌이킨 성도의 세상과 구별된 삶에서 특징적인 부분이었다. 그래서 "음란을 버리라"는 권면이 첫 번째로 나온다. 음란이란 모든 종류의 비합법적인 성관계를 가리킨다. 성은 하나님께서 결혼 관계를 통해서만 누리도록 주신 선물이다. 이것을 넘어서 비합법적인 성관계로 선물을 악하게 오용하는 것은 죄이다. 하나님의 백성들에게는 이런 일이 결코 일어나서는 안 된다. "버리라"고 번역된 단어는 '완전히 잘라내 버리는 것'을 의미한다. 하나님께서 미워하시는 일에 대하여 그리스도인은 중용이 아니라 반드시 거부하는 태도를 보여야 한다.

2) 거룩함과 존귀함으로 가정을 세워라

바울 사도는 교회에게 성적 행위에 대한 두 가지 근본적이고 실제적인 원리와 지침을 준다. 4절, "각각 거룩함과 존귀함으로 자기의 아내 취할 줄을 알고." 첫째로 성은 하나님이 주신 범위(이성 간의 결혼) 내에서만 사용되어야 한다(4a). 둘째로 성은 하나님이 주신 방식 곧 거룩함과 존귀함으로 사용되어야 한다(4b). 4절에 있는 '아내'라고 번역된 단어(skeuos)는 '담는 통' 또는 '물건'이나 '그릇'을 의미한다. 학자들에 따라서는 자신의 몸을 가리키는 것으로 보기도 하고, 아내를 가리키는 것으로 보기도 한다. 자기 몸으로 번역하면 '자기 몸을 절제할 줄 알고'라는 의미가 된다. 아내로 번역하면 우리말 번역처럼 "자기의 아내 취할 줄 알고"가 된다. 우리말 번역은 동일한 단어를 베드로전서 3장 7절에서 아내를 "더 연약한 그릇"으로 번역한 것을 따라 아내라고 번역하였다. 이 단어가 '자기 몸'을 의미하든지 '아내'를 의미하든지 성도들에게 성적인 타락을 금하고 있다는 점에서는 동일하다. 즉 하나님께서 허락하신 성은 '거룩함과 존귀함'으로 하나님의 자녀답게 자신을 절제하여 아름다운 가정을 이루고 보전하는 데 쓰임을 받아야 한다는 것이다.

그리스도인의 결혼과 가정, 성생활은 거룩함과 존귀함을 드러내야 한다. 가정에서 하나님의 모습을 닮은 삶이 가장 먼저 드러나야 한다는 의미이다. 정결하시고 순결하신 하나님의 성품과 아름다움이 가정의 가장 은밀한 부부 관계를 통해서도 나타나야 한다. 우리의 거룩한 삶은 하나님께서 제정해 주신 가정과 결혼 생활을 통해서 잘 드러나야 한다. 이는 서로 사랑으로 섬기며, 서로를 존귀하게 여기는 것에서 출발한다.

두 번째 원리는 성이 하나님께서 주신 방식으로만 사용되어야 한다는 것이다. "하나님을 모르는 이방인과 같이 색욕을 좇지 말고, 이 일에 분수를 넘어 형제를 해하지 말라"(5-6절). 결혼 관계의 범위를 넘어서 이방인처럼 색욕을 추구하는 것 때문에 자신의 아내나 교회의 형제에게 해를 끼쳐서는 안 된다는 말씀이다. '분수를 넘는다'는 것은 '경계를 넘는다'는 의미다. 오늘날 사람들은 간음과 음행을 하면서도 다른 사람들에게 해를 주지 않는 한 그것은 성적인 자기 결정권이라고 주장한다. 각자의 사생활의 비밀을 국가가 침해할 수 없으므로 간통도 처벌하면 안 된다고 생각해서 간통죄도

폐지되었다. 이는 자신의 가장 가까운 이웃인 배우자를 배신하는 것이기 때문에 결코 용납될 수 없는 일이다.

바울은 말한다. "이는 우리가 너희에게 미리 말하고 증거한 것과 같이 이 모든 일에 주께서 신원하여 주심이니라"(6절). 아내가 밖에서 박대를 받았다면 남편이 신원해 주겠지만, 아내가 집에서 박대를 받는다면 누가 신원해 주겠는가? 바로 하나님께서 고난 받는 아내를 신원해 주실 것이다. 하나님의 뜻을 저버리고 형제와 자매를 해롭게 하는 자들에게 대해서 반드시 심판하실 것이다. 소돔과 고모라처럼 성적인 도착이 모든 곳으로 번지고 있다. 자기만족을 유일한 목적으로 삼는 사람들에게 성적인 탐닉은 도착으로 이어지고, 성적인 도착은 모든 관계를 무너뜨리고 결국 자신마저 망쳐 버리게 한다. 이것이 하나님을 모르는 이방인들이 가는 길이다. 그러나 하나님을 알고 하나님을 기쁘시게 하는 것이 인생의 목적인 사람들은 하나님 나라의 윤리와 사상을 따라서 살아야 한다.

3) 부르심을 따라 살라

더 나아가 7-8절에서 이렇게 말씀한다. "하나님이 우리를 부르심은 부정케 하심이 아니요 거룩케 하심이니 그러므로 저버리는 자는 사람을 저버림이 아니요 너희에게 그의 성령을 주신 하나님을 저버림이니라." 우리의 부르심은 하나님을 닮아서 거룩한 삶을 살기 위함이지, 세상에서 살던 것처럼 부정한 삶을 지속하기 위한 것이 아니다. 우리는 구별된 사람다운 세계관을 가지고 온전한 방식의 삶을 살아야 한다. 따라서 성적인 방종으로 부르심을 배반하지 말 것을 경고한다.

이는 단지 아내를 저버리는 것만이 아니라, 성령을 주셔서 깨닫게 하시고 거룩하게 하시려는 하나님을 저버리고 배반하는 것이다. 이것이 무서운 일임을 알라는 말씀이다. 하나님은 거룩한 영이시기에 거룩함이 없이는 하나님을 기쁘시게 할 수 없다. 혼인의 순결을 지키고 거룩함과 존귀함으로 아내를 대우하며, 하나님의 말씀을 따라 가정을 세워 가야 한다. 성령의 열매에는 절제가 있다. 성령이 없는 자들은 절제하지 못하고 넘어지겠지만, 성령 안에 있는 자들은 모든 생활 속에서 절제의 열매를 맺는 것으로 하나님을 기쁘시게 할 것이다.

3. 사랑의 삶(9-12절)

1) 가르침을 받은 대로 사랑하는 교회(9절)

"형제 사랑에 관하여는"이라는 말은 디모데를 통해서 보내온 데살로니가 성도들의 질문에 대한 답변으로 보인다. 바울은 앞서 그들이 이룬 사랑의 수고를 칭찬하였다. 데살로니가 교회는 바울을 통해서 내려진 하나님의 가르침에 순종하여 믿음 안에서 형제 사랑을 실천하고 있었다. 바울은 초신자들인 그들이 진심으로 형제를 사랑한 행동에 대해서 격려한다. 앞서 본 것처럼 그들이 경험한 그리스도의 사랑은 그들로 하여금 수고를 동반한 사랑을 기쁨으로 감당하게 하였다. 요한 사도는 "하나님을 사랑하는 자는 또한 그 형제를 사랑할지니라"(요일 4:21)라고 말했다. 하나님을 사랑하는 것이 형제를 사랑하는 사랑과 별개로 움직이는 것은 아니다. 우리가 가족을 사랑하고 자기와 가장 가까운 사람에게 마음을 기울이는 것과 같은 사랑이다.

사랑은 정적인 감정이 아니다. 사랑은 역동적으로 현실에서 활동한다. 사랑하는 사람은 추워도 추운 줄 모르고, 배고픈 줄도 모른다. 혹은 춥고 배고픈 것을 느낀다고 할지라도 그것을 능히 극복하게 하는 솟아나는 열정이 있다. 그런 열정으로 섬기게 하는 것이 진정한 사랑이다. 데살로니가 교회 성도들은 자기의 것을 자기 것으로 주장하지 않고, 주님의 심정으로 형제를 사랑하고 자신의 소중한 것을 내놓을 수 있었다. 자신들이 받은 새 생명의 본성이 있었기 때문에 가르침을 받은 대로 서로 사랑하는 삶을 살았다. 바울 사도가 그것을 칭찬하면서 더욱 많이 하라고 격려한다.

2) 보편적인 사랑을 나타내는 교회(10절)

더욱 놀라운 것은 데살로니가 교회는 한 번도 보지 못한 마게도냐 지역의 다른 교회를 위해서도 사랑을 나타냈다는 것이다. 어려움에 처한 성도나 교회의 소식을 듣고, 그들을 위해서 기도하며 헌금을 보냈다. 그들이 이렇게 할 수 있었던 것은 그들 마음이 그리스도의 심정으로 가득했기 때문이다. 지난 화요일 중국에서 몇 명의 형제자매들이 방문했다. 일정이 촉박했고 그날 비가 오는 바람에 예정 시간보다 30분 이상 늦게 도착했다. 점심 식사를 서두를 수밖에 없었고, 잠시 동안 차를 마실 시간밖에 없었다. 여러 모로 아쉬운 일정이었다. 그런데 그날 세계관학교에 참석하셨던 성도님께서 저녁에 문자를 보내셨다. 약한 형제들이 방문했는데 눈도 제대로 마주치지 못하고 돌아오게 된 것이 내내 마음이 걸리신다는 것이었다. 그들에게 어떤 사랑이라도 표시했어야 했는데 그렇게 하지 못해서 마음이 짠하시다는 의미였다. 그분의 마음에서 예수님의 마음을 볼 수 있었다. 사람을 외모로 보지 않고 그리스도 안에 있는 형제에게 사랑을 나누고 싶은 마음을 읽을 수 있었다. 이러한 사랑이 어디에서 나왔겠는가? 자신이 그리스도의 사랑을 체험하고 보니 그리스도 안에 있는 형제들이 얼마나 존귀하게 여겨지겠는가? 특히 이번에 방문한 형제자매들은 중국에서도 소외된 사람들로서 사람의 눈으로 보잘것없어 보이지만 그들 안에 예수님이 계시기에 그렇게 끌리는 것이 아니겠는가?

오늘날 개인주의 영향으로 교회도 자신이 다니는 교회만 중요하게 여기는 개교회주의가 편만하다. 이런 식의 교회 이해는 큰 결함이 있는 것이다. 데살로니가 교회는 어린 교회였지만 자기 교회만 성장하고 안락하게 자라기를 바라지 않았다. 보편교회의 책임을 생각하면서 자신들이 할 수 있는 최선을 다해서 이웃의 교회들을 섬겼다. 그들은 가난 속에서도 재물을 가지고 사랑을 나타냈다. 진실한 사랑은 넉넉한 재정 사용으로 표출된다. 하나님께서 우리를 사랑하셔서 자신에게 가장 귀한 독생자를 주셨듯이 우리의 사랑도 우리가 귀하게 여기는 것을 내어주는 것으로 표현되어야 한다. 재물이 있는 곳에 마음이 있듯 진정한 기독교적인 사랑의 표현은 자기희생적인 특성을 지닌다. 돈은 자기희생의 표시이다.

성령을 받은 예루살렘 교회가 자신의 재산을 팔아 교회의 성도들을 구제한 것처럼, 데살로니가 교회는 자신들이 한 번도 보지 못한 이웃 교회와 성도들을 위해서 재정적인 후원을 하고 그들을 위해서 헌신적인 사랑을 나타냈다. 그렇게 아름다운 사랑을 하는 교회에게 바울은 그것을 발판삼아 더욱 확장하기를 바라고 있다. "형제들아 더 많이 하라!"고 권면한다.

3) 형제 사랑의 실질적인 출발점

이런 권면 때문에 어떤 사람들은 사랑의 법 아래 숨어서 다른 사람들에게 사랑을 요구하면서 기생하려는 유혹에 빠질 수가 있다. 하지만 사랑의 법이 작동한다면 노동의 법도 뚜렷해질 것이다. 11절, "너희에게 명한 것 같이 종용하여 자기 일을 하고 너희 손으로 일하기를 힘쓰라." 그리스도인은 우선 조용하게 자기 일을 하라는 것이다. 자기를 드러내지 말고 먼저 근실하게 맡은 일에 충실하라는 의미이다. '너희 손으로 일하기를 힘쓰라'는 것은 앉아서 말만 하지 말고 현실적인 일을 하라는 말씀이다.

형제 사랑의 실질적인 출발점은 바로 다른 성도들에게 도움을 받지 않도록 힘쓰는 삶에서 시작된다. 할 수만 있다면 부지런히 일하여서 경제적으로 자립할 뿐만 아니라 다른 사람들에게 사랑을 나눠 주고 유익을 끼치도록 하라는 말씀이다. 성도는 가정을 거룩하게 세우는 것만 아니라 재정적인 삶에서도 복음의 아름다움을 보여주어야 한다. 불신자들에게 그리스도인의 삶의 정결함과 고상함을 증언해야 한다. 그리스도인은 사회에 유익한 사람이 되어야 하고, 국가적인 책임에서도 주어진 의무를 다해야 한다. 그것은 일차적으로 다른 사람에게 부담을 주지 않으며 자신에게 주어진 일을 열심히 감당하는 것으로 나타난다.

그리스도인은 모든 면에서 온전하신 그리스도의 성품과 삶을 닮아서 세상에서 믿음의 능력을 보여야 한다. 그리스도인들이 게으르게 행동하고, 다른 사람들과 교회에 부담을 주는 삶을 사는 것 때문에 세상 사람들에게 비난을 듣지 않아야 한다. 오히려 우리는 부지런하고 정직하게 우리에게 주어진 일을 주께 하듯이 함으로써 복음의 아름다움을 증거해야 한다. 이것이 하나님을 기쁘시게 하는 삶이다.

참된 경건은 성장한다

자기만족을 최대의 목표로 삼는 사회에서는 사람들을 약삭빠르게 이용하여 자신의 이익을 얻는 것을 능력으로 여긴다. 그런 사람들에게 '하나님을 기쁘시게 하는 삶'은 어리석은 짓이 될 것이다. 그러나 자기만족을 위해 사는 사람이 결국 직면하는 실제는 자기 파멸이다. 성적인 만족을 추구하는 자들은 성적인 불구가 되고, 성을 통해서 아무런 기쁨도 얻을 수 없게 된다. 돈을 만족의 근원으로 삼는 자들은 돈이 자신을 자유롭게 해줄 것이라고 생각했지만, 오히려 돈의 종이 되어 돈에게 자신의 인생을 팔아 버리게 된다.

성(결혼)과 돈(직업)은 창세기 2장에서 하나님께서 주신 선물이었다. 원상의 인간은 이 두 가지를 모두 누리면서 주님을 섬기기 위해서 거룩하게 사용하였다. 그러나 인간이 하나님을 버리고 자신을 섬기면서 모든 것이 왜곡되었다. 성은 거룩함이 아니라 추한 욕망으로 더러워졌으며, 돈은 하나님과 이웃을 섬기기 위한 것이 아니라 자기만을 위한 것이 되어 오히려 자신을 억눌러 버렸다. 본문은 하나님과 이웃에게 우리의 결혼과 직업이 합당하게 사용되는 기독교 세계관을 제시해 준다. 특별히 본문은 이 두 가지의 선용을 통해서 하나님의 형상을 더 온전히 회복할 것을 가르친다.

첫째, 우리는 더 사랑하는 사람이 되어야 한다. 우리는 하나님을 사랑하기 때문에 하나님께서 기뻐하시는 것을 행한다. 기독교 윤리는 법칙과 규칙들의 모음과 준수가 아니라 우리가 맺고 있는 관계에서 각각 정당하게 행하는 것이다. 하나님과 맺은 관계의 자리에서는 하나님을 기쁘시게 하는 삶을 살아야 한다. 세 살 된 어린 아이도 자기가 어떻게 행동하는 것이 자신의 부모를 기쁘게 하는지, 아니면 불쾌하게 하는지를 안다. 우리는 아내의 표정과 남편의 안색만 봐도 그에게 무슨 일이 있었는지를 짐작할 수 있다.

그렇다면 하나님께서 기뻐하시는 것과 미워하시는 것을 인식하는 감각을 우리는 가지고 있는가? 우리 안에 하나님의 생명이 있다면 거의 본능적으로 알 수 있고, 알 수 있어야 한다. 우리에게는 그보다 더 명확한 기준도 가지고 있다. 바로 하나님의 말씀이다. 데살로니가 교회는 그들이 가르침을 받은 대로(1,2,9절) 하나님께서 기뻐하시는 것을 행했다. 그들은 순종하는 자식처럼 이전 알지 못할 때에 좇던 세상과 사욕을 본 삼지 않고 주님의 가르침을 따라 순종했다(참고. 벧전 1:14).

그들은 누군가에게 자신을 사랑해 달라고 요구하는 것이 아니라 자신이 하나님의 사랑을 받았기 때문에 누군가에게 그 사랑을 주고 싶어 했다. 자신을 기쁘게 하려는 욕망을 극복하고 하나님과 이웃을 기쁘게 하는 사랑을 실천했다. 그들은 "누구든지 자기의 유익을 구치 말고 남의 유익을 구하라"(고전 10:24)는 말씀을 실천함으로써 참된 자유를 누릴 수 있었다. 참된 자유란 자기를 위해 하나님과 이웃에 대한 책임으로부터 자유로워지는 것이 아니라, 하나님과 이웃을 위해 자신으로부터 자유로워지는 것이다.

둘째로 우리는 성장해야 한다. 우리는 하나님을 "더욱 많이"(1절) 기쁘시게 해야 하며, "더 많이"(10절) 서로 사랑해야 한다. 우리의 사랑은 그리스도의 충만한 분량에 이르기까지 결코 만족해서는 안 된다. 자기만족에 빠지는 것만큼 위험한 것은 없다. 우리는 허영에 빠져서 자기에게만 관심을 갖고, 이웃과 교회에 대해 무관심에 빠지지 않도록 끊임없이 경계해야 한다. 우리가 이 일에서 세상에서는 결코 완전함에 도달하지 못할 것이다. 우리는 단지 "푯대를 향하여 좇아갈" 뿐이다(빌 3:14).

우리가 의롭다 함을 얻은 것은 예수 그리스도께서 몸을 단번에 드리심으로 말미암아 된 것이다(히 10:10). 그러나 우리의 거룩함과 사랑은 단번에 완성되지 않는다. 거룩함과 사랑에서 날마다 성장해야 한다. 이 성장은 그리스도에게 접붙여 있기 때문에 필수적이다. 반면에 우리의 '부패성을 제거하고 죄를 죽이는 삶을 통해서' 이루어지기 때문에 큰 싸움이다. 자기를 기쁘게 하려는 유혹을 이겨야 하고, 세상의 풍속이라는 거센 조류에 맞서야 한다.

그럼에도 우리는 성장할 수 있다. "아이들아 내가 너희에게 쓴 것은 너희가 아버지를 알았음이요 아비들아 내가 너희에게 쓴 것은 너희가 태초부터 계신 이를 알았음이요 청년들아 내가 너희에게 쓴 것은 너희가 강하고 하나님의 말씀이 너희 속에 거하시고 너희가 흉악한 자를 이기었음이라"(요일 2:14). 하나님의 생명을 가진 자는 강한 자이다. 하나님의 말씀이 거하는 자는 흉악한 자를 이길 수 있다. 우리는 이 싸움에서 물러설 수 없다. 날마다 성령 하나님을 의뢰하고 말씀에 순종하여 싸워서 승리해야 한다.

또한 우리가 가진 신앙 때문에 불신자들에게 주목을 받고 있음을 기억해야 한다. 우리가 규모 없이 생활한다면 복음을 가리게 된다. 우리는 날마다 거룩함과 사랑에서 성장하여서 복음의 아름다움을 증거하는 하나님 나라의 대사(大使)가 되어야 한다. 모든 일에서 하나님을 기쁘시게 하고, 자신을 초월한 사랑으로 헌신된 사람이 자기가 속한 사회에서 복음을 아름답게 증거할 수 있다.

8강

이 여러 말로 서로 위로하라

데살로니가전서 4:13~18

13형제들아 자는 자들에 관하여는 너희가 알지 못함을 우리가 원치 아니하노니

이는 소망 없는 다른 이와 같이 슬퍼하지 않게 하려 함이라 14우리가 예수의

죽었다가 다시 사심을 믿을진대 이와 같이 예수 안에서 자는 자들도 하나님이

저와 함께 데리고 오시리라 15우리가 주의 말씀으로 너희에게 이것을 말하노니

주 강림하실 때까지 우리 살아 남아 있는 자도 자는 자보다 결단코 앞서지

못하리라 16주께서 호령과 천사장의 소리와 하나님의 나팔로 친히 하늘로 좇아

강림하시리니 그리스도 안에서 죽은 자들이 먼저 일어나고 17그 후에 우리 살아

남은 자도 저희와 함께 구름 속으로 끌어 올려 공중에서 주를 영접하게 하시리니

그리하여 우리가 항상 주와 함께 있으리라 18그러므로 이 여러 말로 서로

위로하라

휴거?

어느 날 고속도로를 비롯한 거의 모든 도로에서 차들이 수많은 충돌을 일으키는 대형 사고가 발생했다. 차를 운전하던 사람들이 옷만 남겨둔 채 어디론가 사라져 버렸기 때문이다. 비행기 안에서도 어떤 사람들이 옷은 그대로 남겨둔 채 사라져 버렸다. 가정에서도 학교에서도 직장에서도 동일한 일이 발생했다. 전 세계 모든 인종들 속에서 수많은 사람들이 사라져 버리는 일이 발생했다. 전 세계적인 혼란이 뒤따른다. 사라져 버린 사람들의 특징은 모두가 교회에 신실하게 다녔던 사람들이었다. 그들은 모두 사라져 버리고, 교회를 다닌다고 했지만 피상적인 믿음을 가진 자들과 불신자들은 남아서 7년 동안 대환난을 겪는다. 계속해서 만들어지고 있는「휴거」라는 영화가 담고 있는 주된 스토리다.

이런 영화 같은 일이 일어날 것이라고 믿는 사람들이 한국 교회에도 많다. 한국 교회의 초기 선교사들 중에는 많은 분들이 세대주의적인 신학을 따랐기에 한국은 선교 초기부터 시한부 종말론을 주장하는 이단들이 많았다. 종말과 관련된 많은 이단들이 여전히 한국 사회에 기생하고 있다. 더 큰 문제는 정통 교단에 속해 있는 교회와 성도들이 성경 해석의 기본적인 원리도 모른다는 것이다. 이단들이 자의적으로 성경을 해석하여 말도 안 되는 주장을 해도 그것을 분별하지 못한다. 또한 성경이 가르치는 종말에 대한 교리적인 가르침이 없다 보니 온갖 불건전한 종말론들이 확산되고 있지만 바르게 비판할 수 있는 능력이 없다. 한국 교회 안에 세대주의적 종말론과 '백 투 예루살렘 운동' 등이 번지고 큰 영향을 미치는 이유가 여기에 있다.

이단과 불건전한 사상을 막는 길은 모든 성도들이 반드시 알아야 하고 믿어야 할 필수적인 교리 지식을 갖추는 일이다. 종말론(eschatology)이라는 말은 헬라어 두 단어(eschatos와 logos)가 합성되어 만들어졌다. '마지막 일들에 관한 가르침'이다. 일반적으로 종말론이란 개인과 이 세상 마지막 때 일어날 사건들에 관한 이론으로 이해되어 왔다. 개인에 관한 종말론은 육체의 죽음, 영혼 불멸성, '중간상태', 그리스도의 재림, 죽은 자의 부활, 최후의 심판, 최후의 상태 등이다. 성경적 종말론에서는 신자의 현재 상태와 하나님 나라의 현재적 측면도 더불어 살펴야 한다. 종말론은 역사의 목적과 역사의 주관자를 아는 것에서부터 역사의 마지막 종결이 어떻게 될 것인지를 가르친다.

성경에서 가르치는 교리에 대한 이해가 부족하면 부실한 삶으로 이어질 수 있다. 특히 성경이 가르치는 종말에 대한 이해가 부족하면 현재의 역사 가운데 발생하는 세상의 사건과 사고에 대한 기독교적인 해석과 적용이 불가능하게 된다. 그리스도인들조차 세상의 방식으로 사건 사고를 해석하고 적용하기 때문에 기독교적인 삶의 능력을 드러내지 못한다. 우리에게 위로를 주고, 소망 가운데서 기독교적인 삶을 살도록 가르치는 많은 성경 본문들이 오히려 공포를 불러일으키는 두려운 말씀으로 오해하게 된다.

대표적으로 요한계시록에 대한 잘못된 이해가 한국 교회 안에 팽배한 상황이다. 우리가 보려는 데살로니가전서 4장 13-18절의 말씀도 많은 사람들에게 오해를 낳고 있다. 교회에 위로를 주는 말씀이 잘못 해석되고 적용되어 두려움을 주고 있다. 오늘의 본문도 세대주의 종말론자들로 인해 심각하게 오해되는 부분이다. 그러나 성경 해석의 기본 원칙에만 충실해도 그러한 주장이 잘못되었음을 쉽게 알 수 있다.

1. 그리스도인이 반드시 알아야 할 지식(13절)

1) 종말론을 가르치게 된 배경

바울은 데살로니가 교회에 필요한 진리 전체를 가르칠 수 있는 시간이 절대적으로 부족했다. 물론 사도는 밤낮으로 일을 하면서 최선을 다해서 교회를 진리의 반석 위에 세워 놓았다. 데살로니가 교회는 신앙이 아직 성숙하지 못한 어린 성도들이었지만, 믿음의 역사와 사랑의 수고와 소망의 인내를 통해서 교회적 사랑과 사명을 감당하는 아름다운 교회로 섰다. 그들은 자신들의 목회자 바울을 각별히 생각하여 그를 간절히 사모하였고, 일면식도 없었던 마게도냐의 다른 교회와 성도들을 돕는 데도 열성을 보였다. 그럼에도 디모데가 가져온 소식에 의하면 데살로니가 교회는 바울의 가르침을 온전히 이해하지 못해서 어려움을 겪고 있었다.

그 중에 하나가 종말에 관한 오해 때문에 성도들이 혼란과 슬품에 빠져 있다는 것이다. 데살로니가 교회는 디모데 편에 바울에게 이 문제에 대한 확실한 가르침을 요청했을 것이다. "~에 관하여는"(peri de)이라는 관용구는 교회의 질문에 대하여 답변을 주는 전형적인 형식이다. 9절에서는 "형제 사랑에 관하여는"이라고 하면서 형제 사랑에 대한 데살로니가 교회의 헌신을 칭찬하고 더 많이 할 것을 가르쳤다. 바울은 종말에 대한 그들의 질문에 대해서 두 가지 점에서 교회에게 가르침을 주고 있다. 첫째는 "자는 자들에 관하여는"이라는 말로 시작한 4장 13-18절의 교훈인데, 그리스도 안에 자는 자들과 재림에 대한 가르침이다. 둘째는, 5장 1절 "때와 시기에 관하여는"이라는 말로 시작하여 11절에 이르기까지 그리스도 재림의 시기와 종말의 소망을 가진 성도들의 삶의 자세를 가르친다.

2) 반드시 알아야 할 진리

4장 13절을 보면, "형제들아 자는 자들에 관하여는 너희가 알지 못함을 우리가 원치 아니하노니 이는 소망 없는 다른 이와 같이 슬퍼하지 않게 하려 함이라"고 나온다. 바울 사도는 먼저 "너희가 알지 못함을 우리가 원치 아니하노니"라고 말씀한다. 이 말은 이중 부정으로 강한 긍정을 말한다. 다시 말하면, '너희는 이 죽은 자들에게 대해서 반드시 알아야 한다'는 의미이다. 바울은 죽은 자들을 잠자는 자들이라고 말한다. 여기서 자는 자들은 예수님을 믿었던 동료 그리스도인이다. 그런데 믿은 후 몇 달 사이에 성도들이 사망하는 일이 발생했다. 사망한 성도들은 데살로니가 성도들의 가족 내지는 친구들이었을 것이다. 성도들 중 어떤 사람들은 자신들의 생애 중에 예수께서 다시 오실 것을 기대했다. 그래서 영광중에 오실 그리스도와 함께 종말의 혼인잔치에 참여할 것으로 소망했는데, 먼저 사망한 성도들은 그러한 축복에 참여하지 못하는 것이 아닐까 하는 걱정을 했다.

그들은 믿었던 성도들과 사별하는 일에서 적지 않은 충격을 받은 것 같다. 바울이 복음을 전할 때 어떤 특정 날짜와 시기를 언급하면서 그리스도의 재림을 가르치지는 않았다. 하지만 그리스도의 부활과 재림은 핵심적인 가르침이었다. 이제 다시 바울 사도는 데살로니가 교회 성도들이 재림에 관한 진리를 온전히 이해해야함을 새롭게 강조하지 않을 수 없었다. 인간의 죽음에 대한 성경의 가르침은 당시 헬라— 로마 세계의 가르침과 현저한 차이가 있었다. 헬라 철학자 데오크리투스는 "희망은 산 자를 위한 것이다. 죽은 자에게 소망이란 없다"라고 했다. 물론 플라톤을 비롯한 철학자들은 영혼의 불멸을 이야기했지만, 당시 사람들은 육신의 죽음이 모든 것의 끝이라고 보았다. 죽음은 굉장히 슬픈 것이었다.

바울은 교회가 종말에 대한 분명한 교리 위에 서 있어야 "소망이 없는 다른 사람들"과 같이 슬퍼하지 않는다고 가르친다. 당시 상황에서 데살로니가 시(市)의 인구가 5만 명이었다면, 교회 성도들의 숫자는 얼마나 되었을까? 당시 데살로니가 교회는 많아야 30명 정도였을 것이다. 아무리 많이 계산한다고 해도 50명을 넘지 않았을 것이다. 바울은 다수가 진리를 결정하고 다수를 따라야 한다고 생각하는 세계관에 도전하고 있다. 사도는 당시 사회의 주류로서 주도권을 장악한 다수에 대해서 "소망이 없는 사람들"이라고 선언한다. 복음이 없는 사람들은 아무리 숫자가 많고, 세상의 자원을 많이 가졌다 할지라도 '소망 없는 자들'일 뿐이다.

바울 사도는 우리가 종말에 대한 지식을 가져야 할 이유로 세상 사람들과 같이 "슬퍼하지 않도록" 하기 위함이라고 한다. 여기에서 슬픔이란 단지 사별 때문에 슬퍼하는 것을 넘어서 그들을 잃어버린 것에 대한 절망적인 슬픔을 말한다. 데살로니가 성도들이 죽음에 대해서 왜 이렇게 슬퍼한 것일까? 그것에 대해서 여러 가지 설명이 제시되지만, 가장 자연스런 해석은 예수님 재림 때까지 살아서 영광의 부활에 참여하는 것이 가장 영광스럽다고 생각했다는 것이다. 재림 전에 죽은 자들은 재림의 날에 살아서 주님을 영접하기 위해 부활하는 자들보다 불이익을 당한다고 생각했다. 그래서 가족이나 친지들이 죽어갈 때 '주님이 오실 때까지 살아야 할 텐데!'라고 아쉬워하며 절망했다.

바울은 본 단락에서 예수님이 재림하실 때, 살아서 주를 맞이하는 자들이 죽은 자들보다 부활의 순서에서 결코 앞서지 못함을 가르친다. 그들의 우려와는 달리 예수 그리스도의 재림 때 죽은 자들이 먼저 부활하게 된다. 살아서 주님의 재림을 맞이하는 자들에 비해서 죽은 자들이 구원의 영광을 얻는 데 결코 불이익이 없음을 가르쳤다. 믿는 자들의 육신이 사망을 당하면 영혼은 하늘로 들려 하나님께서 계신 곳으로 간다. 그리고 그곳에서 하나님을 찬양하면서 복을 누리다가 예수님의 재림과 동시에 부활하여 이 땅에 강림할 것이다. 이것이 성경이 가르치는 신자의 죽음과 그 이후 상태이다.

한국 교회는 오늘날도 신자와 세상의 종말에 대한 오해가 여전하다. 개인의 종말과 그리스도의 재림에 대한 무지로 인해서 많은 사람들이 믿지 않는 사람들처럼 과도한 슬픔에 빠진 채 장례를 치르기도 한다. 심지어 기독교적인 장례 문화를 포기하고, 기독교인지 유교인지 불교인지 알 수 없는 혼합된 방식으로 장례를 치르기도 한다. 물론 장례 문화가 한꺼번에 바뀔 수 없고, 믿지 않는 가족들이 있기 때문에 그럴 수도 있다. 문제는 장례 절차만이 아니라, 죽은 자들에 대해서 '소망 없는 사람들'처럼 슬퍼한다는 것이다.

어떤 사람들은 이 땅에서는 대충 살고 천국 가서 행복하게 살자고 생각한다. 그러나 구원은 몸의 부활 때에 완성된다. 우리는 그리스도의 재림과 부활을 소망하면서 주의 깨끗하심과 같이 정결한 처녀로 주님을 맞을 준비를 해야 한다. 역사와 종말에 대한 가르침이 부족하기 때문에 교회 문화가 표류하고 있다. 이런 조류에 흘러 떠내려가지 않으려면 종말에 대한 진리를 바로 알고 적용해야 한다. 종말에 대한 지식이 없기 때문에 정확한 이해 없이 '추도예배를 한다, 성묘를 간다'는 이야기를 많이 한다. 이 땅에서는 대충 살고 천국 가서 잘 살아보자는 말은 결국 육신이 죽어서 하늘로 가는 것이 전부인 줄로 알기 때문이다.

2. 부활이 전제된 죽음(14절)

"우리가 예수의 죽었다가 다시 사심을 믿을진대 이와 같이 예수 안에서 자는 자들도 하나님이 저와 함께 데리고 오시리라"(14절). 원문에 가깝게 번역하면 이렇다. "예수님께서 우리를 위해 죽으셨다가 살아나셨음을 우리가 믿는다. 그렇다면 하나님께서는 예수님을 통해서 죽은 자들을 그분과 함께 데리고 오실 것이다." 다시 말하면, 하나님께서 예수님을 부활시킨 것을 믿는다면 그 하나님이 예수를 죽은 자들로부터 부활시킨 것과 똑같이 여러분의 죽은 자들도 부활시키셔서 그리스도와 함께 데리고 오시리라는 것이다.

그리스도 안에서 죽은 자들은 그리스도께서 재림하실 때 부활할 것이요 그래서 주께서 이 세상으로 데리고 오실 것이다. 믿는 자들은 주 예수 안에 있는 자들이다. 믿는 자들은 믿음과 세례를 통해서 이미 그리스도 예수 안에 존재한다. 에베소서 2장 6절에서는 "믿는 우리가 그리스도와 함께 하늘에 앉힌바 되었다"고 선언한다. '그리스도 안'이라는 말은 그리스도의 구원의 영역 속에서 존재한다는 의미이다. 사랑의 하나님의 아들의 나라에 들어와 있는 것이다. 그리스도 안에 존재하는 것은 현재의 삶에서 멈추는 것도 아니고 죽음으로도 끝나지 않는다. 죽음 이후에도 우리는 계속해서 주 안에 거한다. 죽음은 육체를 벗고 영혼이 하늘에 계신 하나님의 임재 가운데로 가는 것이다. 그래서 영혼으로만 존재하다가 그리스도께서 재림하실 때 부활하여 영광중에 그리스도와 함께 이 땅으로 온다.

3. 주께서 말씀하신 재림에 대한 가르침(15-17절)

"우리가 주의 말씀으로 너희에게 이것을 말하노니 주 강림하실 때까지 우리 살아 남아 있는 자도 자는 자보다 결단코 앞서지 못하리라"(15절). 바울은 종말에 대해서 주의 말씀으로 가르친다. 주님의 강림과 부활에 대한 주님의 가르침을 16-17절에서 말씀한다. 15절의 의미는 이렇다. '다음과 같은 주의 말씀에 근거해서 내가 이것을 너희에게 전하는데, 살아 있는 자들이 죽은 자들보다 시간적으로나 구원의 강도에서 더 유익한 것이 아니다. 바꿔 말하면 죽은 자들이 불이익을 당하지 않는다'는 것이다.

"주께서 호령과 천사장의 소리와 하나님의 나팔로 친히 하늘로 좇아 강림하시리니 그리스도 안에서 죽은 자들이 먼저 일어나고, 그 후에 우리 살아남은 자도 저희와 함께 구름 속으로 끌어올려 공중에서 주를 영접하게 하시리니 그리하여 우리가 항상 주와 함께 있으리라"(16-17절). 바울 사도는 주님의 말씀을 직접적으로 인용하지 않고 새롭게 해석해서 적용한다. 예수님께서는 이런 내용을 어디에서 가르치셨던가? 마태복음 24-25장에서 성전 파괴와 종말에 관한 가르침에서 말씀하신 내용이다. 예수님께서 마태복음 23장에서 바리새인들과 종교 지도자들에게 최종적인 "화"를 선포하신 후에 감람산에서 제자들의 질문에 답변하시면서 성전과 예루살렘의 멸망, 그리고 주께서 다시 오실 재림에 대한 가르침을 주셨다.

마태복음 24장 1-3절을 보자. "예수께서 성전에서 나와서 가실 때에 제자들이 성전 건물들을 가리켜 보이려고 나아오니 대답하여 가라사대 너희가 이 모든 것을 보지 못하느냐 내가 진실로 너희에게 이르노니 돌하나도 돌 위에 남지 않고 다 무너뜨리우리라. 예수께서 감람산 위에 앉으셨을 때에 제자들이 종용히 와서 가로되 우리에게 이르소서 어느 때에 이런 일이 있겠사오며 또 주의 임하심과 세상 끝에는 무슨 징조가 있사오리이까?" 제자들의 질문은 두 가지이다. 하나는 성전 파괴가 어느 때에 있을 것인지에 대한 질문이다. 두 번째 질문은 주님의 재림과 세상의 끝에 있을 징조에 대한 것이다. 24장 4절부터 35절까지는 성전과 예루살렘의 멸망에 관한 가르침이다. 그리고 24장 36절부터 25장 13절까지는 예수님의 재림과 관련된 가르침이다. 이 본문을 이미 공부한 분들은 내용을 이해하기가 쉽겠지만, 처음 공부한 분들은 약간 어려울 수도 있을 것이다. 나중에 마태복음을 공부할 때 좀 더 집중해서 볼 수 있기를 바란다.

성전과 예루살렘은 AD 70년 로마의 티투스 장군에 의해서 완전히 멸망당한다. 메시야를 십자가에 못 박고 그의 부활의 복음을 거부하여 끝까지 회개하지 않은 이스라엘을 하나님께서는 로마제국을 통해서 멸망시키셨다. 이스라엘의 멸망은 예수님께서 예언하신 지 40년이 가기 전에 모두 성취되었다. 예루살렘의 멸망은 이 세상 끝에 이루어질 예수님의 재림과 마지막 심판에 대한 모형적인 성취였다.

바울은 마태복음 24장 31절의 말씀을 변형해서 이렇게 가르친다. "주께서 호령과 천사장의 소리와 하나님의 나팔로 친히 하늘로 좇아 강림하시리라." 여기서 우리는 성경 저자들이 사용하는 문학적 기호법에 주의를 기울여야 한다. 단지 문자적으로 나팔을 불고 온다고 생각하면 안 된다. 마태복음 24장 29-31절은 묵시문학이라는 독특한 장르의 글이다. 이러한 장르의 이해가 없이 이 본문을 문자적으로 이해하면 많은 오해가 생긴다.

먼저 나팔은 구약에서 시대의 대변환을 가리킬 때 불었다. 민수기에서 배운 것처럼 시내산에서 하나님의 백성들이 출발할 때 나팔을 불었다. 그리고 전쟁을 소집하기 위해서 불었고, 공적인 관심을 집중시키기 위해서 나팔을 불었다. 왕의 즉위식이라든가 특별한 축제나 기쁨을 나타내기 위해서 나팔을 불었다. 나팔은 예배의 시작을 알리고, 특별한 절기에 불었다. 특히 대속죄일에 나팔을 불어서 자유와 회복을 선포했다(레 23:24-25). 민수기 29장 1-6절에서처럼 신년이 시작되는 첫날에 나팔을 불어 공개적으로 새로운 시대가 왔음을 알리고 제사를 드렸다. 특히 신약에서 예수님의 재림과 관련해서 나팔을 분다는 것은 백성들을 소집하고, 경고하고, 군대를 부르며, 왕권을 선포하고, 새로운 시대의 도래를 가리키는 것들을 종합하여 하나의 이미지로 사용되었다.

오늘날 대부분의 개혁신학자들은 나팔을 하나의 은유와 상징으로 해석한다. 칼빈 선생님도 나팔을 문자적인 것이 아니라 상징으로 보았다. 예수님의 재림에 관한 묘사를 상징으로 표현할 수밖에 없는 이유는 그리스도의 초월적이며 영광스러운 재림의 사건을 인간의 언어로 다 표현할 수 없기 때문이다. 성경을 해석할 때 성경 저자가 말하고자 한 의미를 찾으려고 노력해야 한다. 압도적인 영광 가운데 장엄하게 오시는 예수님의 재림을 어느 누구도 경험한 적이 없을 뿐만 아니라, 그것을 인간의 언어로 다 표현할 수도 없다. 가령 요한계시록 1장 14-16절에 묘사된 예수님의 모습을 생각해 보자. "그 머리와 털의 희기가 흰 양털 같고 눈 같으며 그의 눈은 불꽃 같고, 그의 발은 풀무에 단련한 빛난 주석 같고 그의 음성은 많은 물소리와 같으며, 그 오른손에 일곱 별이 있고 그 입에서 좌우에 날선 검이 나오고 그 얼굴은 해가 힘 있게 비취는 것 같더라."

어떤 신학자는 이렇게 설명한다. 태어나면서부터 전맹 상태인 시각장애인에게 색깔을 설명하면서, 이런 방법을 사용했다고 가정하자는 것이다. 노란색은 부드러운 느낌의 감각, 파랑색은 까칠까칠한 느낌의 감각, 빨강색은 딱딱하고, 초록색은 유연하고 매끄럽다고 설명했다고 하자. 이러한 설명이 부적절하지만 그래도 시각장애인에게 색을 본다는 것이 무엇인지를 어렴풋하게 전달할 수 있을 것이다. 주님의 재림 때 일어날 일들에 대해서 설명하는 것도 비슷할 것이다. 많은 사람들이 이 점에서 오해하고, 잘못 이해하기도 한다.

세대주의자들은 이 본문에 근거해서 그리스도의 재림의 첫 단계가 공중으로 끌어 올려지는 휴거(rapture)라고 주장한다. 그리스도께서는 땅 위에 완전히 내려오시는 것이 아니라 공중의 어느 지

점까지만 내려오신다. 이 때 모든 참된 신자들의 부활이 일어난다고 주장한다. 예수님의 재림 때까지 살아 있는 신자들은 홀연히 변형되어 영화롭게 될 것이다. 그 때에 모든 하나님의 백성들의 휴거가 일어난다고 주장한다. 즉 죽음에서 일어난 신자들과 살아서 변화된 신자들은 구름 속으로 들림을 받아 강림하시는 주님을 공중에서 만나게 된다. 그래서 휴거 영화에서는 옷을 벗어두고 사라진 사람들이 공중에서 7년 동안 어린양의 혼인잔치에 참여하기 위한 것이라고 주장한다.

반면에 땅 위에서는 수많은 사건들이 일어나게 된다고 한다. 그들은 다니엘서 9장 27절에서 예언된 환난이 시작되고 그 환난의 후반부를 대환난이라고 부른다. 둘째는 적그리스도(혹은 바다에서 올라온 짐승)가 이제 그의 잔인한 통치를 시작하는데 그 통치의 절정은 그가 하나님처럼 경배 받기를 요구함으로 막바지에 이른다. 셋째는 무서운 심판들이 땅 위에 거하는 자들에게 임하는데 그 가운데는 자칭 신자라고 주장하지만 구원받지 못한 자들도 포함된다. 넷째, 수많은 이방인들의 무리와 유대인들이 구속을 받는다. 다섯째, 땅의 왕들과 짐승의 군대들 그리고 거짓 선지자가 연합하여 하나님의 백성을 공격하게 된다.

그 후 7년의 마지막 때에 그리스도께서 교회와 함께 영광중에 다시 이 땅 위에 오시게 된다는 것이다. 이때에 그리스도께서는 완전히 땅 위에 서실 것이다. 그는 아마겟돈 전쟁에서 적들을 멸망시키고 예루살렘에 그의 보좌를 세우시며 그의 천 년간의 통치를 시작한다고 주장한다. 그러나 이렇게 그리스도의 재림을 두 단계로 나누는 것은 성경적인 근거가 없다. 데살로니가 본문은 그들이 주장하는 이중 재림의 근거가 될 수 없다. 그들은 헬라어 단어에 자신들이 정해 놓은 의미를 넣어서 읽는다.

신약성경에서는 예수님의 재림과 관련해서 세 가지 헬라어 단어가 사용되고 있다. 데살로니가 4장 15절에 "강림"이라고 번역된 '파루시아'(문자적으로는 현존), 고린도전서 1장 7절과 데살로니가후서 1장 7-8절에서 쓰인 "나타나심"이라고 번역된 '아포칼립시스'(계시), 디모데전서 6장 14절에 "우리 주 예수 그리스도의 나타나실 때까지 점도 없고 책망 받을 것도 없이 이 명령을 지키라"에서 '나타나실 때'라고 번역된 '에피파네이아'다. 이 에피파네이아는 디모데후서 4장 1-8절, 데살로니가후서 2장 8절에도 나타난다.

세대주의자들은 아포칼립시스(계시, 나타남)와 파루시아(강림, 현존)를 구분한다. 파루시아는 모든 죽은 성도들과 참된 성도들이 예수님의 재림과 함께 비밀스럽게 공중에서 휴거한다고 주장한다. 데살로니가전서 4장 15절에 파루시아라는 단어가 사용되었기 때문에 이런 주장을 한다. 그리고 7년간의 환난을 겪으면서 유대인들이 회심하고, 유대인들을 통해서 온 세상이 복음화 되며 적그리스도의 활동으로 남은 사람들은 환난을 당한다고 주장한다. 그리고 예수님께서 최종적으로 재림하셔서, 즉 나타나심(아포칼립시스)으로 적그리스도를 제압한다고 주장한다. 그러나 아포칼립시스, 에피파네이아, 파루시아, 모두 한 사건을 묘사하는 다른 단어로 보아야 한다. 그들의 주장은 데살로니가전서 3장 13절에서도 잘못되었음을 알 수 있다. "너희 마음을 굳게 하시고 우리 주 예수께서 그의 모든 성도와 함께 강림하실(파루시아) 때에 하나님 우리 아버지 앞에서 거룩함에 흠이 없게 하시기를 원하노라." 여기에서 '그의 모든 성도와 함께 강림하실 때'라고 했을 때 세대주의자들의 주장대로라면 아포칼립시스가 쓰였어야 한다. 그러나 여기서 사용된 단어는 파루시아다. 15절에 사용된 단어도 '파루시아'다. 그래서 그들은 3장 13절의 '모든 성도'라는 말을 두고 천사들을 지칭한다고 주장한다. 그러나 이는 본문의 문맥을 무시한 해석이다. 또한 대환난을 묘사하고 있는 신약의 구절들은 교회가 환난이 시작되기 전에 이 땅에서 들림을 받을 것이라고 결코 가르치지 않는다. 세대주의자들은 요한계시록 6장 이하의 일곱 환난 시리즈는 교회와 상관이 없다고 주장한다.

그러나 분명한 것은 오늘 우리가 보는 본문은 세대주의자들의 주장처럼 환난 전 휴거를 가르치고 있지 않다는 점이다. 본문의 의미를 이해하기 위해서는 당시의 사회 문화적 배경을 이해해야 한다. 당시 로마 제국에서 황제가 어느 지방에 순방을 가게 되면 그 지방의 모든 관리와 백성들이 황제를 환영하는 영접 행사를 하게 된다. 황제뿐 아니라 지방의 총독이나 고위 관리가 더 작은 지역에 순방을 갔을 때도 마찬가지 영접행사가 이루어졌다. 이렇게 황제나 고위 관리가 어떤 지역에 방문하는 것을 '파루시아'라고 했다. 그 지역에 얼마 동안 머물기 위해서 오는 것을 파루시아라고 한 것이다. 파루시아의 뜻은 세 가지가 있는데, 하나는 현존이고 둘째는 현존을 위해 오는 것, 셋째는 강림이다. 파루시아라는 단어가 데살로니가전서에 주로 나오는데, 2장 19절, 3장 13절, 4장 15절, 5장 13절이다. 우리말 번역에서는 모두 "강림"으로 번역했다.

17절의 "공중에서 주를 영접하시리니"라는 말을 이해하면 더욱 확실해진다. 영접한다는 의미의 헬라어 단어는 '아판테시스'인데 이는 고위층의 방문객에게 한 도시의 당국이 베풀어 주는 공식적인 환영 행사를 묘사하는 신약의 전문용어이다. 앞서 말한 것처럼 사람들이 고위 방문객을 영접하기 위해 도시 밖까지 마중 나갔다가 다시 도시로 돌아오는 것이 환영 행사의 방식이었다. 이는 사도행전 28장 15절에서도 동일한 단어가 동일한 의미로 사용된 것을 통해서 더 분명하게 알 수 있다. "거기 형제들이 우리 소식을 듣고 압비오 저자와 삼관까지 맞으러 오니('아판테신') 바울이 저희를 보고 하나님께 사례하고 담대한 마음을 얻으니라." 로마 교회의 형제들이 바울을 영접하기 위해서 저자와 삼관까지 맞으러 왔던 것이다. 그래서 바울은 큰 위로를 얻었다. 바로 이때도 '아판테시스'가 사용되었다. 마태복음 25장 6절에 나오는 열 처녀 비유에서도 "밤중에 소리가 나되 보라 신랑이로다 맞으러 나오라('에이스 아판테신')", 이 비유 가운데 지혜로운 다섯 처녀가 신랑을 맞으러 나갔던 것을 '아판테시스' 즉 마중 나가서 영접한다는 의미로 사용되었다. 로마 황제나 총독이 어떤 지역을 방문하는 것을 파루시아라고 했고, 그를 특별히 예우해서 그 도시의 지도자들과 백성들이 미리 성문을 열고 저만치 마중을 나가서 지체 높은 분을 영접하고 에스코트해서 도성으로 모셔오는 일을 '아판테시스'라고 했다.

믿는 성도들도 강림(파루시아)하시는 예수님을 기쁨으로 맞이하기 위해 땅에서 머물고 있는 것이 아니라, 예수님을 영접하기 위해 위로 올리어질 것이다. 그렇게 공중에서 만나서 하늘이나 공중에 머물기 위한 것이 아니라, 예수님과 함께 땅으로 내려와서 하나님 나라의 극치를 이루는 것이 목표이다. '아판테시스'라는 명사는 누군가의 영접을 나타내는 것으로서 '파루시아'라는 단어와 짝을 이루어 헬라 세계에서 쓰였다. 중요한 인물의 방문 때 그 인물에 대한 환영 의식(儀式)에 사용된 전문 용어였다.

바울은 예수님의 다시 오심과 성도들이 예수님을 맞이하는 영접을 설명할 때 짝을 이루는 헬라의 두 전문 용어인 '파루시아'와 '아판테시스'로 쓰고 있다. 이 용어는 당시 사람들에게 매우 익숙한 관용적인 숙어였다. 요세푸스의 기록이나 유대 총독들이 특별한 절기에 예루살렘을 방문했을 때도 이렇게 표현했다. 이러한 관용적인 표현을 이해하지 못하고, 세대주의자들은 예수님의 이중 재림을 이야기하지만 그것은 성경의 지지를 받지 못하는 오류일 뿐이다.

그렇다면 16-17절에서 바울 사도가 말하는 바는 명확하다. 영원세계 영역에서 영광중에 오시는 예수 그리스도의 강림 때 살아 있는 성도들은 함께 공중으로 마중을 나가서 모시고 다시 땅으로 온다는 의미이다. 그래서 이 땅 위에서 주와 함께 영원히 산다는 것을 의미하는 것이다. 이와 똑같은 비전이 요한계시록 21장에 나온다. 하늘의 예루살렘인 새 하늘과 새 땅이 이 땅 위에 내려와서 하나님의 임재가 충만하여 가득하게 되는 완성된 하나님의 나라가 극치에 이르게 될 것이다.

더 중요한 것은 17절 하반부에 예수님을 영접한 후에 "우리가 항상 주와 함께 있으리라"는 선언이다. 중요한 것은 영원세계 영역의 하늘이든 땅이든 온전히 하나님의 임재의 극치 상태에 있을 것을 가리킨다는 점이다. 예수님의 재림과 우리의 부활은 항상 주와 함께하는 임마누엘의 복이 완벽하게 성취되기 위한 것이다. 예수님의 재림으로 말미암아 극치에 이르게 될 하나님 나라는 하나님의 영광으로 가득차고, 모든 성도들은 아무 차별 없이 하나님의 임재의 복을 누리게 될 것이다.

서로 위로하라(18절)

바울 사도가 예수님의 재림과 관련한 시나리오 전부를 소상히 밝히려는 목적으로 이 본문을 쓴 것은 아니다. 오히려 사도는 데살로니가 성도들에게 살아 있는 성도들과 죽은 성도들이 동시에 그리고 똑같은 모양으로 종말의 구원에 참여하게 된다는 것을 가르친다. 그리스도인은 현재 살아 있는 사람이나 이미 죽은 사람이나 모두 그리스도 예수 안에서 죽음을 이긴 자들이다. "사망아 너의 이기는 것이 어디 있느냐 사망아 너의 쏘는 것이 어디 있느냐"(고전 15:55).

바울 사도가 이 본문에서 의도하지 않은 것을 넣어서 읽어서는 안 된다. 휴거라는 영화가 보여주는 상황은 그럴 듯해 보이지만 성경과 맞지 않는 허무맹랑한 이야기일 뿐이다. 그러한 묘사에 현혹되지 말고 성경이 가르치는 대로 종말신학을 정립해야 한다. 성경적인 종말론의 핵심은 그리스도인들이 하나님의 임재의 극치 상태로 가는 것이다. 물론 우리는 지금도 그리스도 안에 있고, 항상 그리스도와 함께 있을 것이다. 죽음이나 그 어떤 것도 우리를 그리스도 안에 있는 하나님의 사랑에서 끊을 수 없다(롬 8:39). 우리는 언제 어디서나 지속적으로 그리스도와 연합되어 있다. 그리스도 안에서 세상이 줄 수 없는 영원한 기쁨을 누리고 있다. 우리가 그리스도 안에 있고 그리스도와 함께 있기 때문에 우리는 그분의 고난에도 참여하고, 그분의 십자가의 죽음에도 동참한다.

그것을 스펄전 목사님은 이렇게 말한다. "그분의 고난과 죽음에 동참하는 이것은 너무 감미로운 슬픔이기 때문에 경험할수록 더 좋습니다." 우리는 더욱 주님과 함께 있게 될 것이다. 우리가 육체 안에 있는 한 주님과 완전히 함께 있을 수 없다. 그래서 바울은 "세상을 떠나서 그리스도 함께 있을 욕망을 가진 이것이 더욱 좋으나"라고 말했다(빌 1:23). 주님과 함께 있는 것보다 더 큰 복은 없다.

우리는 언제나 예수님의 재림을 통해 완성될 하나님의 임재의 극치 상태를 소망하면서 지혜로운 종으로서 주어진 일에 충성한다. 예수님의 재림 날짜를 알려고 하거나 그 징조를 찾으려고 시간을 보내지 않는다. 성경이 가르치는 대로 예수님의 재림과 부활의 소망을 가진 자답게 담대하게 주어진 일에 충성한다. 우리의 성품이 주님을 더욱 닮고, 주님의 형상을 따른 삶을 통하여 우리의 인격이 주님의 아름다움으로 채워지게 될 것이다.

알렉산더 대왕이 자신이 총애하는 장군 하이페스티온이라는 사람과 페르시아 왕후의 천막에 들어갔을 때, 왕후가 하이페스티온을 알렉산더 대왕으로 알고서 무릎을 꿇었다. 알렉산더가 아니라는 것을 알았을 때 왕후는 겸손하게 알렉산더에게 용서를 구했다. 그러자 알렉산더가 말했다. "부인, 부인은 실수하지 않았소. 그 사람도 알렉산더니까요!" 이 말은 알렉산더가 하이페스티온을 자신의 분신으로 생각할 정도로 총애했음을 의미한다. 우리 주님도 자신이 사랑하는 자들을 자기 자신과 하나로 여기시고 그들을 대하신다. 마태복음 25장의 양과 염소의 비유에서 예수님은 '내 형제 중에 지극히 작은 자에게 한 것이 곧 내게 한 것이니라'고 말씀하셨다.

우리의 소망은 "그가 나타나시면 우리가 그와 같이" 되는 것이다(요일 3:2). 그리스도께서는 우리를 형제로 부르기를 부끄러워하지 아니하실 것이다. 온통 연약함에 싸여 있고, 자신의 연약함에 대하여 그토록 애통해 하던 가련한 그리스도의 백성들이 그리스도와 같이 되어 즉각 그리스도의 형제로 보이게 될 것이다. 이런 복을 얻는 사람이 또 어디에 있겠는가? 우리가 헵시바로 불리게 될 것이다(사 62:4). 하나님의 기쁨이 우리에게 있기 때문이다. 주님 안에 있는 온갖 복들이 우리의 것이 될 것이다. 하나님께서는 하늘에 속한 모든 신령한 복을 주시려고 우리를 부르셨다.

예수님과 연합된 성도들은 이 세상의 어떤 위협, 심지어 죽음이 올지라도 그 연합에서 분리되지 않는다. 성경에서 가르치는 지고(至高)의 복은 하나님의 임재 가운데 들어가는 것이다. 아담이 에덴에서 쫓겨난 이후, 하나님의 임재는 극히 제한된 장소에서 제한된 사람들에게만 허락되었다. 그러나 하나님의 아들이 그리스도로 오셔서 십자가에서 우리의 모든 죄를 옮기신 후에는 하나님께로 나아갈 수 있는 길이 열렸다. 그리스도 안에서 담대하게 그의 보좌로 나아갈 수 있게 되었다(히 10:19-22). 그러나 우리에게는 아직 육체의 한계가 남아 있다.

재림과 함께 예수님은 모든 악을 심판하실 것이다. 그리고 우리의 몸의 부활을 통해 구원을 완성하실 것이다. 하나님을 반역하는 모든 세력들은 영원한 심판을 받을 것이다. 예수님의 재림은 악에 대한 심판과 우리의 구원의 완성이라는 소망을 완전히 성취하는 사건이다. 완전한 하나님의 임재를 누리도록 할 것이다. 그리스도와 우리는 영원하고 완벽한 연합을 이룰 것이다. 따라서 우리는 어떤 상황에서도 예수님의 재림과 부활의 소망을 붙잡고 서로 위로하고 격려해야 한다. 이 소망은 우리가 요동하는 세상 속에서도 흔들리지 않고 복음의 길을 가게 한다. 이 소망은 거룩한 하나님 나라의 윤리를 따라 겸손하게 인내하면서 세상을 이기게 한다. 비록 우리가 세상에서 부족하고 못난 사람으로 여김을 받더라도 이 소망이 있기 때문에 꿋꿋하게 제자의 길을 가는 것이다.

우리가 항상 주와 함께 있다는 것은 황송하게도 그리스도와 우리가 영원히 동일시된다는 의미이다. 무명의 성도가 노래했다. "그리스도와 우리는 하나인데, 우리가 어찌하여 의심하거나 두려워해야 할까? 그리스도께서 하늘에게 있는 자기 보좌에 앉으셨으니 그의 지체들도 그곳에 앉히시리라."

우리는 "그러므로 이 여러 말로 서로 위로"해야 한다. 우리는 이 세상의 소망 없는 사람들과 다르다. 그리스도의 재림과 우리의 부활을 기다리는 동일한 소망을 품고 있다. 우리는 주님의 제자로 주님처럼 살라는 부르심에 진실하게 응답함으로써 서로에게 힘과 위로가 되어야 한다.

9강

종말론적인 삶의 실제

데살로니가전서 5:1~ 11

1형제들아 때와 시기에 관하여는 너희에게 쓸 것이 없음은 2주의 날이 밤에

도적 같이 이를 줄을 너희 자신이 자세히 앎이라 3저희가 평안하다, 안전하다

할 그 때에 잉태된 여자에게 해산 고통이 이름과 같이 멸망이 홀연히 저희에게

이르리니 결단코 피하지 못하리라 4형제들아 너희는 어두움에 있지 아니하매

그 날이 도적같이 너희에게 임하지 못하리니 5너희는 다 빛의 아들이요 낮의

아들이라 우리가 밤이나 어두움에 속하지 아니하나니 6그러므로 우리는 다른

이들과 같이 자지 말고 오직 깨어 근신할지라 7자는 자들은 밤에 자고 취하는

자들은 밤에 취하되 8우리는 낮에 속하였으니 근신하여 믿음과 사랑의 흉배를

붙이고 구원의 소망의 투구를 쓰자 9하나님이 우리를 세우심은 노하심에 이르게

하심이 아니요 오직 우리 주 예수 그리스도로 말미암아 구원을 얻게 하신 것이라

10예수께서 우리를 위하여 죽으사 우리로 하여금 깨든지 자든지 자기와 함께

살게 하려 하셨느니라 11그러므로 피차 권면하고 피차 덕을 세우기를 너희가

하는것 같이하라

거짓된 평안

사사기 18장에 보면 라이스 사람들은 염려 없이 한가하고 평안하게 거하며 부족한 것이 없이 부를 누리고 안전하게 살고 있었다. 그들은 시돈 사람들과 거리가 멀었고 어떤 사람과도 상종하지 아니하는 가운데 평온히 거주하였다. 단 지파가 그들을 정탐하여 그 땅을 차지하려고 할 때조차도 평안히 거하고만 있었다. 라이스 사람들은 눈앞에 닥친 위기를 보지 못한 채 현실에 안주하여 평안을 추구하였다. 외부의 공격에 대비하여 어떤 방호 조치도 취하지 않고 있었다. 그야말로 무사태평의 안일함에서 염려 없이 살았다. 그들은 이상적이며 목가적인 자세로 인생을 즐기며 살고 있었던 것이다. 정착지를 찾고 있었던 단 지파가 라이스에 이르러 한가하고 평안한 백성들을 만나 칼날로 그들을 치며 불로 그 성읍을 사르되 그들을 구원할 자가 없었다(삿 18:27).

오늘날도 라이스 사람들처럼 아무 염려 없이 이상적이며 목가적인 삶을 즐기기를 원하는 사람들이 많다. 그리스도인들 가운데서도 장차 오는 세계에 대해서 괘념치 않고 꿈 같은 미래의 환상을 갖는 사람들을 볼 때 라이스 사람들을 떠올린다. 그런 사람들은 대체로 고상하고 존경할 만하며, 자립하여 매우 행복한 삶을 영위하는 것처럼 보인다. 그렇다면 무엇이 문제일까? 먼저 그들이 보는 삶의 시각은 근시안적이라는 것이다. 자기 안위밖에는 생각하지 않는 좁은 인생관이라서 인생 전체와 긴 역사를 보지 못한다. 그저 현실에서 자기 행복만을 추구한다. 문제는 그런 이기적인 삶은 초라할 뿐만 아니라, 자기 소모적이라는 점이다. 교회를 다녀도 자기 틀에 매여 있기 때문에 경건의 모양만 있을 뿐이다. 옹졸하고 협소한 세계관에서 자기 사랑만을 추구하기 때문에 결국 예수님께서 다시 오셔서 온 세상을 심판하시는 날을 기대하지 못한다.

그리스도인이 종말에 비추어 자신의 실존을 생각하지 못하면, 라이스 사람들처럼 거짓된 평안에 속게 된다. 오늘 본문에서 바울은 종말의 때와 시기에 관해서 가르치면서 '종말의 때'에 대해서보다, 종말을 사는 그리스도인의 자세에 더 큰 무게를 두고 가르치고 있다. 예수님의 가르침과도 일맥상통하는 가르침이다.

1. 도적 같이 임하리라(1-2절)

1) '때와 시기'에 관하여

4장 13-18절에서 사별(死別)한 성도들의 부활과 예수님의 재림 때 있을 일을 가르친 바울 사도는 다시 '때와 시기에 관하여는'이라는 말로 시작하여 데살로니가 교회가 가지고 있었던 의문에 대해 답을 주고 있다. 데살로니가 교회는 '주님이 강림하게 될 날을 어떻게 알 수 있을까? 그리고 그 날을 어떻게 대비해야 할까?'라는 의문을 가졌던 것 같다. 바울은 주님의 강림의 때와 시기의 문제를 알기 쉽게 다시 설명해 준다.

1절에서 '때와 시기'는 곧 주님의 재림의 때와 시기를 말한다. '때'라는 말은 헬라어로 '크로노스'이고 '시기'라는 말은 '카이로스'이다. 크로노스는 연대기적인 시간을 가리키고, 카이로스는 구원사의 중요한 결정적인 시간을 가리킨다고 말한다. 그러나 바울이 두 단어를 겹쳐서 사용한 것은 동의어를 두 번 겹쳐서 사용함으로써 재림의 시기에 대한 주제를 강조하려는 표현이다. 플레오나즘(pleonasm)이라는 수사학적 기법이다(가령 '혈과 육').

바울 사도는 "주님의 재림의 시점에 대해서는 너희에게 쓸 것이 없다"고 말한다. 왜 그런가? 이미 바울이 데살로니가 교회에서 성도들을 가르칠 때 그것에 대해서 분명하게 가르쳤기에 그것을 자세히 알고 있기 때문이라는 것이다. 그렇다면 바울은 왜 그들이 알고 있는 것을 다시 반복하여 가르치는 것일까? 교회가 어린 상태에서는 어떤 진리에 대해서 이해가 부족하거나 오해하기 쉽기 때문에 반복해서 다시 가르칠 필요가 있다. 바울은 빌립보 교회에게도 말했다. "종말로 나의 형제들아 주 안에서 기뻐하라 너희에게 같은 말을 쓰는 것이 내게는 수고로움이 없고 너희에게는 안전하니라"(빌 3:1). 사실 어떤 진리를 한 번 들었다고 해서 그 진리를 온전히 이해하는 일은 드물고 그렇지 못한 경우가 대부분이다. 지혜로운 교사는 반복하는 것을 지겨워하는 것이 아니라, 반복을 통해서 성도들이 진리에 굳게 서도록 만든다.

데살로니가 교회가 알고 있는 주님의 재림의 시기에 관한 진리는 무엇인가? "주의 날이 밤에 도적 같이 이를 줄을 너희 자신이 자세히 앎이라"(2절). "주의 날" 또는 "여호와의 날"은 구약성경에서 이미 약속되었던 "종말의 심판의 날"(암 5:18-20; 사 13:6-13; 욥 15; 욜 1:13-15)임과 동시에 "구원의 날"(욜 2:31-32; 슥 14:1-21; 말 4:5)이었다. 즉 마지막 날에 하나님의 영광과 권세를 가지고 메시야께서 종말에 오실 때에 주 여호와를 의지하는 사람들에게는 구원이, 그렇지 않는 자들에게는 심판이 임하는 날이었다. 신약에서 "주의 날"(살후 2:2; 고전 5:5; 벧후 3:10)은 이미 메시야로 오신 "주 예수의 날"이자 장차 오실 "주 예수의 날"이다(고전 1:8; 고후 1:14; 빌 1:6,10; 2:16; 롬 13:12; 고전 3:13; 살전 5:4; 살후 1:10). 이런 점에서 신약의 주의 날은 하나님의 나라의 도래와 맥을 같이 한다.

데살로니가 교회 성도들은 예수님께서 사역하실 때 제자들이 가지고 있었던 관심과 동일했다. 마가복음 13장 4절을 보자. "우리에게 이르소서 어느 때에 이런 일이 있겠사오며 이 모든 일이 이루려 할 때에 무슨 징조가 있사오리이까?" 제자들은 심지어 예수님이 부활하신 후, 사도행전 1장 6절에도 동일한 관심을 보인다. "주께서 이스라엘 나라를 회복하심이 이 때니이까?" 이는 제자들이나 데살로니가 교회나 우리 모두에게 중요한 관심사이다. 예수님께서 다시 오실 때와 시기를 알기를 원하는 마음이 모든 그리스도인에게 다 있을 것이다.

그러나 바울 사도도 예수님과 동일한 방식으로 동일한 답을 준다. 우선 바울은 예수님께서 말씀하신 대로 때와 시기는 아버지께서 자기의 권한에 두셨다는 것을 상기시킨다(막 13:32). 예수님은 제자들에게 "때와 기한은 아버지께서 자기의 권한에 두셨으니 너희가 알 바 아니요"(행 1:7)라고 말씀하셨다.

예수님과 바울의 가르침을 요약하면 이렇다. 하나님의 백성들은 '그 때와 그 시기'가 언제인가(when) 하는 것에 관심을 집중할 것이 아니라, '그 때와 시기'를 어떻게(how) 준비하며 살 것인가에 집중하라는 것이다. 그 날은 오직 성부 하나님의 주권에 달려 있으며, 그 날은 메시야였던 예수님도 알도록 허락되지 않았기 때문이다. 사실 바울은 데살로니가에서 사역할 때 이미 이와 같은 가르침을 주었던 것이 분명하다. 2절에서 "주의 날이 도적 같이 이를 줄을 너희 자신이 자세히 앎이라"고 말씀하기 때문이다.

2) 도적 같이 임하는 주의 날

하지만 바울은 이 편지를 쓰면서 다시 한 번 이 문제를 짧지만 분명하게 짚어 준다. 바울은 탁월한 교사로서 두 개의 비유를 들어서 "주의 날"의 임함과 그 임함의 필연적인 성격을 적절히 드러내 준다. 첫째, 이 날은 밤에 "도적 같이" 임할 것이다(마 24:36-43; 눅 12:35-40; 벧후 3:10; 계 3:3; 16:15). 둘째, 이 날은 "잉태된 여자에게 해산의 고통이 이름과 같이" 임할 것이다.

"주의 날이 도적 같이 올 것"이다. 이는 마태복음 24장 42-44절에 나오는 예수님의 말씀을 인용한 것이다. "그러므로 깨어 있으라. 어느 날에 너희 주가 임할는지 너희가 알지 못함이니라. 너희도 아는 바니 만일 집주인이 도적이 어느 경점에 올 줄을 알았더라면 깨어 있어 그 집을 뚫지 못하게 하였으리라. 이러므로 너희도 예비하고 있으라. 생각지 않은 때에 인자가 오리라." 도둑들은 그들이 언제 올 것인지를 먼저 말해 주지 않는다. 그들은 사람들이 곤히 자는 취약 시간 때를 정해서 훔쳐간다. 도둑은 한밤중에 예상치 못하는 상황에서 갑자기 침입 해서 자기 목적을 이루고자 한다. 사람들이 그 때와 시기를 알고 자 하지만, 예수님은 "그 날과 그 때는 아무도 모르나니 하늘의 천사들 도, 아들도 모르고 오직 아버지만 아신다"(마 24:36)고 말씀하셨다.

바울은 이미 그들에게 예수님께서 예기치 않게 오실 것임을 가 르쳤고, 다시 그 날짜에 관심을 가질 것이 아니라 그 날 오심의 성 격에 집중하여 깨어서 예비하라는 것을 다시 상기시킨다.

2. 평안하다 안전하다 할 그 때(3-6절)

1) 세상의 평안과 위험

"저희가 평안하다, 안전하다 할 그 때에 잉태된 여자에게 해산 고통이 이름과 같이 멸망이 홀연히 저희에게 이르리니 결단코 피하지 못하리라" (3절). 예수님 오심의 특징이 예기치 못한 것이며 특별한 경고가 없 을 것이지만, 아무도 피할 수 없는 것임을 두 번째 비유가 말해 준 다. 불신자들은 현존하는 질서 속에서 평안을 추구한다. 그들은 '평안하다! 평안하다!'라고 외쳤다. 당시 데살로니가 시민들은 로 마 제국의 이데올로기인 팍스 로마나(Pax Romana)를 신봉하였다. 로 마의 종교와 정치, 군사력과 경제력에 부속(附屬)될 때에 세상은 평화롭게 된다는 사상이 널리 퍼져 있었다. 로마 제국은 속국들과 식민 도시들에게 "너희들은 로마 황제에게 충성을 다하고 세금을 내고, 우리가 원하는 대로 해야 로마 군대가 너희를 보호하고 평화를 줄 수 있다"고 선전했다. 당시 데살로니가 도시는 로마 제국에 의한 평화 시대의 혜택을 받고 있었다. 그들은 전에 옥타비아누스와 안토니우스의 편에서 악티움 해전에 도움을 주었기 때문에 세금도 감면받고 자치권을 누릴 수 있었다.

오늘날도 경제적이든, 정치적이든 힘이 평화를 주고, 안전과 행복을 준다는 이데올로기가 지배하고 있다. 이런 세상에서 힘을 가진 자들은 라이스 사람들처럼 아무 염려 없이 한가하게 인생을 즐길 것이다. 나름 성공한 인생으로서 자신들이 누리는 안락함을 당연하게 여기면서 죽는 날까지 안락한 삶을 보장할 수 있는 자산을 쌓아놓고 무사태평하게 목가적인 삶을 이어가고자 한다. 사람들이 그렇게 안전하다고 생각하고 만족한 삶을 누리고 있을 때 주님께서 도적 같이 임하신다는 말씀이다.

2) 해산이 임하는 것 같이

그리스도의 임하심은 임신한 여인이 해산하는 것처럼 반드시 오게 되어 있다. 임신한 여인이 출산 예정일을 계산해 보지만 갑자기 해산의 고통이 임하여 출산하는 것처럼, 예상치 못한 때가 반드시 오게 된다. 주님의 강림하심은 모든 역사를 종결하시고 하나님 나라를 완성하기 위해서 반드시 오시는데, 이 세상 사람들이 예상치 못한 가운데 홀연히 이르게 될 것이다. 세상의 평안과 자기 추구를 하는 사람들은 모두 홀연히 다가오는 그 심판을 결단코 피하지 못할 것이다.

그리스도께서 갑자기 예상치 않게 오신다면 우리는 어떻게 준비해야 하는가? "형제들아 너희는 어두움에 있지 아니하매 그 날이 도적 같이 너희에게 임하지 못하리니 너희는 다 빛의 아들이요 낮의 아들이라 우리가 밤이나 어두움에 속하지 아니하나니 그러므로 우리는 다른 이들과 같이 자지 말고 오직 깨어 근신할지라"(4-6절). 바울 사도는 그리스도인이 어디에 속한 자인지를 다시 확인해 준다.

먼저 그리스도인들은 낮에 속한 사람이며 빛의 아들들이다. 우리가 이미 주의 날에 속한 사람이라는 것이다. 어둠에 있는 사람들은 사단에 속한 사람들이다. 사단이 지배하는 영역 속에 사는 사람들에게는 주님의 재림을 알 수 없는 상황에서 맞이하게 될 것이다. 그러나 주님의 날에 속한 사람들, 낮에 속하며 빛에 속한 사람들에게는 주님께서 도적 같이 예기치 못하게 오실지라도 주님을 기쁨으로 맞게 될 사람들이다. 교회는 이미 낮에 속하여 주의 날을 기다리면서 준비하고 있기 때문이다.

그리스도인은 다른 이들과 같이 자지 않은 사람이다. '잠잔다'는 말은 불신자들처럼 세상에 취해서 주님의 재림을 기대하지 않는 것을 의미한다. 이는 세상이 주는 평안과 안전에 젖어서 역사의 목적을 성취하실 주님이 오실 날을 생각하지 않고 자기 추구에 여념이 없는 사람들을 가리킨다. 이렇게 세상에 삶의 목적을 두고 있는 사람은 살았다고 하나 죽은 자와 같다. 세상의 정신에 매몰되어서 육신의 정욕과 안목의 정욕, 이생의 자랑을 추구하는 사람들은 자는 자들이다. 자는 자들은 그가 얼마나 큰 힘을 가졌든지, 얼마나 많은 성취를 했든지, 예수님께서 다시 오셔서 완성하실 하나님의 나라의 극치에 참여할 수 없다. 노아 시대의 사람들처럼.

그러나 참된 그리스도인은 도리어 깨어 근신하는 자다. 근신하는 것은 맑은 정신으로 정신을 바짝 차리고 있음을 의미한다. 주님께서 도적 같이 오시더라도 언제든 맞이할 준비를 하고 있는 사람이다. 성도들은 이미 주의 날에 속한 자들이며, 계시의 빛과 구원의 빛에 거하는 자들로서 다시는 밤과 어둠에 속한 자들처럼 살아서는 안 된다는 것을 가르친다.

이는 예수님께서 마태복음 24장에서 가르치신 슬기로운 종과 악한 종의 비유를 연상시킨다. "충성되고 지혜 있는 종이 되어 주인에게 그 집 사람들을 맡아 때를 따라 양식을 나눠줄 자가 누구뇨? 주인이 올 때에 그 종의 이렇게 하는 것을 보면 그 종이 복이 있으리로다. 내가 진실로 너희에게 이르노니 주인이 그 모든 소유를 저에게 맡기리라. 만일 그 악한 종이 마음에 생각하기를 주인이 더디 오리라 하여 동무들을 때리며 술친구들로 더불어 먹고 마시게 되면 생각지 않은 날 알지 못하는 시간에 그 종의 주인이 이르러 엄히 때리고 외식하는 자의 받는 율에 처하리니 거기서 슬피 울며 이를 갊이 있으리라"(마 24:45-51).

예수님의 재림의 때[年月日時]를 정확히 알지 못하는 것은 세상이나 마찬가지이다. 그러나 깨어 있는 종은 가만히 앉아서 기다리는 것이 아니라 그리스도의 오심을 기다리되 자신의 임무를 역동적으로 수행한다. 악한 종은 자신의 임무를 태만히 할 뿐만 아니라 주님의 재림이 늦어질 것이라고 예상하고 게으르게 행한다. 더 큰 문제는 악한 종이 자기 추구적인 쾌락에 몰입하면서 슬기로운 종인 동무를 때린다는 것이다. 신실한 형제들을 자신의 기준으로 판단하고 정죄하며 박해한다.

3. 그리스도의 군사는 깨어 있다(7-8절)

1) 밤에 속한 사람들: 세상의 정신에 취함

이를 7절에서 바울은 이렇게 말씀한다. "자는 자들은 밤에 자고 취하는 자들은 밤에 취하되." '술에 취한다'라는 말은 '근신한다'라는 것과 정반대의 삶을 묘사한다. 술에 취하는 것은 세상에 취하는 것에 대한 제유법적인 표현이다. 세상의 평안과 성공, 세상의 안일한 삶이 목표인 사람은 술에 취한 사람과 같이 주님을 맞이할 수 없다. 그의 마음자리에 주님이 계실 곳이 없기 때문이다.

2) 낮에 속한 사람들: 영적으로 무장함

그렇다면 참된 교회와 성도는 어떻게 해야 하는가? "우리는 낮에 속하였으니 근신하여 믿음과 사랑의 흉배를 붙이고 구원의 소망의 투구를 쓰자"(8절). 바울은 깨어서 주님의 오심을 준비하는 것을 군사적인 이미지를 사용해서 효과적으로 교훈한다. "맑은 정신을 가지고 주님의 재림을 항상 대비하자. 아주 절제되고 규모 있는 신앙생활을 하자"
는 가르침을 군사의 이미지로 생동감 있게 전달한다. 바울은 '데살
로니가 교회가 누구인가'라는 정체성에서 시작한다. 데살로니가
교회는 이미 주님의 날에 속하였고 빛의 아들들이다. 그렇다면 그
러한 정체성에 맞게 어떻게 살아야 하는가? 그리스도인의 삶을 영
적인 전투로 표현한다. 우리는 그리스도인이 되는 순간 그리스도
의 군대에 입대하여 영적인 군사가 되었다. 그 날로부터 악한 세
력들과 치열한 전투에 참여하게 되었다.

8절에서 '근신하여'라는 말은 '맑은 정신을 가지고' 또는 '정신
을 차리고'라는 의미이다. 군사가 잠을 자고 있다면 자신은 물론이
거니와 그의 군대 전체가 위기에 처하게 된다. 군대 장관 시스라
는 잠이 들어 여인 야엘의 손에 죽임을 당했다(삿 4장). 성도들은 항
상 정신을 차리고 있어야 한다. 세상의 악한 정신에 자기도 모르
게 빨려 들어갈 수 있다. 우리는 날마다 말씀으로 자신과 세상, 그
리고 사단의 역사를 분별할 수 있어야 한다. 정신을 차리고 깨어
있는 것은 첫째로 자신의 정체성을 분명하게 인식하고 그러한 정
신에 근거하여 살아야 함을 의미한다. 둘째로 이 세상과 사단의
본질과 유혹의 실상을 알고, 그것에 속지 않을 정도의 능력을 구
비하여야 함을 말한다. 셋째로 이 땅에 임한 하나님 나라와 교회
에 대한 분명한 이해를 통해 하나님 나라의 원리를 따라 살고자
해야 한다. 이것을 알지 못하고 살고 있다면, 아직 잠에서 깨어나
지 못하고 몽환의 상태에 있는 것과 같다.

군사는 무장하지 않으면 전투에서 승리할 수 없다. 바울 사도는 "믿음과 사랑의 흉배를 붙이고 구원의 소망의 투구를 쓰자"라고 명령한다. 이 말씀은 이사야 59장 17-18절을 반영하고 있다. "의로 호심경을 삼으시며 구원을 그 머리에 써서 투구를 삼으시며 보복을 속옷으로 삼으시며 열심을 입어 겉옷으로 삼으시고 그들의 행위대로 갚으시되 그 대적에게 분노하시며, 그 원수에게 보응하시며 섬들에게 보복하실 것이라." 이 말씀은 하나님께서 거룩한 용사가 되셔서 언약 백성들을 위해서 영적인 대적들을 친히 물리치실 것을 비유한 말씀이다. 바울은 성도들이 영적인 용사가 되어 예수 그리스도께서 이미 정복한 사단의 세력과 싸울 것을 묘사하고 있다.

특히 "옷을 입다"는 용어는 새로운 영적인 신분이 되었음을 의미하는 은유이다. 그 신분에 합당한 삶을 살도록 권면하는 곳에서 많이 사용되었다. 로마서 13장 14절에서는 "오직 주 예수 그리스도로 옷 입고 정욕을 위하여 육신의 일을 도모하지 말라"고 하였고, 갈라디아서 3장 27절에서는 "누구든지 그리스도와 합하여 세례를 받은 자는 그리스도로 옷 입었느니라"고 말씀한다. 믿음과 사랑의 흉배와 소망의 투구는 교회가 자신의 정체성에 맞는 삶을 살기 위한 필수적인 무장이다. 흉배와 투구는 앞서서 전투하는 병사에게는 방패가 되고 보호막이 되지만, 뒤로 도망가는 군사에게는 소용없는 보호 장구이다.

믿음, 사랑, 소망, 세 가지 가운데 주로 소망에 초점이 모아지고 있다. 이 소망은 주 예수 그리스도의 재림 때에 있을 구원의 완성에 대한 소망이다. 그리스도인의 영적 전쟁은 믿음을 적용하고, 사랑으로 수고하고, 구원의 소망 가운데서 인내하면서 교회에 주어진 사명을 감당함으로 수행된다. 믿음의 역사와 사랑의 수고와 소망의 인내를 통해서 그리스도의 방식으로 싸우는 것이 우리가 영적 전쟁에서 승리하는 방식이다. 우리는 진리를 선포하고, 진리를 구현하기 위해서 수고하면서 영적인 전투에 임한다.

4. 우리의 소망의 근거(9-10절)

1) 하나님의 예정하심

4-8절에서 교회와 성도들이 어떤 존재이고 또 어떻게 행동해야 하는지를 보여 주었다면, 9-10절에서는 하나님과 예수 그리스도께서 우리를 위해서 어떤 일을 하셨는지를 상기해 준다. 우리가 정신을 차리고 영적으로 무장해야 할 근거가 무엇인지, 우리의 소망의 토대가 무엇인지를 재삼 확인해 준다. "하나님이 우리를 세우심은 노하심에 이르게 하심이 아니요 오직 우리 주 예수 그리스도로 말미암아 구원을 얻게 하신 것이라. 예수께서 우리를 위하여 죽으사 우리로 하여금 깨든지 자든지 자기와 함께 살게 하려 하셨느니라."

우리가 어떻게 '구원의 소망'인 투구를 쓸 수 있을까? 우리 종말의 소망의 근거는 하나님께서 우리를 위해서 행하신 일로 인해서 더욱 확정적이다. 첫째, 하나님께서 우리를 세우심은 노하심에 이르게 하심이 아니요 오직 우리 주 예수 그리스도로 말미암아 구원을 얻게 하신 것이다. 우리의 구원은 죄 사함과 하나님과의 화해를 포함한다.

2) 그리스도의 구속

둘째, 주 예수 그리스도는 우리를 위하여 죽으사 우리로 하여금 깨든지 자든지 자기와 함께 살게 하셨다. 우리를 부르신 것은 우리가 죄 가운데서 죽도록 하기 위함이 아니라, 항상 그리스도와 함께 살게 하시려는 것이었다. 우리가 자든지 깨든지 항상 그리스도와 함께 살게 하시려고 우리를 부르신 것이다. 중요한 것은 주와 함께 하는 것이다. 하나님께서 우리를 최후 심판 때 정죄하지 않고 도리어 그리스도와 함께 영원히 살도록 구원하셨다. 4장 17절에서 선언한 것처럼, 재림의 궁극적인 목적은 우리가 그리스도와 함께 영생을 누리게 하시는 역사(歷史)의 목적을 완성하기 위함이다.

우리의 구원은 하나님께서 역사를 완성하시는 목적과 하나가 되어 있다. 우리 생명 역시 그리스도의 생명과 연결되어 있다. 재림을 소망하는 우리의 믿음은 그 어떤 반석보다도 더 강한 반석 위에 서 있다. 우리의 구원은 우리 자신의 감정에 달린 것이 아니라 성삼위 하나님께서 이루신 구원 사역에 굳건하게 매여 있다. 우리의 소망은 견고하다.

피차 권면하고 덕을 세우라(11절)

예수님의 재림을 의식하지 못하는 세상은 그들의 거짓된 평안 속에서 갑자기 임하는 멸망을 당하게 될 것이다. 세상의 번영과 성공 속에서 역사의 목적에 눈먼 자들은 홀연히 임하는 멸망을 결코 피할 수 없다. 그러나 우리에게는 잉태한 여인이 해산하는 것처럼 반드시 그리스도께서 다시 오신다는 사실이 큰 위로와 격려가 된다. 낮에 속한 자들이며 빛의 자녀들로서 우리는 두려움이 아니라 하나님께 대한 충성되고 지혜로운 종임을 증명할 수 있는 기간이다. 그래서 주님이 언제 오시든지 우리는 늘 깨어서 주께서 기뻐하시는 것을 행하고자 한다.

예수님의 재림에 대한 기대는 우리에게 구원에 대한 더 큰 확신을 준다. 종말은 우리에게 진정한 안도감과 평안을 준다. 주님의 재림으로 말미암아 역사의 목적이 성취되고 우리의 구원이 완성될 것을 믿기 때문에 그 날을 소망하며 기다린다. 정신을 바짝 차리고 맑은 정신으로 우리에게 주어진 영적 무장을 강화하면서 현재의 전투에 임해야 한다.

우리는 주님이 임하실 구체적인 연월일시에 대한 관심과 재림의 표징과 종말의 표적(sign)을 찾기 위해서 골몰하지 않는다. 그것은 주님께서 가르치신 말씀과 바울의 가르침에 반하는 것이다. 그것은 종말에 대한 믿음이 없음을 의미한다. 우리는 이미 낮에 속한 자로서 진리의 빛을 따라 우리에게 맡겨진 사명을 감당하는 것으로 주님을 맞을 준비를 하는 사람들이다. 본문에서 보여 주는 마지막 때의 징조와 표징이라면, 대다수 사람들이 '평안하다. 평안하다' 하면서 예수님의 다시 오심을 기다리지 않는다는 것이다. 심지어 교회를 다니는 사람들도 세상이 주는 평안과 안락에 취해 있는 것이 징조라고 할 수 있다.

우리는 세상 사람들과 라이스 사람들처럼 이 세상의 평안을 추구하는 삶이 아니라, 하나님의 나라와 그의 의를 구하는 것이 목적인 사람들이다. 하나님 나라와 그의 의가 종말의 시대를 사는 성도의 삶의 목적이다. 교회는 역사의 목적과 방향에 대한 바른 인식 속에서 그 시대의 독특한 성격을 파악해야 한다. 역사의 성격을 통찰하고 역사의 도전에 적절히 대응하여 교회적 사명을 수행해야 한다. 이것이 종말의 실존을 인식한 교회의 각성이다.

이런 각성을 한 교회는 그리스도의 지체로서 하나로 연합해야 한다. "그러므로 피차 권면하고 피차 덕을 세우기를 너희가 하는 것 같이 하라." 종말의 도래 앞에 서 있는 교회가 해야 할 최우선의 일이다. 교회는 타락한 세상에서 믿음과 사랑과 소망으로 서로 권면하고 세워 주는 공동체이다. 교회가 살아 계신 하나님의 성전임을 기억하고 성전을 건축해서 건물이 올라가는 것처럼, 교회 공동체가 믿음과 사랑으로 서로를 세워서 올려 주어야 함을 말씀한다. '덕을 세우라'는 말은 바울이 교회를 위한 사역을 표현하는 관용구와 같은 은유이다. 교회를 세우는 것은 교회 전체와 각 지체들이 서로 믿음의 형제로서 사랑으로 섬기며, 소망 가운데서 인내하면서 이 세상의 풍조에 맞서 나아갈 것을 권면하는 말씀이다. 교회아(敎會我) 의식을 가지고 교회 전체의 유익을 위해 서로 섬겨야 한다.

'피차'(서로)라는 단어는 개혁교회가 상호목회의 원리로 받은 말씀이다. 그리스도인들은 서로가 서로를 세워 주는 사람들이어야 한다. 서로 지원해 주고 서로 돌보아 주고 격려하며 위로하는 것이 모든 성도의 책임이다. 이미 데살로니가 교회는 이 일에서도 잘 하고 있었다. "너희가 하는 것 같이 하라." 더 열심히 하라는 권면이다. 이것이 진정한 교회의 모습이다. 상호 사랑이라는 특징을 가지고 있지 않다면 어떤 공동체도 기독교적인 공동체라고 할 수 없다. 반면 어떤 공동체도 더 많이 하라는 권면을 듣지 않아도 될 만큼 사랑으로 낙원을 이룬 공동체는 아직 지상에 없다.

우리는 어떻게 서로 위로하고 권면하며 덕을 세울 것인가? 단지 정서적으로 서로를 이해하고 말을 들어 주고 무조건 동정을 표하는 것인가? 아니면 어설픈 세상의 지식이나 상담심리학으로 사람들을 위로해 주는 것인가? 그런 것들로는 결코 덕을 세울 수 없다. 4장 18절처럼 "이 여러 말로 서로 위로하라"는 말씀을 상기해야 한다. 그리스도인의 문제는 그것이 무엇이 되었든지 신학적인 문제이다. 형제자매를 돕고 세워주는 것도 근본적으로는 신학적인 일이어야 한다. 하나님의 말씀을 공부하여 말씀의 원리를 삶에 적용하는 것보다 빠르고 효과적인 해결책은 없다. 참된 위로자는 언제나 훌륭한 신학자였다. 참된 상담자는 말씀을 능숙하게 해석하고 적용할 수 있는 사람이다. 이러한 방식으로 서로를 세워 주고 교회를 세워 가야 한다.

마태복음 25장에 열 처녀 비유를 생각해 보자. 슬기로운 다섯 처녀와 어리석은 다섯 처녀는 소망과 준비 등 열 가지 중에서 아홉 가지는 거의 동일했다. ① 그들은 모두 신부의 복장을 했다. ② 모두 신랑을 기다렸다. ③ 그들이 간절하게 신랑을 기다렸다는 점에서도 동일했다. ④ 모두 신랑이 오실 성문 밖 동일한 장소에 있었다. ⑤ 그들은 모두 등을 가졌다. ⑥ 모두 등불을 밝히고 있었다는 것도 같았다. ⑦ 밤늦은 시간까지 기다린 것도 같았다. ⑧ 신랑이 더디 오는 상황을 함께 견뎠다는 점에서도 같았다. ⑨ 그리고 그들은 밤중에 '신랑을 맞으러 오라'는 초청의 소리까지도 함께 들었다. ⑩ 그러나 단 한 가지, 어리석은 처녀들은 기름을 준비하지 못했다. 그래서 그들은 혼인잔치에 들어가길 갈망했지만 슬피 울며 참여하지 못했다. "그 후에 남은 처녀들이 와서 가로되 주여 주여 우리에게 열어 주소서. 대답하여 가로되 진실로 너희에게 이르노니 내가 너희를 알지 못하노라 하였느니라. 그런즉 깨어 있으라. 너희는 그 날과 그 시를 알지 못하느니라"(마 25:11-13).

그들의 등불이 꺼져 가고 있었다. 슬기로운 처녀는 평소에 준비했다. 슬기로운 처녀들은 평소에도 "피차 권면하고 피차 덕을 세워 주면서" 종말을 대비해야 한다고 말했을 것이다. 그 권면의 말을 듣고 종말의 때를 실존적으로 살아낸 사람들은 슬기로운 처녀와 같이 신랑 되신 예수님을 맞이할 것이다. 그러나 평소에 '성경을 공부하시라, 성경의 교리를 적용해야 한다, 당신의 문제는 경제의 문제가 아니라 영적이며 신학적인 문제이다'라고 계속 권면의 말을 들었음에도 자기 고집대로 세상의 원리를 따라 평안을 추구한 사람은 어리석은 처녀와 같이 슬피 울게 될 것이다. 그런 사람은 결국 그리스도의 다시 오심으로 시작될 영원한 혼인잔치에 참여하지 못한다고 경고한다. "그런즉 깨어 있으라. 너희는 그 날과 그 시를 알지 못하느니라." 이는 우리 모두에게 두려운 경고이기도 하다.

성경의 모든 교리는 우리의 삶을 온전하게 한다. 모든 진리는 경건으로 이끌고, 경건은 범사에 유익하다. 경건 곧 하나님을 기쁘시게 하는 삶이 우리의 모든 문제를 푸는 열쇠이다. 어떤 자리에서 어떤 문제를 만나든지 주께서 기뻐하시는 방식으로 문제를 직면하자. 주께서 온전히 우리와 함께 하시는 날을 소망하면서 정신을 차리고 영적으로 무장하여 전투에 임하자. 종말에 관한 교리는 우리가 세상과 타협하지 않고 무엇을 위해 살아야 하는지를 명확하게 보여준다.

다시 오실 우리의 왕 예수 그리스도는 우리를 위해서 십자가에서 죽으시고, 부활하시고, 하늘 보좌에 계신다. 우리는 두려워하지 않아야 한다. 우리는 이미 승리한 군대의 군사로 부르심을 받았고, 이미 승리한 전쟁에서 전투중이다. 현재의 전투가 치열할지라도 서로 권면하고 서로 세워 주고 격려하면서 그리스도께서 다시 오실 때를 기다리면서 함께 싸우고 함께 승리하도록 하자. 그것이 우리가 슬기로운 처녀로서 기름을 준비하는 일이며, 깨어서 신랑의 오심을 맞이할 준비를 하는 것이다.

10강

교회아로서 교회를 세우는 삶

데살로니가전서 5:12~ 28

12형제들아 우리가 너희에게 구하노니 너희 가운데서 수고하고 주 안에서 너희를

다스리며 권하는 자들을 너희가 알고 13저의 역사로 말미암아 사랑 안에서

가장 귀히 여기며 너희끼리 화목하라 14또 형제들아 너희를 권면하노니 규모

없는 자들을 권계하며 마음이 약한 자들을 안위하고 힘이 없는 자들을 붙들어

주며 모든 사람을 대하여 오래 참으라 15삼가 누가 누구에게든지 악으로 악을

갚지 말게 하고 오직 피차 대하든지 모든 사람을 대하든지 항상 선을 좇으라

16항상 기뻐하라 17쉬지 말고 기도하라 18사에 감사하라 이는 그리스도 예수

안에서 너희를 향하신 하나님의 뜻이니라 19성령을 소멸치 말며 20예언을

멸시치 말고 21범사에 헤아려 좋은 것을 취하고 22악은 모든 모양이라도

버리라 23평강의 하나님이 친히 너희로 온전히 거룩하게 하시고 또 너희 온 영과

혼과 몸이 우리 주 예수 그리스도 강림하실 때에 흠 없게 보전되기를 원하노라

24너희를 부르시는 이는 미쁘시니 그가 또한 이루시리라 25형제들아 우리를

위하여 기도하라 26거룩하게 입맞춤으로 모든 형제에게 문안하라 27내가 주를

힘입어 너희를 명하노니 모든 형제에게 이 편지를 읽어 들리라 **28**우리 주 예수

그리스도의 은혜가 너희에게 있을찌어다

교회아 의식

기독교를 제외한 다른 종교는 개인 구원을 목적으로 하는데, 그것은 각각의 종교적 열정에 호소하는 교리에서 찾아볼 수 있다. 특히 불교에 그러한 경향이 매우 강하게 나타난다. 불교는 개개인이 득도(得道)하여 해탈(解脫)에 이르는 것을 최고의 구원이라고 여긴다.

이런 종교에서는 공동체의 한 지체로서 가지는 존재 의미나 가치에 큰 뜻을 부여하지 않는다. 공동체에 속한 지체 의식보다는 각자 자기 나름대로 도를 닦아 인생의 의미와 가치를 찾고 마침내 극락에 이르러 자기완성에 도달하고자 한다. 대부분의 종교는 자아(自我)를 높이고 돈독하게 세워 나가는 것을 목적으로 한다. 이런 경향은 건실하지 못한 교회에서도 많이 드러난다. 교회의 원대한 목표를 이루어 나가야 할 교회의 지체로서 자기 인생을 경영해야 한다는 의식을 찾아보기 어렵게 되었다. 이런 상황에서는 도덕적인 삶도 강조하지 않는다. 각자 자기 나름대로 신앙 생활하는 데에는 열심을 내지만 교회 공동체로서 지녀야 할 삶의 방향이나 역사의식이 매우 부족하다.

한마디로 교회가 무엇이며 왜 존재하는지에 대한 충족한 지식이 없다. 교회는 우주적인 기관이며 그리스도의 몸 된 기관인데 공동 운명체에 대한 개념이 부족하다. 그리고 그 안에서 지체가 된 사실 곧 '교회아' 의식이 빈약하기 때문에 교회를 자신의 신앙 생활을 보장해 주는 도구로 생각한다.

우리는 종말과 관련하여 '낮'에 속하였고, '하나님의 가족'에 속해 있다. 구원을 받아서 하나님의 자녀가 되었다면 우리는 일상의 삶을 통해서 하나님께서 원하시는 열매를 맺게 되어 있다. 신앙의 열매란 자연 발생적으로 아무렇게나 맺혀진 열매를 의미하지 않는다. 열매를 받으시는 분의 요구에 합당한 열매를 맺어야 한다. 우리가 임의대로 적절한 열매를 맺어 하나님께 드리는 것이 아니라 하나님의 의도와 목적을 충분히 이해하고 그에 따른 열매를 맺어야 한다. 우리 인생의 궁극적인 목적은 바로 그 열매를 하나님께 드리는 데 있다.

중요한 것은 교회와 상관없이 개인적인 삶의 형태로 하나님께서 만족하시는 열매를 맺을 수 없다는 것이다. 교회에 소속되어서 개인적으로 종교 의식을 행사하는 것으로 신앙생활이나 구원을 완성하는 것도 아니다. 교회의 한 지체로서 그 안에서 말씀에 근거하여 성도가 교통하며 공동의 목표를 이루어 가는 것이 우리가 하나님께 드릴 열매이다. 이러한 교회 공동의 목표를 가리켜 '교회의 시대적 사명'이라고 표현할 수 있다.

성도들은 그가 속한 교회의 존재 목적을 이루어 나가는 구체적인 삶의 형태로 교회적인 사명의 열매를 맺어야 한다. 이런 점에서 교회적인 사명은 도덕적 성격을 강하게 가지고 있다. 그 열매가 공동의 사회적인 문화 형태로 표출될 때에 거기에서 하나님의 통치와 경영이 나타나게 된다. 그 열매가 바로 하나님 나라의 문화로 역사 안에 빛으로 남는다. 교회가 공동체의 목표를 상실한다면 즉 '교회의 시대적인 사명'에 대한 각성 없이 일종의 종교 단체로 전락해 버린다면 하나님은 더 이상 교회를 보존하거나 유지하실 이유가 없다.

교회가 시대적인 사명을 각성하였다면 교회 공동체의 지체로서 각자에게 주어진 은사를 따라 그 교회의 사명을 완수하기 위해 자기가 맡은 일에 충성해야 한다. 현실적이고 구체적인 교회 안에서 그리스도의 성품에 합한 문화를 드러내는 사람으로서 각자 자기의 역할을 다해야 한다. 이런 위치에 있을 때 그 사람을 가리켜 교회아(敎會我)라고 한다. 교회의 한 일원으로서 의식을 갖고 유기적인 연합을 이루어 하나의 몸을 구성한다는 의미에서 '교회아'라고 부른다.

바울 사도는 데살로니가전서를 마무리하면서 이런 교회의 사명을 각성한 교회가 그 사명을 이루기 위해서 어떻게 서로 협력하고 섬기면서 하나가 되어야 할지를 가르치고 있다. 12-28절에서 교회를 하나님의 가족으로 묘사하고 있다. 교회의 가족 구성들은 서로를 형제와 자매로 인정하고 대한다. '형제들'(아델포이)이라는 단어가 다섯 번이나 나타난다(12,13,25,26,27절). 그리스도를 통해서 하나님께서 우리의 아버지가 되시기 때문에 우리는 서로 형제와 자매가 된다. 바울은 이미 데살로니가 교회에게 형제의 사랑으로 서로 사랑하고(4:9-10), 서로 위로하며(4:18), 피차 권면하고 덕을 세우라(5:11)고 했다.

이제 하나님의 가족인 교회가 하나로서 어떤 자세로 살아야 할지를 구체적으로 가르친다. 이 가르침은 이상적인 원리에 머물지 않고, 현실적인 문제 앞에서 그 문제를 해결하는 구체적인 지침으로 교훈하고 있다. 첫째로 12-13절에서 교회의 지도자에 대한 바른 인식을 가지고, 그를 사랑하고 존경하라고 말한다. 둘째는 14-15절, 성도들 사이에서 서로 사랑하고 세워 주도록 가르친다. 셋째는 16-28절로 공예배의 중요성과 그 예배가 삶에서 완성되어야 함을 가르친다.

1. 지도자를 존경하고 사랑하라(12-13절)

1) 지도자의 삶을 이해하라

먼저 교회는 교회의 지도자, 곧 교역자가 무엇을 하는 사람인지를 알아야 한다. 12절을 보자. "형제들아 우리가 너희에게 구하노니 너희 가운데서 수고하고 주 안에서 너희를 다스리며 권하는 자들을 너희가 알고." 우리는 신앙의 지도자들의 삶과 사역을 이해해야 한다. 그렇지 않으면 자기 기준으로 자꾸 판단할 수 있기 때문이다. 첫째로 지도자는 성도들 가운데 수고하는 사람이다. 이런 이해가 필요한데 어떤 사람들은 목사는 일요일만 일하는 직업으로 평소에는 한가하게 놀면서 많은 사례비를 받는 사람이라고 생각하기 때문이다. 하지만 지도자들은 성도들 가운데서 "수고하는" 자들이다. 여기서 말하는 수고는 힘든 육체적인 노동에 대한 묘사를 할 때 쓰는 단어가 사용되었다. 디모데전서 5장 17절은 이렇게 말한다. "잘 다스리는 장로들을 배나 존경할 자로 알되 말씀과 가르침에 수고하는 이들을 더할 것이니라." '말씀과 가르침에 수고'하는 이라고 말할 때도 동일한 단어가 사용되었다. 말씀을 연구하고 설교를 준비하고, 기도하며, 심방하는 모든 것들은 영적인 일이다. 영적인 일은 힘든 싸움을 동반한다. 주일에 한 시간 설교하는 데 사용되는 에너지는 3-4일 동안 사용할 에너지를 쏟아 붙는 것처럼 느껴질 때가 많다. 주일에 서너 번 설교를 하게 되면, 그날은 저녁 7시를 넘기기 어려울 정도로 힘들다. 때때로 더 많은 생의 에너지를 쏟아 넣기도 한다. 이러한 교역자들의 수고를 성도들이 알아주라는 것이다.

둘째는 지도자는 성도들을 "다스리는" 자들이다. 여기서 '다스린다'는 헬라어는 다른 사람들보다 '앞서 가다' 또는 '먼저 가다'라는 문자적인 뜻을 담고 있으면서 '지도하고 보호하고 돌본다'는 의미이다(롬 12:8; 딤전 3:4-5,12). 바울은 데살로니가에서 사역할 때 부모처럼, 하나님의 사자(使者)처럼 애정과 모범을 통해서 그들을 양육했다. 연약한 성도들 중에서 바울과 교회가 지도자를 세웠을 때, 그러한 모범을 잘 따르는 사람과 은사가 있는 사람을 세웠을 것이다. 성도들은 그러한 지도자의 가르침과 지도를 잘 따라야 한다.

이러한 다스림은 인간적인 권위를 통해서 이루어지지 않고, 성도들의 안전과 하나님의 교회를 순결하게 보호하는 데 초점이 맞추어진다.

셋째로 지도자는 성도를 "권하는" 자들이다. 헬라어 동사는 원래 우리말 번역보다 더 강력한 의미이다. '경고, 책망, 훈계하다'의 의미가 더 강하다. 그렇다면 교회의 교역자는 사사로운 감정 없이 성도들의 잘못된 행실에 대해서 책망할 줄 아는 분별력과 단호함이 있어야 함을 의미한다. 이러한 지도력은 사람이 알아서 행사하는 것이 아니다. 그리스도께서 당신님의 몸 된 교회를 보호하고 양육하기 위해서 그러한 권위를 주신 것이다. 성도들은 교역자가 어떤 일에 부르심을 받았는지를 잘 알고, 그 일에 협력할 수 있어야 한다. 오늘날은 개인주의가 만연해서 성도들도 목사가 자신의 삶을 간섭하지 않아야 한다고 생각한다. 목사가 심방 가는 것도 꺼리고, 그저 자신을 인정해 주되 자신이 무엇을 하든지 그것에 대해서 간섭하지 않아야 한다고 생각한다.

바울은 2장에서 자신이 부모와 같이, 하나님의 사자와 청지기와 같이 사역했음을 말했다. 여기서 바울은 가르치는 교역자의 사역에 대해서 다시 가르치면서 성도들이 사역자들의 삶과 사역을 잘 이해하고 따르도록 권면한다. 성도들이 이러한 목사의 사역을 이해하지 못하면, 함께 교회를 위해서 사역할 수 없을 뿐만 아니라 목사가 자신의 삶에 간섭하는 것이라고 오해할 수 있기 때문이다.

2) 지도자를 존경하라

교회의 성도들은 교역자들이 어떤 사람이고, 무엇을 위해 부르심을 받았고, 어떻게 사역하는지를 잘 알아야 한다. 데살로니가 교회의 경우 교회가 세워진 지 얼마 되지 않았고, 교역자들이 성도들을 섬기고 지도하는 전문적인 훈련을 받지 못했으며, 많은 경험을 가진 것도 아니었다. 어떤 문제가 생기면 어찌해야 할 줄을 알지 못하여 당황하거나 임시적인 방식으로 헤쳐 나가야 했을 것이다. 이런 것을 본 성도들은 그들의 연약함을 경멸하거나 업신여길 수 있다. 바울 사도는 그들이 그렇게 연약하다고 해서 경멸하거나 그들의 지도를 무시하지 말라고 가르친다. 오히려 "저의 역사로 말미암아 사랑 안에서 가장 귀히 여기며 너희끼리 화목하라"고 가르친다. 신앙의 지도자들을 따르고 사랑 안에서 존경하며, 이들의 가르침을 따라 성도들 상호간에 서로 화목하라고 가르친다.

교역자에게 은사를 주셔서 가장 귀한 그리스도의 교회를 돌아보게 하신 것 때문에 지도자를 귀히 여기라는 것이다. 교회 안에서 하나님의 말씀을 전하도록 하나님께서 세우셨고 그가 또 하나님을 높이기 때문에, 하나님의 말씀을 맡은 교역자를 높이는 것이다. 하나님을 경외하는 사람은 하나님께 속한 사람을 높인다. 교역자에 대해서만 아니라 모든 성도들에 대해서도 마찬가지이다. 다만 교역자는 자신의 안락한 삶을 희생하고 온전히 주님의 교회를 섬기기로 작정한 사람이기 때문에 사랑 안에서 가장 귀히 여기라는 말씀이다.

특히 데살로니가 교회는 핍박의 상황이어서 교역자들은 비상한 각오로 몸과 마음을 바치고, 자신의 재산마저도 다 바쳐서 주어진 일에 헌신하였을 것이다. 사랑으로 가장 귀히 여기라는 말씀은 적절한 재정적인 지지를 제공하라는 말씀으로 이해할 수 있다 (4:9-12절 참고). 믿음을 가진 지 얼마 되지 않는 교회에게도 바울이 교역자의 생계를 지지하도록 권면했다는 것을 깊이 생각해 보아야 한다.

2. 서로 사랑하고 세워 주라(14-15절)

목사가 있다고 해서 성도들이 서로를 돌보는 책임에서 면제되지 않는다. 바울 사도는 성도들 사이에 서로 돌보는 책임에 대해서 가르친다. 형제들이 서로 돌보아야 하는 세 부류의 사람들을 지목한다. 첫째는 "규모 없는 자들", 둘째는 "마음이 약한 자들"이며 셋째는 "힘이 없는 자들"이다. 그리고 모든 사람에 대하여 오래 참으라고 가르친다. 이 가르침들은 모두 명령형이다. 해도 되고 안 해도 되는 것이 아니라 우리가 지혜롭게 구별하며 따라야 할 명령이다.

1) 규모 없는 자들을 권계하라

규모 없는 자란 영적으로나 육신적으로 게으른 자를 말한다. 교회는 규례가 있고 질서가 있는 영적 공동체이다. 교회는 영적인 질서만 아니라 세상의 질서도 존중하고 규칙을 잘 지키는 기관이 되어야 한다. 우리가 가진 자유는 원하는 대로 살 자유가 아니라 그 자유를 통해서 하나님과 교회를 섬기고 또 세상과 이웃을 섬겨야 하는 자유이다. 이런 자유를 누리려면 부지런해야 한다. 게으른 사람은 다른 사람을 섬기는 것은 고사하고 스스로도 제대로 설 수가 없다. 자유인이 아니라 육신과 게으름의 종으로 살게 되는 것이다.

오늘날도 교회에 나와서 자기 행복만 추구하고, 겨우 최대 다수의 최대의 행복을 찾는 공리주의적 태도에서 벗어나지 못하는 사람들이 많다. 그러나 교회 안에서 성도의 목표는 자신의 섬김과 봉사를 통해서 하나님 나라의 거룩한 실질이 이 땅 가운데서 드러나는 것이다. 개혁교회는 무엇보다 하나님의 주권을 높이고 하나님의 영광을 추구한다. 하나님의 거룩한 영광과 권위가 드러나도록 하기 위해서 제도와 규례가 마련되어 있다. 제도와 규례를 알고서 지키려면 절제가 필요하다. 모든 규례를 따라 부지런히 주님의 영광을 드러내고 교회의 덕을 세우려 할 때 우리는 크게 부족함을 느낀다. 이런 큰 도리를 알지 못하고, 자기와 자기 가족의 행복추구를 위해서 교회를 이용하려는 이가 많다면 그런 교회가 교회의 사명을 이룰 수는 없다. 교회의 규례와 질서를 소홀히 여기는 것은 규모 없는 일이다.

세상의 일에 너무 바쁘고 자기 일에 매여서 성경을 공부하고 기도하는 일을 등한히 하면 영적인 게으름에 빠지게 된다. 이런 사람들을 교회의 선한 규례를 허문다. 성도들은 이런 사람들이 있는지를 살펴서 그들에게 권계해야 한다. 권계하라는 의미는 징계하라는 말이다. 개혁교회가 참된 교회의 표지로 삼는 세 가지는 말씀의 순수한 전파와 경청, 성례의 바른 시행, 권징의 신실한 시행이다. 권징은 교회의 순결을 보존하고 향상시키기 위해서 반드시 필요하다. 규모 없는 자들을 권징하라는 것은 중요한 명령으로 주어진 말씀이다.

권징의 방법은 마태복음 18장에 나와 있다. 처음에는 실행(失行)한 그를 위해서 기도하고 혼자서 찾아가서 조심스럽게 말한다. 그것을 듣지 아니하면 두세 사람이 가서 권한다. 그래도 듣지 아니하면 교회에 말한다. 교회의 징계도 듣지 아니하면 출교까지도 하는 것이다. 이러한 권징의 방식이나 목표는 그가 회개하고 돌아오도록 하는 데 있다. 교회는 피차 권면하고 덕을 세우기를 힘써야 한다. 어떤 형제의 문제를 바로잡으려면 면밀한 분별력과 헌신적인 희생이 필요하다. 형제의 약점을 분별할 수 있을 뿐만 아니라 감당할 수 있는 능력도 있어야 한다. 자신이 형제보다 잘나서 권하는 것이 아니라 교회가 함께 성장하고 순결하게 되고자 감당하는 일임을 바로 깨달아야 한다. 그렇게 연약한 자이지만 자신이 받은 사명을 이루어야 하기 때문에 사랑과 헌신의 마음으로 임하는 것이다.

어떤 사람은 자신의 눈에 들보가 있으면서도 형제의 눈에 티를 빼겠다고 나서기도 한다. 매우 위험한 일이다. 먼저 자신을 볼 수 있는 사람이라야 다른 형제를 도울 수 있고 바르게 세워 줄 수 있다. 자신도 어린 아이면서 어른 행세를 하는 일이 없지 않다. 크게 주의해야 할 일이다.

2) 마음이 약한 자들을 안위하라

마음이 약한 사람들이란 믿음으로 새로운 삶을 시작했지만 성장하지 못한 사람들을 일컫는다. 이들은 세상의 유혹과 핍박으로 마음과 영혼에 갈등이 생긴다. 혹은 진리에 대한 이해 부족으로 가족이나 친구와 사별하고 과도하게 슬픔에 빠진다. 세상과 자신을 진리로 해석하지 못하여 나약한 상태에 떨어진 성도이다. 문제 앞에서 진리를 적용하여 강하고 담대하게 대처하지 못한 것이다. 이렇게 마음이 약한 형제에게 찾아가서 이런 저런 말을 많이 해준다고 그가 위로를 받고 힘을 얻는 것이 아니다. 사람의 말이 마음 약한 사람에게 작은 위로를 줄 수는 있으나 근본적으로 강하게 할 수는 없다. 힘이 없어 약한 사람에게는 힘이 들어가야 한다. 성령께서 하나님의 말씀으로 그에게 진리를 깨닫게 하시고, 그 진리를 통해서 강하고 담대하게 해주시는 것이다. 우리는 먼저 성령께서 마음이 약한 형제를 붙들어 주시기를 기도하면서 사랑과 책임감으로 말씀을 통해서 간절히 권면해야 한다. 이 때 중요한 것은 자신이 말씀을 체험하여 힘을 소유하고 있어야 한다는 것이다. 또한 자신의 체험을 말할 때 가르치려는 자세여서는 안 된다. 자신을 낮추되 그 형제의 입장에서 끌어 올리려는 겸손함과 지혜가 있어야 한다.

이러한 안위는 목사만 하는 것이 아니라 모든 성도가 함께 해야 한다. 그러나 말씀의 원리도 모르면서, 또는 지식으로만 알고 말씀을 체험하지 못한 가운데서 도우려고 해서는 안 된다. 약한 자에 대한 사랑과 책임감이 없이 덮어놓고 나설 경우 오히려 부작용만 낳게 된다는 것을 주의해야 한다. 좋은 일이니까 좋은 의도로 한다고 해서 늘 좋은 결과가 나오는 것이 아니다. 오늘날 교회에서는 어린 아이가 아이를 낳고자 하는 일이 많고, 어린 아이가 선생이 되고자 하는 경우가 많다. 먼저 말씀을 깨닫고 자라야 지혜롭게 형제를 도울 수 있다.

우리는 자신의 능력과 지혜로 형제를 도우려 하기보다 성령께서 자기를 사용하시길 바라는 거룩한 갈망이 있어야 한다. 성령께 대한 나의 믿음과 신뢰가 있어야 한다. 마음이 약한 자들을 안위하는 것은 모두가 해야 할 일이지만, 이러한 원리와 실제를 잘 알고서 사랑과 온유함으로 해야 한다.

3) 힘이 없는 자들을 붙들어 주라

힘이 없는 자들은 마음으로 원하며 진리를 따라 행하려고 애쓰지만, 실제로 그것을 할 수 있는 능력이 부족한 사람들이다. 마음으로 주님의 뜻을 따라 살겠다고 다짐하고 그렇게 살아 보려고 힘써서 노력해 보지만, 그렇게 해서 주님의 뜻을 따라 살 수 있는 것은 아니다. 하나님의 뜻을 알았고 그 뜻을 행하기를 원하지만, 그 뜻을 행할 능력이 없으면 할 수가 없다. 우리는 하나님의 뜻을 이미 많이 알고 있다. 형제를 사랑해야 한다는 것, 원수까지도 사랑해야 한다는 것을 안다. 그러나 우리가 그렇게 하지 못하는 것을 발견한다. 그것은 하나님의 뜻을 몰라서도 아니고, 그 뜻이 싫어서도 아니다. 그것을 행할 능력이 없기 때문이다.

힘이 없는 자들을 붙들어 준다는 것은 성령께서 참으로 그에게 말씀을 행할 능력을 주시도록 기도하면서 그에게 말씀을 행할 능력을 구비하는 방식을 가르쳐 주는 것이다. 하나님 나라의 모든 요구는 인간의 힘으로는 행할 수 없다. 하나님 나라의 규례는 단 한 가지도 인간적인 선의와 열정으로 이룰 수 없다. 그런데 신앙을 가진 지 얼마 되지 않는 사람들과 성숙하지 못한 성도들은 그것을 모르고 항상 자기의 힘, 자기의 도덕적인 열정과 능력을 가지고 해보려고 한다. 그리고 나서 결핍과 역부족을 경험하게 된다.

성령님께서 인간적인 선의와 의지적 노력을 붙잡아서 쓰셔야 한다. 성령 하나님의 힘을 통해서 거룩한 능력이 더욱 큰 열정과 힘으로 드러나서 이루어지는 것이다. 하나님 나라의 요구는 거듭나지 못한 자연인이 결코 도달할 수 없다. 그것은 사람이나 세상을 기쁘게 하는 것이 아니라 하나님을 기쁘시게 하는 것이기 때문이다. 교회의 모든 활동을 평가하는 기준도 동일하다. 하나님의 영광이 나타나는가? 아니면 세상과 사람의 영광이 나타나는가? 아무리 크고 대단한 일을 이루었다 할지라도 사람이 영광을 받는다면, 그것은 하나님 나라와 관계없는 일이 되고 만다. 신령한 삶은 성령 하나님을 의존해야만 가능하다. 우리는 자기 육신의 열정으로 무엇을 이루려는 형제에게 성령님을 의지해서 말씀의 원리를 따르도록 해야 한다. 이것이 성도들이 함께 해야 할 상호 목회적인 책임이다.

다른 한편으로는 믿음을 따르다가 핍박을 받아서 경제적으로 어려움을 겪고 있는 성도들의 삶을 지지할 수 있어야 한다. 그들이 위기를 극복하고 자립하도록 도움을 주는 것도 힘이 없는 자를 붙들어 주는 일이다.

4) 모든 사람에게 오래 참으라

다음은 "서로서로에게 그리고 모든 사람에게 항상 선을 찾고 행하라"는 말씀이다. 이 명령은 실제로 다른 사람보다 자신에게 적극적인 덕을 쌓는 일이다. 우리는 형제자매의 결핍을 보충해 주고 사랑과 책임감으로 도울 때 그가 속히 변화되기를 바란다. 그러나 그가 인격적으로 변화되는 것은 그 사람 자신 안에서 이루어지는 일이기 때문에 우리가 아무리 노력해도 그의 인격적인 결핍과 부족을 보충할 수 없다. 조급해져서는 안 된다. 성령께서 그를 주관하셔서 변화시켜 주시길 간절히 기도하고 오래 참아야 한다. 이것이 정말 중요하다.

우리가 선을 행하다가 낙심하는 이유는 어떤 형제의 변화가 너무나 더디기 때문이다. 그럴 때 우리는 형제를 비난하거나 자꾸

채근하지 말아야 한다. 그의 생각과 마음이 말씀을 통해서 넓어지고 그의 인격이 주님을 닮게 되기를 인내하면서 기다려 주어야 한다. 그를 비난하기보다 자신을 더 살피고 주님의 오래 참으심을 닮아가기를 기도해야 한다. 그가 가지고 있는 능력이나 그 사람의 됨됨이가 저급한 상태일 때 그것이 고쳐지고 변화되는 길은 하나님의 말씀이 들어가고, 성령님의 능력이 들어가야 하기 때문이다. 사람들의 생각이 유치하고 자기 틀에서 맴돌고 있는 것을 볼 때 답답하고 힘들지만 주께서 그를 변화시켜 주시길 기다리면서 오래 참아야 한다. 내가 바꾸려고 해봤자 바뀌지도 않고 분란만 일어나게 된다. 주께서 우리를 오래 참아 주신 것처럼 우리도 교회의 형제자매를 오래 참아 주고, 세상 사람들에 대해서도 오래 참아야 한다.

15절을 보자. "삼가 누가 누구에게든지 악으로 악을 갚지 말게 하고 오직 피차 대하든지 모든 사람을 대하든지 항상 선을 좇으라." 이 말씀은 하나의 명령이다. 많은 사람들이 원수를 사랑하라는 명령을 오해한다. 잘못한 것을 용인해 주고 그대로 인정해 주라는 의미로 생각한다. 원수를 사랑하라는 것은 그런 의미가 아니다. 악을 악으로 갚지 말고 모든 사람에게 선을 행하라는 말씀도 원수 사랑과 같이 그 의미가 오해되는 일이 많다. "원수가 주리거든 먹이고 목마르거든 마시우라"(롬 12:20)는 말씀은 원수라 할지라도 인간으로 존재하는 일에서 기본적인 결핍이 있을 때 먼저 그것을 채워 주라는 뜻이다. 원수이니까 '저런 놈은 그렇게 당해도 싸다'고 생각하지 말라는 것이다. 그 원수를 쫓아다니면서 그가 원하는 무엇을 더 해주어서 더욱 악하게 살도록 도와주라는 의미는 결코 아니다. 원수일지라도 최소한 생존하여 회개할 수 있는 기회를 얻게 하라는 말씀이다. 이것이 원수 사랑이다.

형제에 대한 사랑과 선행은 어떻게 해야 하는가? 형제가 죄에서 벗어나서 하나님의 은혜의 장중에서 바르고 올곧게 살아가도록 기도하고, 필요한 진리를 인내하면서 가르쳐 주어야 한다. 형제를 사랑하는 가장 복되고 아름다운 일은 복음의 진리를 더 분명하게 깨닫도록 인도해 주는 것이다.

3. 예배와 삶이 하나가 되게 하라(16-28절)

1) 공예배의 원리(16-22, 27절)

이 말씀들은 공적 예배의 본질 및 행위와 관련이 있다. 모든 동사들이 복수 형태로 나오는데, 이러한 권면과 명령은 개인적이고 사적인 것이기보다는 집합적이고 공적인 그리스도인의 의무를 묘사하는 것이다. 20절에 나오는 예언도 공적인 예배의 설교의 기능을 말한다. 26절에 나오는 거룩한 입맞춤도 모임을 전제로 한다. 그리고 27절에서 바울은 "모든 형제"가 모여서 편지를 읽는 모습을 마음속에 그리면서 말하고 있다. 이러한 맥락에서 볼 때 16-18절에 나오는 기뻐함과 기도와 감사 역시 교회가 함께 모였을 때 표현되는 것으로 볼 수 있다. 랠프 마틴(Ralph Martin)이라는 신학자는 이 짧고 명확한 명령들이 "교회 예배의 설교 제목처럼 읽혀졌다"고 말한다.

공예배는 우리 삶의 중심이다. 공예배를 바르고 온전하게 드려야 삶으로 드리는 예배가 가능하다. 공예배를 드릴 때 주님 안에서 항상 기뻐할 수 있어야 한다. 우리가 시편 95편을 개회 찬송으로 부르는데 이것은 선포하는 것이다. "오라, 우리가 여호와께 노래하며"(Venite; 시편 제95편 및 96편〈아침 기도의 송가로 부름〉) "여호와께 즐거이 부를지어다"(Jubilate). '주 안에서 항상 기뻐하라'는 말씀은 예배의 상황에서 즐거운 예배를 드리라는 것이다. 로마서 14장 17절에서 하나님 나라는 먹는 것과 마시는 것이 아니요 오직 성령 안에서 의와 평강과 기쁨이라고 했다. 하나님의 의로운 통치를 받는 것이 평강과 기쁨의 원천이다. 하나님의 나라는 하나님을 경외함으로 경배 드리면서 하나님의 다스림에 가장 깊이 참여하는 것이다. 이 세상에서 공예배로 하나님께 나아가는 것보다 더 즐겁고 복된 것은 없다. 예배는 이 세상에서 사는 날 동안 우리가 누리는 가장 큰 복이다.

예배에서 여호와의 임재를 기쁘게 경험한 사람은 일상의 현장에서도 예배하는 것이 가능하다. '주님 안에서 즐기는 기쁨'을 항상 누릴 수 있게 된다. 바울 사도는 어떤 상황에서도 기뻐할 수 있었고 실제로 기뻐했다. 어떻게 그것이 가능했을까? 그것은 바로 그가 모든 삶 속에서 예배하였기 때문이다. 그래서 바울 사도는 빌립보 교회에 "주 안에서 항상 기뻐하라. 내가 다시 말하노니 기뻐하라"(빌 4:4)고 말씀한다. 하나님의 통치를 받고 또 하나님을 예배하는 일을 통해서 진정한 기쁨을 누리라는 명령이다. 이는 오늘 우리에게도 동일하게 적용할 수 있다. 우리가 공예배에서 받은 말씀을 통해서 하나님의 다스림 안에 있다면 우리도 어떤 상황에서든 기뻐할 수 있다.

찬양은 공예배에 없어서는 안 될 요소이고 기도(특히 중보기도) 또한 예배의 중요한 요소이다. 우리는 기도를 통해서 하나님과 교통한다. 특별히 하나님의 거룩하심과 하나님 나라가 우리 가운데 더 온전히 드러나기를 기도하고, 하나님의 뜻을 구현하는 거룩한 공동체로 교회가 세워지기를 기도한다. 이러한 기도는 우리 삶의 모든 영역 속에서 무시로 하는 기도로 확대되어야 한다. 일정한 형식을 좇아서 눈 감고 무릎 꿇고 하는 기도만이 아니라, 언제 어디서든 하나님의 말씀을 받고 그 말씀을 준행할 수 있기를 무시로 기도해야 한다. 기도하기 위해서 기도원에 가야 한다거나, 자신만의 기도방을 만들어야 한다는 것이 아니다. 늘 주님의 뜻을 묻고 그 뜻을 따라 살고자 하나님께 여쭈어 보는 삶이 일상화 되어야 한다는 의미이다. 우리는 어떤 일을 하기 전에 하나님께 기도하면서 묻고, 하나님의 인도하심을 받고자 해야 한다. 이렇게 하는 것이 쉬지 말고 기도하라는 의미이다.

하나님의 백성은 언제나 감사해야 한다. 시편 기자는 "내 영혼아, 여호와를 송축하며 그의 모든 은택을 잊지 말지어다"(시 103:2)라고 노래했다. 하나님의 은혜를 아는 사람에게서 필연적으로 나오는 것은 감사이다. 어떤 목사님은 "그리스도인의 삶은 끊임없는 감사 기도이다"라고 했다. 감사 역시 기뻐하는 것, 그리고 기도와 함께 우리의 공적 예배에 속해 있다. 감사는 우리 전인을 하나님께로 드리는 것이지만 특별히 헌상을 통해서 자신을 하나님께 드림을 표현한다. 헌상은 하나님의 은혜를 깨달은 사람에게서 감사함으로 자연스럽게 나오는 예배이다. 공예배를 통해서 헌상하는 사람은 실제 삶 속에서도 범사에 감사함으로 자신을 하나님께 헌상할 수 있다.

바울 사도는 범사에 감사하는 "이것이 그리스도 예수 안에서 너희를 향하신 하나님의 뜻"이라고 했다. 하나님의 뜻을 4장 3절에서는 "너희의 거룩함이라"고 했는데, 여기서는 동일한 의미를 다르게 표현한 것이다. 하나님을 참되게 예배하는 것을 기뻐하고, 기도하며, 항상 감사함으로써 거룩히 구별된 삶을 살기 때문이다. 하나님께서 우리에게 일반은혜와 특별은혜를 풍성히 베푸신 것은 하나님의 임재 안에서 기뻐하고, 기도를 통해서 교제하며, 감사하는 삶을 살도록 하기 위함이다. 이를 위해서 우리가 부르심을 받았다.

2) 하나님의 말씀을 들으라(20-22, 27절)

20절부터 22절의 말씀은 교회의 예배 가운데 주어지는 말씀을 잘 듣고 분별하여 순종하는 삶을 살라는 가르침이다. '성령을 소멸치 말라'는 말씀에서 소멸한다는 의미는 불을 끄기 위해서 물을 부어버리는 것을 의미한다. 에베소서에서는 성령을 근심하게 말라

(4:30)고 했고, 여기서는 성령을 소멸치 말라고 했고, 갈라디아서 5장 16절에서는 성령을 좇아 행하라고 가르쳤다. 적극적으로 성령께서 인도하시는 대로 따라가라는 것이다.

성령의 인도하심을 생각할 때 두 가지를 동시에 생각해야 한다. 첫째, 성령께서는 우리를 모든 진리 가운데로 인도하신다는 것이다(요 16:13). 말씀을 깨닫게 하시고 그 말씀에 순복하도록 인도하시는 것이다. 둘째로 간호사가 환자를 데리고 가는 것처럼 또는 간수가 죄수를 데리고 가는 것처럼, 어떤 제한을 두고 인도하시는 인도가 있다(롬 8:14). 이러한 인도가 필요한 것은 우리가 어리석어서 그렇게 하면 죽는 줄도 모르고 자기 마음대로 하려고 하기 때문이다. 하나님께서는 큰 사랑으로 우리를 붙들고 인도해 가신다. 본문의 문맥에서 성령을 소멸하지 말라는 의미는 성령께서 예배를 통해서 말씀을 주시고 감화를 주실 때 그것을 불 끄듯이 꺼버리면 안 된다는 의미이다. 성령께서 감화를 주셔서 어떤 일을 하게 하실 때 그것을 소멸하지 말라는 말씀이다.

이것은 당시 데살로니가 교회의 상황과 밀접한 관련이 있다. 신약성경이 완성되지 않은 상황에서 교회의 말씀 사역자들은 구약성경과 바울의 가르침, 그리고 성령의 계시로 예언의 말씀을 전했다. 이러한 예언은 아직 공적인 교회적 확증이 없는 상황이었다. 따라서 예언을 멸시하는 일이 교회 중에 있었을 것이다. 이런 상황에서 바울은 교회의 말씀 사역을 통해서 예언이 주어졌다면, 그것을 멸시하지 말고 달게 받으라는 것이다. 16-22절에서 8개의 동사가 사용되었는데, 처음 세 가지는 긍정적인 명령이다. "기뻐하라, 기도하라, 감사하라." 이어지는 두 개의 명령어는 부정어를 동반한 명령이다. "성령을 소멸치 말라. 예언을 멸시치 말라." 그리고 이어지는 세 개의 명령어가 나온다. "모든 것을 시험하라. 좋은 것을 붙잡으라. 악은 어떤 것이든지 모두 버리라."

21절의 "범사에 헤아려 좋은 것을 취하라"는 의미는 예언이 틀릴 수 있으니까 분별하라는 의미가 아니라, 선포되는 예언의 말씀을 통해 하나님의 선하시고 온전하신 뜻이 무엇인지를 분별하라는 말씀으로 이해해야 한다(롬 12:2; 엡 5:10; 빌 1:10). '헤아리라'는 말은 '면밀히 조사하고 분별하는 것'을 의미한다. 바울은 데살로니가 교회가 지도자를 존중히 여김으로 말씀 안에서 하나가 되고, 바른 공예배를 하기 위해서 성령을 소멸치 말고 예언의 말씀을 멸시치 않아야 한다고 가르치는 것이다. 따라서 성령을 소멸한다는 말과 예언을 멸시치 말라는 말은 동의어를 두 번 사용하여 강조하는 어법으로 볼 수 있다(pleonasm). 이 말씀은 교회 안에서 역사하시는 성령 하나님의 역동적인 일하심, 특히 예언으로 하나님의 말씀을 대언하는 은사를 소유한 말씀 사역자들을 멸시하지 말라는 경고로 보아야 한다.

교회의 성도들은 말씀 사역자들이 가르치는 하나님 나라의 원리를 잘 받아들여서 바른 분별력을 가지고 모든 선한 일에 열심을 내고, 악한 것들은 그 모양이라도 버려야 한다. 그래서 초대 교부들은 "공인된 화폐 교환원"이 되라고 가르쳤다. 진짜 돈과 가짜 돈을 구별할 줄 아는 사람이 되라는 것인데, 이는 우리 삶의 모든 정황에서 참된 분별력을 갖기 위해서 꼭 필요한 가르침이다.

27절에서 바울은 자신의 편지를 공예배 가운데 읽도록 명령한다. 이는 구약성경을 읽던 예배적 전통에서 자신의 편지가 하나님의 말씀으로서 권위가 있음을 선언하는 것이다. 특히 "내가 주를 힘입어" 너희에게 명령한다고 강조한다. 바울이 데살로니가에 가서 전했던 복음을 그들이 하나님의 말씀으로 받았던 것처럼, 지금 이 편지도 하나님의 말씀으로 권위를 인정하고 받아들이라는 의미이다.

신실하신 그가 이루시리라(23-28절)

바울 사도는 교회가 하나 되어 주님의 몸을 이루기 위한 가르침을 베풀었다. 첫째는 교회의 목회자의 사역과 그를 대하는 성도들의 자세와 태도로서 존경과 사랑을 가르쳤다. 이는 단지 목사의 권위를 세워 주기 위한 것이 아니다. 교회가 말씀 안에서 하나 되어 장성한 몸을 이루어 효과적으로 사명을 수행하기 위한 것이다. 또한 교회가 순결을 유지하며, 성령 안에서 화목한 관계를 이루게 하려는 것이다.

둘째는 성도들이 상호 목회적 원리를 실천함으로써 어떻게 사랑으로 하나가 되어야 하는지에 대한 원리와 실제를 다루었다. 상호 돌봄과 지원에 대한 가르침이다. 여러 면에서 약한 자들을 자신이 감당할 짐으로 알고, 그들의 진정한 필요를 채워주며 오래 참아 줄 수 있어야 한다고 했다. 교회 양육의 목표는 그리스도의 형상으로 자라도록 하는 것이다. 공동체성을 지니는 이러한 성장은 점진적으로 이루어진다. 그래서 인내가 필요하다. 모든 성도들이 주님을 알고, 주님의 뜻을 행하며, 주님처럼 되기 위해서 함께 사랑으로 섬기고 자기의 책임을 감당해야 한다.

세 번째로 교회의 공예배가 갖추어야 할 요소와 함께 그 예배가 삶의 전반으로 이어져야 한다는 가르침을 주었다. 말씀을 듣고 반응하는 것이다. 설교는 예배의 핵심이다. 설교는 예수 그리스도의 인격과 사역에 대한 진리를 선포함으로써 하나님의 백성으로서의 정체성을 확증하게 한다. 공예배는 하나님의 백성이 모여서 하나님께 말씀드리는 것이며, 하나님의 임재 가운데 하나님의 말씀을 전하는 것이다. 공예배에서 선포된 말씀을 듣고 삶에서 구현하는 것으로 예배가 완성된다. 이 모든 가르침은 하나님의 가족이라는 토대 위에서 주어진다. 사랑으로 하나 되는 삶은 하나님의 은혜와 성령 하나님의 인도하심을 통해서만 이루어질 수 있다. 바울은 이러한 하나님의 은혜를 다시 강조함으로써 서신의 결말을 장식한다.

23-24절의 말씀은 축복과 위로의 말씀이다. "평강의 하나님이 친히 너희로 온전히 거룩하게 하시고 또 너희 온 영과 혼과 몸이 우리 주 예수 그리스도 강림하실 때에 흠 없게 보전되기를 원하노라"(23절). 첫 번째 축복이다. 먼저 평강의 하나님께서 교회를 온전히 거룩하게 하

시기를 축복한다. 그리고 영과 혼과 몸은 삼분설을 가리키는 말이 아니라 전인(全人)을 뜻하는 문학적 기호법이다(merismus). 우리 전인이 주님이 다시 오실 때까지 더욱 깨끗하고 온전하게 보전되고 성화되기를 축복한다. 하나님과의 관계에서 흠이 없고, 세상에서 우리의 생활이 건전하고, 육신도 건강한 가운데 살아갈 수 있기를 축복하는 말씀이다.

24절은 두 번째 축복과 위로이다. "너희를 부르시는 이는 미쁘시니 그가 또한 이루시리라." 이 말씀은 여러분을 부르시는 분은 신실하시니 그분이 이 일을 이루실 것이라는 의미다. 교회는 사람의 뜻이나 노력이 아니라, 순전히 하나님의 신실하심에 의해 탄생하였고, 진리 안에서 존재하고 유지되는 공동체이다. 거룩한 삶과 거룩한 사명을 이루는 것이 쉽지 않음을 우리가 잘 안다. 우리는 넉넉지 않은 상황에서 고군분투할 것이다. 하지만 이 일을 시작하시고 완성하시는 성령님이 우리 안에 계신다. "너희 속에 착한 일을 시작하신 이가 그리스도 예수의 날까지 이루실 줄을 우리가 확신하노라"(빌 1:6). 하나님의 신실하심 때문에 어떤 상황에서도 하나님 나라의 극치를 향하여 나아갈 것이다. 우리는 확고부동한 하나님의 사랑을 의지한다(롬 8:39). 그 사랑은 결코 다함이 없으며 영원히 지속된다.

25절에서 바울은 자신을 위해서 기도를 부탁한다. "형제들아 우리를 위해서 기도하라." 바울은 현재 자신이 감당하고 있는 고린도 사역도 만만치 않음을 교회에게 알리고 기도를 부탁한다. 서로 기도하는 것은 서로를 향한 사랑을 드러내는 일이다. 스펄전 목사님은 이렇게 말했다. "사랑하는 것은 기도하는 것입니다. 만일 제가 동료 인간의 유익을 추구하고 그렇게 되도록 노력한다면, 사실상 저는 제 행동을 통해 그의 유익을 위해 계속 기도하고 있는 것입니다. … 오, 우리의 삶 전체가 기도가 될 수 있기를 바랍니다. 그리고 그렇게 될 수 있습니다. … 여러분의 전체 삶이 기도가 되게 하십시오. 여러분이 기도의 방법은 바꾸더라도 기도를 추구하는 마음은 바꾸지 마십시오." 우리가 누군가를 사랑하는 첫 번째 방법은 그를 위해 기도하는 것이고, 그의 유익과 복지를 위해서 헌신적인 삶을 사는 것이다. 교회의 모든 지체들을 위해서 기도해야 하고, 그 기도는 삶을 통해서 사랑과 섬김으로 완성되어야 한다.

26절에서는 모든 형제에게 문안하기를 요청한다. "거룩한 입맞춤으로 모든 형제에게 문안하라." 오늘날도 인사하는 방식은 달라졌어도 서로를 존귀하게 여기고 돈독한 사랑과 우정을 담아서 늘 인사해야 한다. 28절은 다시 예수 그리스도의 은혜가 있기를 축복하면서 서신을 맺는다. 이러한 끝인사는 결코 공허하고 상투적인 인사가 아니다. 은혜는 복음의 핵심이며 우리 존재의 근거이다. 교회가 하나가 되어 그리스도의 영광과 하나님 나라를 증시하려면, 은혜 안에서 서로 사랑하고 서로를 존귀하게 여겨야 한다. 이것은 하나님의 은혜 안에서만 가능한 삶이다.

안디옥 교회는 사도 바울과 바나바를 파송하면서 그들의 사역과 안전을 "하나님의 은혜에 부탁"했다(행 14:26). 2차 전도여행을 떠날 때에도 바울과 실라는 형제들로부터 "주의 은혜에 부탁"을 받고 떠났다. 또한 바울 사도는 에베소 교회의 장로들에게 고별 설교를 하면서 말했다. "지금 내가 너희를 주와 및 그 은혜의 말씀께 부탁하노니 그 말씀이 너희를 능히 든든히 세우사 거룩케 하심을 입은 모든 자 가운데 기업이 있게 하시리라"(행 20:32).

우리가 은혜를 더 깊이 깨달을수록 교회아 의식이 심화되어 우리의 삶이 개혁되고, 더 순결하게 되고, 더 능력 있게 될 것이다. "우리 주 예수 그리스도의 은혜가 너희에게 있을지어다."

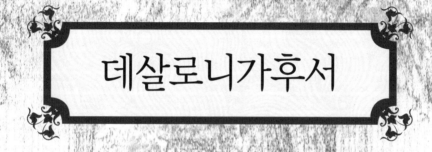

데살로니가후서

"너희는 우리의 영광이요 기쁨이니라"

데살로니가전서 2: 20

1강

성장하는 교회, 아름다운 격려

데살로니가후서 1:1~ 4

1바울과 실루아노와 디모데는 하나님 우리 아버지와 주 예수 그리스도 안에 있는

데살로니가인의 교회에 편지하노니 2하나님 아버지와 주 예수 그리스도로부터

은혜와 평강이 너희에게 있을지어다 3형제들아 우리가 너희를 위하여 항상

하나님께 감사할지니 이것이 당연함은 너희 믿음이 더욱 자라고 너희가 다 각기

서로 사랑함이 풍성함이며 4그리고 너희의 참는 모든 핍박과 환난 중에서 너희

인내와 믿음을 인하여 하나님의 여러 교회에서 우리가 친히 자랑함이라

아픈 만큼 성장한다

존 폭스의 『기독교 순교사화』를 편집해서 다시 출판한 매리 킹
은 서문에서 이렇게 말한다. "순교자에게서 우리는 허영이나 자기만족
이나 무관심에 의해서가 아니라 단순한 진리의 능력으로 말미암아 고조된

영혼을 보는 것이다. 우리는 너무나 선한 영향력 아래 있음으로 인해서 악이 가장 잔인한 형태로 나타난다 해도 그 아름다움을 흐리게 하기는커녕 대조가 되어 그 광채가 더 빛나게 되는 한 영혼을 증거한다. 여기에 자만심에서가 아니라 겸손에서 솟아난 자기희생이 있다. 무지한 편견에서 형성된 것이 아니라 확신을 기반으로 한 믿음이다. 인간의 증오나 멸시에서가 아니라 하나님의 사랑으로부터 일어난 것이다. 진실로 세상을 이긴 승리는 그들의 것이었다. 그들의 믿음(미래를 참된 유산으로 받아들인 믿음)으로 말미암아 그들은 양심과 하나님께 거짓되느니보다 그리스도 때문에 집과 재산과 자녀와 친척과 그리고 바로 그들 자신의 생명까지 포기했다. 왜냐하면 기독교가 위기에 처해 있던 곳은 투기장이었고, 그리스도에 대한 신앙이 가장 영광스러운 승리를 거둔 곳은 지하 감옥에서이었기 때문이다."

　데살로니가 교회는 큰 핍박과 환난 중에서 믿음이 더욱 성장하여 주께서 기뻐하시는 교회로 서게 되었고, 이는 사도 바울에게 자랑과 감사의 근거가 되었다. 데살로니가 교회의 성장과 승리는 온실 속에서 이루어진 것이 아니었다. 그들의 성장은 극심한 핍박과 환난의 큰 싸움 속에서 이루어졌다. 오늘날 우리의 믿음도 고난 속에서 연단되는 과정을 통해서 순결해지고 성장한다. 그리스도인의 성장은 선택이 아니라 필수이다. 그리스도인은 생명을 가진 공동체에 속하였기 때문이다. 식물의 성장은 햇빛과 온도, 그리고 비가 적절히 내리는 가운데서 이루어진다. 햇빛이 고마운 존재이지만, 한여름 불타는 듯이 내리쬐는 강렬한 햇볕도 견디기 힘든 고통을 준다. 비도 필요하고 좋은 존재이지만 거센 폭풍을 동반하기도 한다. 이러한 모든 악조건들을 견딘 식물은 아름답고 달콤한 열매를 맺는다.

1. 데살로니가후서의 배경

1) 데살로니가후서가 기록된 정황

데살로니가후서도 고린도에서 사역하면서 바울이 기록하였다. 시기적으로는 기원후 50년 말이나 51년 초 무렵이다. 데살로니가전서를 기록하여 보낸 후 몇 주가 지났거나 최대로 보아 몇 개월이 지난 시기에 기록했을 것이다. 고린도에 있는 바울에게 데살로니가 교회에 관한 소식이 전해졌다. 어떤 경로를 통해서 데살로니가 교회의 소식이 전해졌는지는 드러나지 않는다. 데살로니가전서를 보낸 후에 얼마 되지 않은 상황에서 데살로니가 교회의 정황과 문제들에 대한 바울 사도의 가르침을 받고자 데살로니가 교회가 바울에게 편지를 쓰거나 사람을 보냈을 가능성이 크다.

데살로니가후서를 통해서 정리해 보면 데살로니가 교회에서 온 소식은 다음과 같다. 첫째, 교회는 여전히 박해를 받고 있는 중이다. 지난번 상황보다 핍박과 환난이 줄어들기는커녕 오히려 더 심해졌다. 그럼에도 교회는 믿음으로 더욱 든든히 서가고 있었다. 두 번째는 거짓 교사들이 종말에 대한 잘못된 가르침으로 데살로니가 교회를 혼란에 빠뜨렸다. 그들은 성령께서 주신 예언을 빙자하거나, (아마도 바울의) 설교를 왜곡하거나 바울에게서 받았다고 하는 편지(2:2)를 위조하여 주님의 날이 이미 이르렀다고 가르치고 있었다. 그로 인해 세 번째 문제가 발생했는데, 임박한 종말을 핑계로 어떤 사람들은 직장을 버리고, 교회의 구제에 의존하여 게으르고 규모 없이 생활하고 있었다.

2) 당면한 문제의 해결 원리를 제시한 서신

첫째로 박해자들로 인한 고난에 대해서 가르치면서 바울은 그들이 왜 고통을 당해야 하는지에 대한 이론적인 질문에 답변을 준다. 이 답변은 그들에게 위로를 줄 뿐 아니라 하나님의 공의를 변호하였다. 1장의 강조점은 하나님의 공의로운 심판이다. 둘째로 거짓 교사들의 날조된 주장에 미혹되지 말 것을 가르치면서, 예수님의 재림 전에 반드시 배교와 적그리스도의 활동이 광범위하게 일어날 것을 일러주었다. 그리고 그들이 전에 사도로부터 받은 가르침 안에 굳게 서도록 권한다. 이것이 2장의 핵심이다. 셋째로 게으른 자들에게 관한 교훈이다. 교회가 말씀의 권위 아래서 질서 있게 행하도록 서로의 책임을 다시 인식시키면서, 게으른 자들이 회개해야 할 것과 함께 교회가 그런 자들에게 어떻게 대해야 하는지를 다시 가르친다. 이는 3장이 가르치는 핵심 진리이다.

오늘날 교회와 성도들은 자신들이 안정된 우주 속에서 영구적으로 안전한 삶을 영위하리라고 여기며 산다. 그래서 매순간 자신이 주님의 자비와 은혜에 의존하고 있음을 인식하지 못하고, 주님의 재림의 빛 속에서 현재를 해석하지도 못한다. 하나님의 아들의 성육신은 영구할 것처럼 보였던 시간과 공간의 틀을 깨뜨리셨다. 때가 되면 그리스도께서 하나님 나라의 극치를 실현하기 위해서 다시 오심으로써 역사가 절정에 도달하게 될 것이다. 이것을 믿는 그리스도인은 주님의 오심만을 기다리면서 아무것도 하지 않고 시간을 보내서는 안 된다. 도리어 믿음과 사랑과 소망을 삶 속에 구현함으로써 그분의 오심을 예비해야 한다.

기독교의 역사관은 직선적이다. 우리는 역사가 예수님의 재림으로 인하여 대단원의 절정으로 막을 내릴 것을 기대하면서 그 절정에 참여할 주인공으로 현재를 살아야 한다. 교회가 이 구속사의 주인공이다. 데살로니가후서는 1장에서 그리스도의 재림과 2장에서는 적그리스도와 배교, 3장에서는 이 역사의 절정을 향해 가는 그리스도인들의 책임을 분명하게 가르친다.

2. 성장하는 교회와 성도

1) 믿음과 사랑이 더욱 자람

데살로니가후서 1장은 모두 3개의 문장으로 구성되어 있다(1-2; 3-10; 11-12절). 1-2절은 바울 서신에서 발견되는 전형적인 인사말이다. 3-10절은 데살로니가 교회를 향한 바울의 감사(3-4절)와 함께 주님의 강림 때에 나타날 하나님의 공의로운 심판을 선언함으로써 성도들을 위로한다(5-10절). 성도들을 향한 바울의 위로는 곧이어 그들을 위해 하나님께 드리는 진실한 기도로 마무리된다. 서신의 인사말은 데살로니가전서와 거의 비슷하기 때문에 다시 설명하지 않는다.

이제 3-4절을 통해서 데살로니가 교회가 어떻게 성장했으며, 그로 인해 바울의 감사와 자랑은 어떻게 이루어졌는지를 살펴보자. "형제들아 우리가 너희를 위하여 항상 하나님께 감사할지니 이것이 당연함은 너희 믿음이 더욱 자라고 너희가 다 각기 서로 사랑함이 풍성함이며, 그리고 너희의 참는 모든 핍박과 환난 중에서 너희 인내와 믿음을 인하여 하나님의 여러 교회에서 우리가 친히 자랑함이라."

바울 사도는 '내 사랑하는 가족들이여, 우리는 너희들 때문에 하나님께 항상 감사의 빚을 지고 있다. 그것이 옳고 당연하다. 여러분의 믿음이 놀랍도록 성장하고 있고, 여러분이 각자 서로에게 베푸는 사랑이 점점 풍성해지고 있기 때문이다'라고 말한다. 이러한 데살로니가 교회의 성장과 진보는 바울의 기도에 대한 응답이었다.

바울 사도는 데살로니가전서 3장 12-13절에서 이렇게 기도했다. "또 주께서 우리가 너희를 사랑함과 같이 너희도 피차간과 모든 사람에 대한 사랑이 더욱 많아 넘치게 하사 너희 마음을 굳게 하시고 우리 주 예수께서 그의 모든 성도와 함께 강림하실 때에 하나님 우리 아버지 앞에서 거룩함에 흠이 없게 하시기를 원하노라." 그리고 5장 23-24절에서는 이렇게 축복했다. "평강의 하나님이 친히 너희로 온전히 거룩하게 하시고 또 너희 온 영과 혼과 몸이 우리 주 예수 그리스도 강림하실 때에 흠 없게 보전되기를 원하노라. 너희를 부르시는 이는 미쁘시니 그가 또한 이루시리라." 바울 사도는 그들의 믿음과 거룩함에서 이룬 성장이 주님의 신실하심 때문에 확실할 것이라고 선언하며 기도했었다. 그런데 바로 그러한 성장이 이루어졌다는 소식을 들었다. 얼마나 기쁘고 감사하였겠는가? 그는 '우리가 하나님께 감사의 빚을 지고 있다'고 감격스런 고백을 했다. 바울은 자신의 기도가 이루어질 것으로 믿었다. 그리고 그가 믿음으로 한 기도가 응답되었다. 데살로니가 교회는 환난과 핍박 속에서도 놀랍게도 믿음의 진보를 이루었다.

우리가 주님의 뜻대로 기도하면서 확신하는 것은 하나님께서 그의 뜻대로 구하는 것은 반드시 이루실 것을 믿는 것이다. 바울 사도는 큰 고난 가운데 있는 성도들을 위해 기도하면서, 그들의 고난이 속히 없어지기를 기도하지 않았다. '고난 끝, 행복 출발'을 위해서 기도한 것도 아니었다. 바울은 그들이 고난 속에서도 사랑이 넘치게 되기를 기도했고, 그들이 고난 가운데서도 거룩하기를 기도했다. 그들이 환난 중에도 평강의 하나님이 그들의 몸과 혼과 영을 온전히 거룩하게 하시길 기도하면서 신실하신 하나님께서 그것을 이루실 것을 믿었다. 그랬더니 그의 기도에 하나님께서 응답하셔서 믿음의 진보가 있었고, 따스한 사랑이 풍성하게 되었다.

우리는 하나님의 뜻을 따라 담대히 기도하고 있는가? "그를 향하여 우리의 가진 바 담대한 것이 이것이니 그의 뜻대로 무엇을 구하면 들으심이라. 우리가 무엇이든지 구하는 바를 들으시는 줄을 안즉 우리가 그에게 구한 그것을 얻은 줄을 또한 아느니라"(요일 5:14-15). 우리가 기도할 때 하나님의 뜻을 따라 믿음으로 구하면 이렇게 그 응답을 경험하면서 감사와 찬양을 하게 된다. 이런 믿음의 기도가 없기에 우리는 하나님의 신실하심을 경험하지 못하는 것은 아닌가?

교회와 성도들의 믿음의 진보를 보는 것보다 사역자에게 큰 기쁨과 감사는 없다. 바울은 환난과 핍박 속에서도 믿음이 더욱 견고해진 데살로니가 교회를 생각하면서 하나님께 감사의 빚을 지고 있다고 말한다. 요한 사도도 동일하게 말한다. "형제들이 와서 네게 있는 진리를 증거하되 네가 진리 안에서 행한다 하니 내가 심히 기뻐하노라 내가 내 자녀들이 진리 안에서 행한다 함을 듣는 것보다 더 즐거움이 없도다"(요한삼서 3-4절).

우리도 자신을 점검해 볼 수 있어야 한다. 여러분은 말씀 사역자와 다른 성도들에게 자신의 믿음이 성장하고 견고해지는 모습을 보여주고 있는가? 자신의 믿음의 성장을 통해서 교회와 다른 성도들이 하나님께 감사와 찬양의 빚을 지게 하고 있는가? 서로 풍성한 사랑으로 섬기고 있는지를 살펴보자. 그렇지 못하다면 이유가 무엇인가? 진정한 성장을 위해서 우리가 힘써야 할 것은 무엇인가?

2) 생명은 자라게 되어 있다

모든 생명의 특징은 자라고 활동하고 열매를 맺는 것이다. 어떤 생명체가 자라지 못한다면 병들었거나 죽은 것과 다를 바 없다. 우리가 믿음으로 그리스도의 몸인 교회에 접붙여져 있다면,

우리는 필연적으로 성장하게 되어 있다. 에베소서 4장 15-16절을 보자. "오직 사랑 안에서 참된 것을 하여 범사에 그에게까지 자랄지라 그는 머리니 곧 그리스도라. 그에게서 온 몸이 각 마디를 통하여 도움을 입음으로 연락하고 상합하여 각 지체의 분량대로 역사하여 그 몸을 자라게 하며 사랑 안에서 스스로 세우느니라." 우리는 머리인 그리스도와 생명의 연합을 이루고 있다. 따라서 온 몸이 하나가 되어 각 지체의 분량대로 역사하여 자라감으로 사랑 안에서 세워진다. 머리와 몸이 연결되어 있기 때문에 당연히 자랄 수밖에 없다. 우리의 믿음의 성장은 선택이 아니라 필수적인 일임을 기억해야 한다.

골로새서 2장 19절도 보자. "머리를 붙들지 아니하는지라 온 몸이 머리로 말미암아 마디와 힘줄로 공급함을 얻고 연합하여 하나님이 자라게 하심으로 자라느니라." 금욕주의적인 경건운동이나 신비주의적인 영성운동은 머리 되신 그리스도를 붙들지 않기 때문에 그런 활동을 아무리 열심히 한다 할지라도 그것으로는 결코 성장할 수 없다. 그러나 머리이신 그리스도를 붙들고 있다면, 그의 말씀을 공급받고 있다면, 그리스도와 연합하여 있는 것이며 하나님께서 자라게 하심으로 반드시 자라게 된다는 말씀이다.

사람들은 생명체의 성장의 조건을 중요시한다. 올곧게 성장하도록 하기 위해서 생명체가 성장할 수 있는 환경을 만들어 주어야 하는 것은 옳다. 그리스도인의 성장도 마찬가지다. 골로새서의 이단들은 신비주의와 율법주의적인 프로그램을 활용하는 것으로 성장할 수 있다고 가르쳤다. 하늘에서 이루어지는 천사들의 예배에 참석하면, 특정한 금욕적인 훈련을 지속하면, 신비한 황홀경을 경험하면 성장할 수 있다고 가르쳤다. 오늘날까지도 교회 안에 이교적 신비주의와 율법주의적이며 기계적인 성화론이 유행하고 있다.

성경은 외부의 환경을 조성하는 것이나 어떤 특별한 프로그램으로 교회와 성도가 성장할 수 있다는 주장을 거부한다. 데살로니가 교회는 오히려 극심한 환난과 핍박의 환경 속에서 그들의 믿음이 오히려 성장하고 있음을 보여준다. 그리스도인의 성장은 그리스도와 연합을 통해서 이루어진다. 그러한 성장이 가져오는 결과는 자기만족과 행복이 아니라 그리스도의 형상을 닮는 것이다.

로마서 8장 28절을 보자. "우리가 알거니와 하나님을 사랑하는 자 곧 그 뜻대로 부르심을 입은 자들에게는 모든 것이 합력하여 선을 이루느니라." 하나님의 뜻대로 부르심을 받은 자들에게는 환난이나 곤고나 핍박이나 그 어떤 상황이 온다 할지라도 그에게는 모든 것이 합력하여 선을 이루게 된다고 선언한다. 그리스도인에게는 순경이나 역경이나 고난이나 번영이나 모든 것이 합력하여 선을 이루게 되어 있다. 그렇다면 선이란 무엇인가? 그 문맥에서 선은 하나님의 아들의 형상을 본받는 것이다. 어떤 환경과 조건에서든 우리가 하나님의 아들을 닮아가는 것으로 선을 이루어 간다.

3) 성장하지 못할 때의 위험

첫째, 믿음이 성장하지 못하게 되면 죽은 믿음과 같은 상태가 된다. 다시 말해서 믿음을 적용하지 못하게 된다. 믿음은 역사함으로써 그 능력을 나타난다. 그러나 믿음이 자라지 못하는 상태에서는 믿음을 적용하여 현실의 문제를 이겨 낼 수가 없다. 믿음의 역동성이 약화되어 살았다는 이름은 있으나 죽은 것과 같은 상태에 머물게 된다. 사데 교회처럼 "살았다 하는 이름은 가졌으나 죽은자"와 같은 상태에 머물게 된다(계 3:1). 여전히 세상과 자기 추구에 여념이 없는 상태로 남게 된다.

둘째로 믿음이 성장하지 못하면 열매를 맺지 못한다. 나무가 자라고 꽃이 피고, 열매를 맺는 과정은 정상적인 성장을 이루었을 때 가능하다. 믿음이 성장하지 못하면 영적인 분별력을 소유하지 못한다. 마가복음 8장에 나오는 벳새다의 소경에게 예수님께서 안수하시고 무엇이 보이는지를 묻자 보기는 보되 밝히 보지 못하고 '나무 같은 것들의 걸어가는 것을 보나이다'라고 한 것처럼, 보기는 보되 흐릿하게 보는 것이다. 정작 문제는 이렇게 밝게 보지 못하면서도 어떤 사람들은 밝히 본다고 생각한다는 사실이다. 자신은 다 안다고 생각한다. 이런 상태는 자신을 속이는 것이며, 결코 하나님께서 원하시는 성령의 열매를 맺을 수 없다. 그래서 예수님께서는 그 소경에게 다시 안수하셔서 밝히 보게 하셨다. 우리도 우리 자신의 영적인 상태에 속아서는 안 된다. 자신은 사람을 나무 같이 흐릿하게 보면서도 정확하게 본다고 생각할 수 있다. 이런 상태에서 무엇인가를 하겠다고 나서면 오히려 문제를 일으키게 된다.

히브리서 5장 11절 이하에서 믿었으나 성장하지 못한 어린아이 같은 신앙인들은 의의 말씀을 경험하지 못했다고 진단한다. 그런 이들은 선악을 분별할 수 있는 능력이 부족한 상태라고 말씀한다. 하나님의 말씀을 통해서 훈련된 지각을 가지고 선과 악을 분별하고 그 분별력을 통해서 말씀을 구현하는 사람이 되어야 하는데, 그렇지 못함을 지적하고 있다.

3. 성장의 원천(源泉)과 방법

1) 부정적인 방식

첫째로 믿음에서 성장하려면 자아로부터 최대한 벗어나기 위해서 싸워야 한다. 데살로니가 교회가 환난과 핍박 속에서 자신만을 위해서 살고자 했다면, 결코 믿음과 사랑, 인내에서 성장할 수 없었을 것이다. 자기를 사랑하는 사람은 하나님을 사랑할 수 없고, 하나님의 말씀에 순종할 수 없다. 자기를 사랑하는 사람은 교회와 성도들을 위해 진심으로 자신을 내어 놓을 수 없다.

"누구든지 자기 십자가를 지고 나를 좇지 않는 자도 능히 나의 제자가 되지 못하리라"(눅 14:27). 자기를 부인하는 것은 예수님의 제자 됨의 첫 번째 표지이다. 자기 십자가를 지고 예수님을 따른다는 것은 일차적으로 자신은 이미 십자가에서 죽었기 때문에 자신의 방식으로 삶을 개척하지 않겠다는 것을 의미한다. 다음으로 자기를 부정한 사람은 자신의 방식이 아니라 예수님의 방식만을 따라서 살고자 한다. 자신과 세상의 방식은 헛되고 무익하며 그 결과는 자신과 이웃들에게 오히려 해를 끼친다는 것을 알고, 그것을 버리고 오직 예수님의 방식에 자신을 내놓겠다는 헌신이 있어야 한다.

많은 사람들이 예수님을 따른다고 하면서도 자기 십자가를 지지 않고 따르려 한다. 예수님을 따른다고 하지만, 자신의 죽음을 선언하지 않고 오히려 자아를 세우고 자기를 더 풍요롭게 하고자 한다. 그는 예수님의 등 위에 올라가 자기를 높이고자 하고, 자기의 영광을 추구하려고 한다. 이런 사람들은 결코 제자의 길을 갈 수 없다. 예수님을 따르는 사람은 자기를 십자가에 못 박은 사람이다. 자신의 자존심, 자존감, 자기 사랑, 자기 연민, 이 모든 것을 십자가에 못 박고 무덤에 장사한 사람이다.

이런 사람은 자신에 대한 칭찬에 대해서 흥분하지 않는다. 자신에 대한 비난과 조롱에 대해서도 초월할 수 있다. 자기를 십자가에 못 박은 사람은 칭찬이 그리스도의 은혜와 영광에 의한 것임을 알기에 교만해지지 않을 뿐만 아니라, 더욱 자신에게 영광이 돌아오지 않도록 주의한다. 자신의 온갖 미덕과 선행마저도 그리스도의 은혜로 말미암은 것임을 알기에 하나님께만 영광을 돌린다.

그러나 부패한 자아는 믿음 나무의 뿌리로부터 자양분을 빨아 드리는 악한 종기와 같다. 그것을 잘라내지 않는다면 그 믿음은 자랄 수 없게 된다. 자기를 십자가에 못 박는 것이 성장의 첫 번째 방식이다. 만물보다 심히 부패하고 더러운 것이 바로 '자기(마음)'라고 하는 것을 알고 버릴 때, 성장이 시작된다.

둘째, 역설적이지만, 환난은 믿음을 성장하게 하는 원동력이 된다. 물론 이것은 우리가 원해서 겪는 것이 아니다. 부패한 세상에서 믿음을 따라 사는 것으로 인해서 겪는 환난과 고난이다. 사과를 맛있게 만드는 것은 따사로운 햇빛만이 아니다. 훌륭한 꿀사과가 되게 하려면 사과의 육질도 단단해야 한다. 그러려면 오랫동안 밤에 내리는 차가운 이슬과 서리가 필요하다. 품질 좋은 곶감을 만들기 위해서 농부들은 감을 따기 전에 서리를 맞힌다고 한다. 서리를 맞으면 어떤 감은 물렁해져서 버리게 되기도 하지만 이러한 손해를 감수하면서 맛좋은 곶감을 생산하기 위해 차가운 서리를 맞힌다. 차가운 공기와 고난의 서리를 겪은 감만이 맛좋은 곶감이 된다.

농도가 가장 높은 철은 무쇠이지만 가장 강한 철은 망치에 수백 수천 번 단련된 강철이다. 그리스도인도 마찬가지다. 훌륭한 군인은 편안한 실내에서 만들어지는 것이 아니다. 실전을 방불케 하는 험하고 엄격한 훈련을 통해서 만들어진다. 훌륭한 선원은 공원의 잔잔한 호수에서 만들어지는 것이 아니다. 험난한 폭풍이 부는 바다 한가운데서 억세고 포효하는 파도와 싸우면서 강한 선원이 된다. 우리 역시 믿음의 큰 시련이 있을 때, 그 시련을 겪으면서 더욱 주님을 의지하는 가운데 성장한다.

데살로니가 교회는 더 큰 핍박과 환난이 왔음에도 불구하고 믿음을 포기하거나 좌절하지 않았다. 오히려 큰 핍박과 환난에 대처하기 위해서 더 적극적으로 자기를 부정하고, 세상의 방식대로 살려는 성향을 부인하였다. 가르침을 받은 말씀을 역동적으로 자신들의 삶에 적용하였다. 그들은 환난이 있기 전보다 더욱 믿음이 성장할 수 있었다.

2) 긍정적인 방식

믿음이 성장하려면, 우선 우리가 가지고 있는 믿음을 적용해야 한다. 육신의 근육을 강하게 하려면 계속해서 그 근육을 사용해야 한다. 영적인 일에서도 동일하게 적용되는 원리이다. 우리는 믿음을 적용해야 그 믿음이 강해질 수 있다. 주께서 우리에게 은혜로 믿음을 주셨다면, 그 믿음을 우리의 삶에 적용해야 한다. 야고보는 이렇게 말한다. "믿음이 그의 행함과 함께 일하고 행함으로 믿음이 온전케 되었느니라." 믿음은 적용함으로 온전케 된다. 믿음은 관념적인 것이 아니다. 믿음은 일하는 것이며, 일하는 과정을 통해서 온전케 되기까지 성장하는 것이다.

스펄전 목사님은 믿음을 행사하는 것에 대해서 이런 예를 들고 있다. "우리의 믿음은 겨울철의 아이들과 같습니다. 겨울철에 아이들은 난롯가에 앉아 손을 비비거나 문지름으로써 혈액을 순환시키고, 난롯가 가까운 자리를 차지해 몸을 따스하게 하려고 싸우다시피 합니다. 드디어 아버지가 와서 말합니다. '얘들아, 그렇게 해서는 따스해지지 않는다. 이런 소극적인 방법으로는 몸을 따뜻하게 할 수 없다. 밖에 나가 운동을 좀 하자.' 그러면 아이들은 모두 밖으로 나가고 잠시 후에 그들의 뺨은 붉게 상기된 채 들어오고, 그들의 손은 더 이상 떨리지 않습니다. 그리고 이렇게 말합니다. '아빠! 운동하니까 이렇게 따뜻하게 되는 줄 정말 몰랐어요.' 이것은 여러분에게도 마찬가지입니다. 여러분도 믿음이 강하고 따스하게 자라게 하려면 행함이 있어야 합니다. 물론 행함이 여러분을 구원하는 것은 아닙니다. 그러나 행함이 없는 믿음은 죽은 믿음, 곧 얼어 죽은 믿음입니다."

데살로니가 교회는 바울 사도가 가르친 교훈의 본에 착념했다. 바울 사도는 데살로니가전서 5장 27절에서 "내가 주를 힘입어 너희를 명하노니 모든 형제에게 이 편지를 읽어 들리라"고 명령했다. 자신이 가르쳤던 말씀과 같이 먼저 보낸 바울의 편지를 하나님의 말씀으로 받고, 그 말씀을 지키라고 명령한 것이다. 이 말씀을 받은 대다수 데살로니가 교회의 성도들은 그 말씀을 따라서 더욱 더 사랑하고 더욱 믿음에 헌신하여 그 말씀을 자신의 삶 가운데서 구현했다. 그들은 자기의 유익보다 공동체 전체의 유익을 구했고, 자기보다 남을 더 낫게 여기며, 서로 섬기기 위해서 사랑으로 봉사했다. 얼마나 아름다운 모습인가? 세상에 임한 하나님 나라가 이와 같다. 데살로니가전서 2장 13절에서 말씀하듯이, 그들이 하나님의 말씀으로 받은 그 말씀이 그 믿는 자들 속에서 역사한 것이다.

로마서 6장 17-18절을 보자. "하나님께 감사하리로다 너희가 본래 죄의 종이더니 너희에게 전하여 준 바 교훈의 본을 마음으로 순종하여, 죄에게서 해방되어 의에게 종이 되었느니라." 구원받은 사람은 죄의 종 상태에서 해방되어 의에게 종이 되었다. 어떻게 그렇게 되었는가? "교훈의 본에 순종"함으로써 가능했다. '교훈의 본'은 하나의 그림언어다. 교훈이라는 주형틀을 만들어서 불에 녹인 쇳물을 틀에 부어 넣는다. 그리고 식고 나서 거푸집을 떼어내면 주물 모양의 본이 나온다.

누가 이 틀로 인도하는가? 인간 스스로는 불가능하다. 성령 하나님께서 성경의 말씀과 설교를 사용하셔서 우리를 주형틀 속에 넣으셔서 그 교훈의 본에 우리의 인격이 맞추어지게 역사하신다. 성령께서는 우리를 새롭게 하시는 매개체로 말씀을 사용하신다.

그렇다면 우리는 어떻게 이런 큰 변화가 일어났다는 것을 확인할 수 있을까? 하나님께서 우리를 빚은 '교훈의 본'과 틀에 들어간 결과는 무엇인가? 그것은 어떤 효과를 나타내는가? 그것을 어떻게 확인할 수 있는가? 그것은 바로 '교훈의 본을 마음으로 순종하는 것'을 통해서이다. 바울은 단순히 너희가 마음으로 '믿었다'라고 말하지 않았다. "너희가 교훈의 본을 마음으로 순종하였다"고 말한다. 얼마나 중요한 요점인가? 진리를 지적으로 승인하는 것으로는 진정한 이동(移動)이 이루어지지 않는다. 의의 종이 되는 구원의 복에 참여하지 못한다. 로이드 존스 목사님은 그런 사람들은 "아직도 죄의 노예들이요 전적으로 육신의 사람들이면서 성경 읽기를 즐기고 다른 이들이 말 잇기 퍼즐 하는 것처럼 교리를 가지고 희롱하는 자들"이라고 말했다. 진리를 아는 것처럼 보이는데 자기의 틀에서 벗어나지 못하고 있는 사람들이 많다. 모든 진리는 경건으로 인도한다. 경건이 없는 지식은 자기만족과 교만의 열매밖에 맺지 못한다.

구원 얻는 믿음과 그 믿음의 성장은 지식에 머물지 않는다. 믿음은 지정의가 전체로 하나님의 말씀에 반응하고 순종하는 것이다. 그리스도인이 된다는 것은 자신을 "교훈의 본" 즉 말씀의 권위 아래 복종시키는 것이다. 그 말씀에 자신의 인격을 쏟아 부은 것을 의미한다. 말씀이 그의 인격과 성품을 새롭게 형성한다. 말씀을 향한 의지적인 순종이 없다면 그것은 결코 참된 믿음이 아니다. 그렇다면 믿음의 성장도 기대할 수 없다.

칭의와 성화를 따로 떼어 놓는 것은 비성경적이다. "당신이 믿음으로 구원을 받았으니 계속해서 성화도 믿음으로 받으십시오. 당신이 전도 집회에서 그것을 믿을 때에 칭의로 구원을 받았으니 성화도 믿음으로 받으십시오." 이것은 성경의 교훈을 부인하는 것이다(로이드 존스). 참된 믿음은 "교훈의 본"에 순종한다. 모든 시대의 그리스도인들에게서 바로 이런 일이 발생했다. 믿음은 교훈의 본에 순종함으로 성장한다. 교훈의 본을 마음으로 순종하는 것이 믿음의 진수이다.

데살로니가후서 3장 6절도 보자. "형제들아 우리 주 예수 그리스도의 이름으로 너희를 명하노니 규모 없이 행하고 우리에게 받은 유전대로 행하지 아니하는 모든 형제에게서 떠나라." 바울이 가르쳤던 말씀을 따라 행하지 아니하는 자들을 아무렇지도 않게 받아주지 말라는 것이다. 그들이 말씀을 따라 행하지 않는다면, 교회의 교제권에서 분리시키라는 말씀이다. 말씀의 가르침을 사모하지 않고 그 가르침을 귀중하게 여기지 않는 사람이 변화되는 것은 기대할 수 없다. 누구든지 말씀을 소중하게 여기고 그 말씀에 굴복하는 것을 통해서 믿음이 성장한다.

데살로니가후서 3장 14절도 보자. "누가 이 편지에 한 우리 말을 순종치 아니하거든 그 사람을 지목하여 사귀지 말고 저로 부끄럽게 하라." 대다수 데살로니가 교회의 성도들은 말씀을 통해서 자신의 부족함을 인식하고, 그 말씀이 가르치는 고상하고 온전한 자리로 자라가기를 힘썼다. 그런데 어떤 형제라 하는 사람이 말씀을 듣고서도 순종치 않는다면, 그를 지목하여 사귀지 말고 부끄럽게 생각하여 회개하도록 하라는 말씀이다. 데살로니가 교회는 대다수의 성도들이 가르침을 받은 대로 힘써서 행했다. 그래서 큰 환난과 핍박 속에서도 견고하게 믿음이 자라고 사랑이 풍성하게 되었다.

우리 역시 "고난 때문에 믿음을 적용할 수 없다. 고난 때문에 사랑할 수 없다. 고난 때문에 인내할 수 없다. 고난 때문에 소망을 포기했다"라고 말해서는 안 된다. 고난 때문에 더욱 말씀대로 믿고, 사랑하고 인내하며 소망을 품고 행동해야 한다.

3) 부정과 긍정이 동시에 이루어져야 한다

믿음의 성장은 이러한 부정과 긍정이 동시에 조화롭게 일어날 때 이루어진다. 로마서 8장 13절을 보자. "너희가 육신대로 살면 반드시 죽을 것이로되 영으로써 몸의 행실을 죽이면 살리니." 첫째는 영으로써 몸의 행실을 죽이는 죄 죽임이요(mortification) 둘째는 영으로써 살아야 하는 일이다(vivification).

죄 죽임이란 무엇인가? 먼저 부정적인 측면을 살펴보자. 죄 죽임은 스스로 몸에 고통을 가하는 것으로 쾌락을 느끼는 자기 학대나 금욕주의가 아니다. 죄 죽임은 악을 단호하게 거부하는 것이다. 타락한 본성과 정욕을 십자가에 못 박는 것처럼 철저하게 거부하는 것이다(갈 5:24). 소극적으로 숨어서 가만히 있어 보아도 죄들이 피해 가거나 그냥 지나치지 않는다. 우리가 적극적으로 성령을 따라서 몸의 행실을 죽여야 한다. "정욕을 위하여 육신의 일을 도모하지 말아야 한다"(롬 13:14). 예수님께서 산상수훈에서 가르치셨던 것처럼 적극적으로 처리해야 한다. 가장 소중한 것, 오른쪽 눈이나 오른손마저도 없애야 한다(마 5:29-30).

구체적으로 어떻게 해야 하는가? 죽인다는 말이 죄를 완전히 제거한다는 것은 아니다. 어떤 생명체에 에너지를 공급하지 않음으로써 그 생명체가 활동하지 못하게 하는 것이다. 악한 소욕에 연료를 공급하지 않는 것이다. 죄의 유혹이 들어오는 것을 철저히 막고, 정욕에 사로잡히지 않게 철저히 끊어야 한다. 그리고 하나님의 성령의 소욕을 따라 행해야 한다. 성령님께서 원하시는 일을 해야 하며, 하늘에 있는 것들을 추구하고, 경건하며 옳으며 정결하며 사랑할 만한 것에 몰두해야 한다(빌 4:8). 청교도 존 오웬은 "내주하는 죄를 죽이는 일은 사는 날 동안의 신자의 직무가 되어야 한다"고 말했다.

몸의 행실을 죽이는 것은 신자가 능동적으로 행해야 할 의무이며 이로써 믿음이 성장한다. "너희가 육신대로 살면 반드시 죽을 것이로되 영으로써 몸의 행실을 죽이면 살리니." 로마서 8장 13절은 6장

12-13절을 배경으로 하고 있다. "육신대로 살면 반드시 죽을 것이로 되"에서 죽음은 육체의 죽음이 아니라, 영원한 사망을 말한다. 몸의 사욕은 하나님께서 주신 정당한 열정이 아니라 죄에 의해 왜곡되고 부풀려지고 잘못된 쪽으로 기울어진 욕구를 말한다. 정당한 욕구는 하나님의 질서와 하나님의 뜻에 따라 관리하고 사용하면 된다. 성령 안에서 순종의 행위가 곧 죄 죽임이다. '죽이면 살리니'는 원인과 결과의 관계가 아니라, 방법(수단)과 결과의 관계이다. 하나님은 그분이 우리에게 은혜로 주시는 결과인 영생을 이 죽이는 방법을 통해서 얻도록 지정하셨다. 이것을 실제화하는 것이 갈라디아서 2장 20절과 5장 24절 그리고 6장 14절이다.

둘째로 새 사람을 성령으로 살게 하도록 해야 한다(vivification). 그것은 성령을 통해서 적극적으로 말씀에 순종함으로써 이루어진다. 성령이 내주하시는 우리의 속에 능력이 있음을 알아야 한다. 그 능력을 사용하도록 우리가 부르심을 받았다. "영으로써 몸의 행실을 죽이면 살리니." 이 권면은 성령으로써 우리 안에 있는 능력을 행사하라는 것이다. 다시 베드로후서 1장 3절을 보자. "그의 신기한 능력으로 생명과 경건에 속한 모든 것을 우리에게 주셨으니 이는 자기의 영광과 덕으로써 우리를 부르신 자를 앎으로 말미암음이라." 우리가 거듭난 사람이라면, 우리에게는 능력이 있다. '생명과 경건에 속한 모든 것'이 주어졌다. 따라서 그 능력을 사용하라 능력이 없다고 주저앉아 있지 말라. 하나님의 말씀을 받았으면 그 말씀대로 행할 능력을 성령님께 구하면서 행하라'는 말씀이다. 이것이 성경에서

가르치는 성화의 방식이다.[1]

갈라디아서 5장 16-26절도 이와 같은 방식으로 적극적으로 성령을 따라 행하라고 가르친다. 성령님이 주시는 '생명'은 그분의 인도하심을 받는 자들이 몸의 행실들을 죽이고 거룩함에 이르는 열매를 맺음으로써 실제적으로 경험하게 된다. '너희가 살리라'는 약속은 '너희가 현세에서도 평안과 활력이 넘치는 삶을 누릴 것이고, 종말에는 영원한 생명을 얻을 것이라'는 의미이다. "부활 생명의 능력을 현실적으로 나타내라!"는 명령이다. 진정한 기독교는 차가운 주지주의(主知主義)가 아니요 따뜻하고 역동적이며, 활력이 넘치는 생명의 종교다.

부활 생명의 능력을 나타내는 이것은 '죄 죽임'을 위한 또 다른 동기가 된다. "우리의 영적 삶의 활기와 능력과 위안은 육신의 행위들을 죽이는 일에 달려 있다"(존 오웬). 자신이 그리스도인이라고 자처하면서도 말씀과 성령의 인도하심을 따르지 않고 계속 육신의 소욕을 따라 산다면, 그는 하나님 나라와 관계없이 사는 불행한 사람이다 (고전 6:8-11; 갈 6:6-8).

---

1) 베드로후서 1:9-11을 보라 "이런 것이 없는 자는 소경이라 원시치 못하고 그의 옛 죄를 깨끗케 하심을 잊었느니라. 그러므로 형제들아 더욱 힘써 너희 부르심과 택하심을 굳게 하라 너희가 이것을 행한즉 언제든지 실족치 아니하리라. 이같이 하면 우리 주 곧 구주 예수 그리스도의 영원한 나라에 들어감을 넉넉히 너희에게 주시리라."

감사와 자랑

요즘 사람들은 믿음을 '영적'인 성장으로 보지를 않는 경향이 있다. 사랑의 영역에서 이루는 성장 역시 그렇다. 믿음을 갖거나 갖고 있지 못한 것을 어떤 물질적인 면으로 생각한다. 믿음을 정적인 관점에서 생각한다는 것이다. "나도 너와 같은 차를 가졌으면 좋겠다"고 말하는 것처럼, "나도 너와 같은 믿음을 가졌으면 좋겠다"고 말한다. 또한 믿음이 유전적으로 주어지는 어떤 것이라도 되는 것처럼 생각한다. "믿음을 가졌으면 됐지 더 뭐가 필요해?"라고 말하기도 한다. 어떤 사람은 "내가 안경을 잃어 버렸어"라고 말하듯이, "나는 믿음을 잃어 버렸다"고 불평한다. 믿음을 마치 어떤 상품과 같은 것으로 여기는 결과로 인해 발생하는 발언들이다.

하지만 믿음은 하나님과의 신뢰의 관계이다. 다른 모든 관계들과 마찬가지로 살아 있고 역동적이며 자라는 특성을 가지고 있다. 참된 믿음은 유기(有機)적으로 성장한다. 믿음이 자라야 다른 모든 거룩한 성품들도 자라게 된다. 믿음이 작은 상태로 있는 사람이 있고, 어떤 사람은 "이스라엘 중 아무에게도 이만한 믿음을 보지 못하였노라"는 칭찬을 받는 사람이 있다(마 8:26). 믿음은 성장하고 열매를 맺는 살아 있는 나무와 같다. 성장이 없는 믿음은 기독교의 믿음이 아니다.

사랑도 마찬가지이다. 우리는 흔히 어떤 사람을 사랑하거나 혹은 사랑하지 않는다고만 생각한다. 또 그 사랑에 대해 우리로서는 아무것도 할 것이 없다고 단순하게 가정한다. 사랑 역시 믿음과 마찬가지로 살아 있는 관계이기에 사랑이 자라려면 성장을 위해 필요한 조처들을 취해야 한다. 바울은 데살로니가전서 1장에서 데살로니가 교인들의 믿음과 사랑과 소망을 하나님의 사랑과 택하심의 증거로 보았다(살전 1:4). 오늘 본문에서는 그들의 믿음과 사랑의 진보가 그들 안에서 역사하시는 하나님의 은혜의 증거임을 암시한다(고후 8:1). 오늘의 본문에는 '은혜'라는 단어를 사용하지 않았지만, 그는 그들의 영적인 건강과 성장을 하나님의 덕으로 돌리고 있다. 그들의 믿음과 사랑과 인내에 대해 칭찬하는 대신 이런 것들을 허락하신 하나님께 감사하고 있기 때문이다. 그들의 성장과 진보로 인해 바울은 데살로니가 교회에 대해 다른 교회들에게 '자랑하고' 있다고 거리낌 없이 말한다.

피상적으로 보면 감사는 하나님께 드리는 것이고, 자랑은 인간에게 돌리는 것이기에 서로 양립할 수 없는 것처럼 보인다. 그러나 하나님께 대한 감사와 완전히 일치하는 자랑이 있다. 곧 "주 안에서 하는 자랑"이다(고전 1:31). 하나님의 은혜에 대한 감사와 그 은혜를 따라 성장하는 교회에 대한 자랑은 동전의 양면처럼 하나이다. 하나님께 기도할 때 우리는 그분의 은혜로 인해 감사한다. 다른 사람들에게 말할 때 우리는 하나님께서 베푸신 은혜를 자랑한다(살전 2:19).

이제 데살로니가 교회를 통해서 우리의 모습을 비추어 보자. 우리의 믿음과 사랑과 인내의 성장을 가지고 동료 그리스도인들이 하나님께 감사와 찬양을 드릴만한 상태에 우리가 있는가? 그렇지 못하다면 무엇 때문일까? 우리로 인해 다른 그리스도인들이 하나님께 감사하며 행복해 하는 것이 나타나는가? 여러분의 믿음과 사랑과 인내의 성장을 통해서 목사와 성도들이 하나님께 감사할 뿐 아니라 다른 교회와 성도들에게 자랑할 수 있는 상태인가? 우리는 모든 면에서 성장하여 하나님을 영화롭게 함으로써 세상 사람들마저 우리의 선한 행실을 보고 하늘에 계신 우리 아버지를 찬양하도록 부르심을 받았다. 바울이 데살로니가 교회에 대해서 아가야와 다른 지역의 교회들에게 자랑한 것처럼, 우리 교회가 다른 성도들과 이웃 교회들에게 자랑이 되도록 믿음과 사랑을 나타내는 일에서 더욱 성장하자.

한 가지 더 생각할 점이 있다. 우리가 어떤 사람의 행동을 자랑할 때 배워야 할 실제적인 교훈이다. 말씀을 따라 믿음과 사랑, 인내와 소망에서 성장하여 하나님께 영광을 돌리는 성도들에 대한 우리의 태도는 어떠해야 하는가? 어떤 사람들은 과도하게 사람을 축하하고 칭찬한다. "잘 했어! 넌 정말 훌륭하구나. 네가 자랑스럽다." 또 어떤 사람들은 칭찬을 거북하게 느끼며 아첨하는 것처럼 부적절하다고 생각한다. 과도한 칭찬은 아첨에 가깝고 교만을 부추기며 하나님의 영광을 빼앗는 것이라고 생각한다. 그들은 기도할 때 은밀하게 하나님께 감사할지 모르지만, 당사자에게는 아무 말도 하지 않는다. 칭찬 대신 침묵을 지키는 태도는 당사자를 낙심시킬 수가 있다.

어떤 사람을 교만하게 하여 망치지 않으면서도 인정해 줄 수 있는 제삼의 방법이 있는가? 바로 바울이 사용한 방법이다. 바울은 데살로니가 교회의 성도들로 인해 하나님께 감사할 뿐만 아니라, 그들에게 자신이 그렇게 하고 있다고 말한다. "우리가 너희를 위하여 항상 하나님께 감사할지니 이것이 당연함은 … 모든 핍박과 환난 중에서 너희 인내와 믿음을 인하여 하나님의 여러 교회에서 우리가 친히 자랑함이라."

바울의 모범을 따르면 우리는 과도한 칭찬(이는 사람들을 교만하게 한다)이나 무관심한 침묵(이는 사람들을 낙심시킨다)을 모두 피할 수 있다. 바울의 방법을 따르면 가장 올바른 방식으로 사람들을 인정하고 격려할 수 있다. "형제님, 자매님! 저는 형제로 인해, 하나님께서 형제님을 통해서 주신 은혜로 인해, 하나님께 감사합니다. 하나님께서 자매님께 주신 은사로 인해 하나님께 감사합니다. 자매님 안에 보이는 그리스도의 성품으로 인해 하나님께 감사합니다." 이러한 방식은 아첨하지 않고 인정해 주며, 의기양양하게 만들지 않으면서도 격려를 해준다. 우리는 모든 사람들과의 관계 속에서 삼자(三者) 관계를 인식하며 사는 사람들이다. 하나님 앞에서 모든 사람들에게 늘 바르게 격려하고 위로하며 세워 주는 사람들이 되자!

자신의 성장을 돌아보고 하나님께 영광을 돌릴 수 있도록 하자. 그래서 다른 형제들이 하나님께 감사를 드릴 수 있는 대상이 되도록 하자. 그리고 다른 성도의 성장을 올바르게 인정해 줌으로써 그를 격려하고 세워 주는 아름다운 공동체를 이루어 가자.

2강

그리스도의 강림과 교회의 위로

데살로니가후서 1:5~ 12

5이는 하나님의 공의로운 심판의 표요 너희로 하여금 하나님의 나라에 합당한

자로 여기심을 얻게 하려 함이니 그 나라를 위하여 너희가 또한 고난을 받으리니

6너희로 환난 받게 하는 자들에게는 환난으로 갚으시고 **7**환난 받는 너희에게는

우리와 함께 안식으로 갚으시는 것이 하나님의 공의시니 주 예수께서 저의

능력의 천사들과 함께 하늘로부터 불꽃 중에 나타나실 때에 **8**하나님을 모르는

자들과 우리 주 예수의 복음을 복종치 않는 자들에게 형벌을 주시리니 **9**이런

자들이 주의 얼굴과 그의 힘의 영광을 떠나 영원한 멸망의 형벌을 받으리로다

10그날에 강림하사 그의 성도들에게서 영광을 얻으시고 모든 믿는 자에게서

기이히 여김을 얻으시리라(우리의 증거가 너희에게 믿어졌음이라) **11**이러므로

우리도 항상 너희를 위하여 기도함은 우리 하나님이 너희를 그 부르심에 합당한

자로 여기시고 모든 선을 기뻐함과 믿음의 역사를 능력으로 이루게 하시고

12우리 하나님과 주 예수 그리스도의 은혜대로 우리 주 예수의 이름이 너희

가운데서 영광을 얻으시고 너희도 그 안에서 영광을 얻게 하려 함이니라

기뻐하라

찰스 웨슬리의 시이다.

기뻐하라, 주께서 왕이시니
너희의 주님이요 왕이신 그분을 높이라!
기뻐하라, 감사하라, 노래하라,
영원한 승리로다!

구주 예수께서 통치하시니
진리와 사랑의 하나님이시요
그가 우리의 더러움을 씻으셨고
높은 보좌를 취하셨도다.
그의 나라가 무너지지 못하니
그가 이 천지를 다스리심이며
사망과 지옥의 열쇠들이
우리의 예수께 주어져 있도다.

그가 하나님의 우편에 앉으시니
그의 모든 원수가 굴복하고
그의 명령에 머리를 조아리며
그의 발 아래 엎드리기까지로다.

기뻐하라, 영광스러운 소망을 가지라!
우리의 주요 재판장께서 오사
그의 종들을 위로 취하사
그 영원한 집으로 데려가시리라.

그리스도에 대해서 어떤 반응(기뻐하느냐 혹은 대적하느냐)을 나타내느냐에 따라서 사람들은 이미 현세에서 심판을 받고 있다고 할 수 있다. 요한복음 3장 18절이 말씀한다. "저를 믿는 자는 심판을(정죄를) 받지 아니하는 것이요 믿지 아니하는 자는 하나님의 독생자의 이름을 믿지 아니하므로 이미 심판을 받은 것이니라." 그리스도를 거부하는 자들은 이미 하나님의 심판 아래 있다. 그러나 성경은 또한 역사의 종말에 최후의 심판이 있을 것임을 선언하고 있다. 최후의 심판 때에 모든 사람들이 그리스도의 보좌 앞에서 굴복하게 될 것이다.

본문은 우리에게 종말론적인 심판을 행하시기 위해 다시 오실 그리스도의 강림을 통해서 우리의 현재를 보도록 한다. 그리스도의 강림을 믿는 것은 미래에 있을 일만이 아니라, 현재를 어떻게 살아갈 것인가를 결정한다. 그리스도의 강림과 심판에 대한 바른 지식은 역사의 목적과 우리의 정체성을 밝히 보게 한다. 오늘 우리가 무엇을 위해, 어떻게 살아야 하는지에 대한 강력한 동기를 제공해 준다.

1. 고난을 통해 확증되는 하나님 나라

1) 확실한 표

바울은 데살로니가 교회와 성도들에게 나타난 하나님의 은혜의 증거뿐 아니라, "하나님의 공의로운 심판의 표"를 본다고 선언한다. 5절에서 "표"라고 번역된 헬라어 '엔데이그마'란 '확실한 표' 또는 '분명한 표시'라는 의미이다. 무엇이 분명하고 확실한 표라는 말인가? 데살로니가 교회가 그리스도를 위하여 고난을 받고 있는 사실을 말하는 것인가? 아니면 그들이 고난 가운데서도 나타내 보이고 있는 믿음과 사랑, 인내에서 성장한 것인가? 둘 다로 보아야 한다.

예수님께서는 제자들에게 고난이 영광으로 향하는 피할 수 없는 길이라고 가르치셨다. 예수님 자신도 메시야로서 받을 고난은 피할 수 없는 일이라고 계속적으로 가르치셨다. 제자들은 그런 예수님의 말씀을 이해할 수 없었다. 변화산에서 가장 영광스러운 모습으로 변형된 상황에서도 모세와 엘리야가 "영광중에 나타나서 장차 예수께서 예루살렘에서 별세하실 것을" 말했다(눅 9:31). 예수님께서 부활하신 후에도 제자들은 고난을 통해서 확증되는 하나님 나라의 원리를 받아들일 수 없었다. 누구나 고난 없는 영광을 바란다. 그러나 예수님께서는 엠마오로 가는 두 제자에게 이렇게 말씀하셨다. "그리스도가 이런 고난을 받고 자기의 영광에 들어가야 할 것이 아니냐"(눅 24:26).

바울도 1차 전도여행 중에 세워진 교회들에게 동일한 것을 가르쳤다. 루스드라와 이고니온과 비시디아 안디옥에서 교회와 성도들에게 "우리가 하나님 나라에 들어가려면 많은 환난을 겪어야 할 것이라"고 가르쳤다. 또한 아직 한 번도 보지 못했던 로마 교회에게 편지하면서 말했다. "자녀이면 또한 후사 곧 하나님의 후사요 그리스도와 함께 한 후사니 우리가 그와 함께 영광을 받기 위하여 고난도 함께 받아야 될 것이니라. 생각건대 현재의 고난은 장차 우리에게 나타날 영광과 족히 비교할 수 없도다"라고 했다(롬 8:17-18). 고난과 영광, 환난과 하나님 나라는 불가분하게 서로 연결되어 있다. 하나님께서 데살로니가 교회와 성도들이 고난 받도록 허락하신 사실은 그들이 하나님께 받을 영광에 대한 분명하고 확실한 표라고 가르친다.

영광이 확실한 것은 바로 고난이 있기 때문이다. 또 한편으로 그들은 고난을 통해서 더욱 믿음과 사랑이 성장하였고, 하나님의 사람으로 강하고 온전하게 되었다. 시편 기자의 고백은 모든 시대의 하나님의 백성들에게도 진리라는 것이 확증되었다. "고난당한 것이 내게 유익이라 이로 인하여 내가 주의 율례를 배우게 되었나이다"(시 119:71). 바울 사도는 빌립보서 1장 28절에서 이렇게 말한다. "아무 일에든지 대적하는 자를 인하여 두려워하지 아니하는 이 일을 듣고자 함이라 이것이 저희에게는 멸망의 빙거요 너희에게는 구원의 빙거니 이는 하나님께로부터 난 것이니라." 좀 더 쉽게 번역하면 이렇다. "여러분을 대적하는 자들을 두려워하지 마십시오. 이 모든 것은 여러분이 구원받았다는 증거이며 그들이 멸망할 것이라는 증거입니다."

2) 하나님 나라에 합당한 자로 여겨짐

데살로니가전서 2장 14절과 3장 3-4절에서 말씀하고 있는 것처럼, 데살로니가 교회가 당하고 있는 환난은 그들의 믿음이 순전하다는 증거이기도 했다. 말씀에 순전하게 살지 않았다면 받지 않았을 고난이기 때문이다. 환난 중에 오래 참고 믿음이 자랐다. 그들의 사랑이 식은 것이 아니라 충만케 되며, 소망이 더욱 성장하는 것은 그들이 하나님 나라에 합당한 자라는 사실을 확증한 것이었다. 이는 고난을 통해서 하나님 나라에 합당한 자로 인정되고 확증되었다는 의미다.

2. 예수님의 강림은 공의를 확정하심

1) 하나님의 공의

하나님의 공의란 하나님께서 의의 기준이 되시며, 하나님은 항상 의로운 행동만을 하시고 모든 것에다 의를 시행하신다는 의미이다. 모세는 신명기에서 "그 모든 길이 공평하며 진실무망하신 하나님이시니 공의로우시고 정직하시도다"(신 32:4)라고 했다. 아브라함은 "세상을 심판하시는 이가 공의를 행하실 것이 아니니이까?"(창 18:25)라고 하며 하나님의 의로운 성품에 호소했다. 하나님의 의 때문에, 하나님은 사람들이 행한 대로 다루셔야 하며, 죄를 심판하셔야 한다. 죄는 반드시 형벌을 받아야 마땅한 것이기 때문이다. 하나님께서 죄를 벌하지 않는다면 하나님은 불의한 분이 되신다.

바울은 로마서 3장 25-26절에서 이렇게 말한다. "이 예수를 하나님이 그의 피로 인하여 믿음으로 말미암는 화목제물로 세우셨으니 이는 하나님께서 길이 참으시는 중에 전에 지은 죄를 간과하심으로 자기의 의로우심을 나타내려 하심이니, 곧 이 때에 자기의 의로우심을 나타내사 자기도 의로우시며 또한 예수 믿는 자를 의롭다 하려 하심이니라." 그리스도께서 우리의 죗값을 치르기 위해 죽으심으로, 하나님의 참된 의를 드러내셨다. 하나님께서 그의 백성의 죄를 용서하셨지만 그냥 용서하신 것이 아니다. 그 죄의 무게에 해당하는 적절한 죗값을 치르셨다.

하나님께서는 주권적으로 은혜를 베푸시지만, 그 은혜는 심판하시는 주권에서만 명확히 드러난다. 만약 하나님께서 사람들이 어떻게 행동하든지 심판하시지 않는다면, 그 은혜는 무기력하고 원치 않는 사람들에게 베푸는 쓸모없는 자선이 될 뿐이다. 하나님의 공의로운 심판은 하나님의 은혜를 거부하는 모든 자에게 임할 것이다. 특히 하나님의 심판은 하나님께 충성하기 위해 세상의 권력과 우상을 거부함으로써 핍박받는 성도들을 최종적으로 구원하실 것이다. 하나님은 우상숭배를 강요하고 세속주의적인 삶의 방식을 강요함으로써 성도들을 괴롭게 하는 자들에게 그대로 되갚아 주실 것이다. 하나님의 공의로운 심판은 성도들의 삶이 정당함을 공개적으로 입증하게 될 것이다.

2) 두 가지 심판

하나님의 심판에는 두 가지가 있다. 섭리적인 심판과 최후의 심판이다. 섭리적 심판(a providential judgement)은 역사 가운데서 이루어지는 심판(historical judgement)이다. 신명기 9장 5절을 보자. "네가 가서 그 땅을 얻음은 너의 의로움을 인함도 아니며 네 마음이 정직함을 인함도 아니요 이 민족들의 악함을 인하여 네 하나님 여호와께서 그들을 네 앞에서 쫓아내심이라 여호와께서 이 같이 하심은 네 열조 아브라함과 이삭과 야곱에게 하신 맹세를 이루려 하심이니라." 모세는 이스라엘이 가나안에 들어가게 된 것은 가나안 족속의 죄악에 대한 심판과 조상들에게 주신 약속의 성취임을 증거하였다.

시편 9편 15-20절을 보자. "열방은 자기가 판 웅덩이에 빠짐이여 그 숨긴 그물에 자기 발이 걸렸도다. 여호와께서 자기를 알게 하사 심판을 행하셨음이여 악인은 그 손으로 행한 일에 스스로 얽혔도다. 악인이 음부로 돌아감이여 하나님을 잊어버린 모든 열방이 그리 하리로다. 궁핍한 자가 항상 잊어버림을 보지 아니함이여 가난한 자가 영영히 실망치 아니하리로다. 여호와여 일어나사 인생으로 승리를 얻지 못하게 하시며 열방으로 주의 목전에 심판을 받게 하소서. 여호와여 저희로 두렵게 하시며 열방으로 자기는 인생뿐인 줄 알게 하소서."

하나님의 역사적 심판은 다양하게 나타난다. 자신이 할 일을 하지 않고 방종함으로써 질병에 빠지게 하고, 성실하게 살지 않아서 어려움을 겪는 것도 섭리적인 심판의 일종이다. 이는 이 세상 사람들도 어느 정도는 인식하고 있다. 자연 법칙처럼 항상 있기 때문이다. 그러나 때로는 하나님께서 자신의 영광과 그의 백성들의 안위를 위해서 특별한 방식으로 심판하실 때가 있다. 이러한 특별한 심판은 초자연적이라고 할 수 있다. 시편 37편 28절을 보자. "여호와께서 공의를 사랑하시고 그 성도를 버리지 아니하심이로다. 저희는 영영히 보호를 받으나 악인의 자손은 끊어지리로다." 잠언 11장 5-6절도 보자. "완전한 자는 그 의로 인하여 그 길이 곧게 되려니와 악한 자는 그 악을 인하여 넘어지리라. 정직한 자는 그 의로 인하여 구원을 얻으려니와 사특한 자는 자기의 악에 잡히리라." 또 "악한 자의 집은 망하겠고 정직한 자의 장막은 흥하리라"(잠 14:11). 이러한 성경 구절들은 섭리적인 심판이 있음을 선언한다.

그러나 예외도 있다. 하나님의 오래 참으심이 작용하기 때문에 모든 일에 항상 현세에서 심판이 임하는 것은 아니다. 시편 73편에는 이 세상에서 잘되고 죽을 때에도 평안히 죽는 사람이 있다. 예외적인 경우를 일반화해서는 안 된다. 하나님의 백성에게도 자연 법칙을 어기면 일반적인 심판이 임한다. 그렇다고 해서 그것을 기계적으로 적용해서는 안 된다. 섭리적 심판은 항상 부분적이다. 따라서 완전하고 전체적인 심판이 필요하다. 그것이 최후의 심판이다.

최후의 심판은 하나님께서 역사를 통하여 불의를 벌하여 멸하시고 공의를 회복하시는 사건들의 절정이라고 할 수 있다. 하나님께서는 역사를 통해서 심판하시고 상 주시기도 하셨지만, 최종적인 심판을 통해서 완전한 공의를 시행하신다. 베드로 사도는 이렇게 말했다. "주께서 경건한 자는 시험에서 건지시고 불의한 자는 형벌 아래 두어 심판 날까지 지키시며 육체를 따라 더러운 정욕 가운데서 행하며 주관하는 이를 멸시하는 자들에게 특별히 형벌하실 줄을 아시느니라"(벧후 2:9-10). 베드로후서 3장 7절도 보자. "이제 하늘과 땅은 그 동일한 말씀으로 불사르기 위하여 간수하신 바 되어 경건치 아니한 사람들의 심판과 멸망의 날까지 보존하여 두신 것이니라." 최후의 심판은 하나님의 공의가 공식적이며 최종적으로 확증되고 선언되는 사건이다.

교회사에는 최후의 심판에 대해서 의심하는 사람들이 있었고, 지금도 있다. 자유주의 신학자 슐라이마허는 최후의 심판은 은유적이고 상징적이라고 말한다. 모든 것이 다 제대로 될 것이라고 말한다. 세대주의자들은 최후의 심판은 단일하지 않고 여러 번 일어난다고 말한다. 또 어떤 사람들은 최후의 심판은 필요 없다고 주장한다. 죽은 후에 바로 운명이 정해지기 때문이라는 것이다(안식교).

그러나 이는 최후의 심판에 대한 오해에서 비롯된 것이다. 최후 심판의 목적이 사람의 미래의 운명을 결정하는 것이라고 보기 때문에 생겨난 오해이다. 최후의 심판은 이 세상의 재판과 다르다. 이 세상에서는 재판을 통해서 죄를 규명하고 형벌을 주는 것이지만, 최후의 심판은 재판이라기보다는 선고와 집행의 날이다. 우리가 천국과 지옥 중에 어디서 살 것인가를 조사해서 결정하는 것이 아니다. 온 세상 앞에 "선언"하는 것이다. 마태복음 25장의 양과 염소의 비유를 보라. 사실 여부에 대한 조사는 필요 없고 선언만 있다. 요한계시록 20장에 나오는 심판의 장면도 최종적인 선고와 집행만 있다.

3. 최후의 심판과 성도의 위로

1) 최후의 심판의 목적, 심판자, 시기

최후의 심판의 목적은 무엇인가? 세 가지로 말할 수 있다. 첫째는 하나님의 은혜에 어떻게 반응했느냐에 따라 각 사람의 최종적인 운명을 나타내심으로써 하나님의 영광과 주권을 드러내시기 위함이다. 이 최후의 심판 때까지 각 사람의 최종적 운명은 감추어졌으나 이제 그 운명이 나타나게 될 것이다. 하나님은 자기 백성들의 구원을 통하여 당신의 은혜를 나타내시고, 자기 원수들을 정죄하시는 일을 통해서 당신의 공의를 나타내실 것이다. 그러므로 심판 날의 핵심이 되는 것은 개인의 운명이 아니라 하나님의 은총이다. 두 번째 목적은 각 사람이 받게 될 보상과 형벌의 정도를 확정하기 위함이다. 세 번째는 각 사람에게 하나님의 주권을 행사하시기 위함이다.

그렇다면 누가 심판자일까? 하나님이 심판자이시다. 베드로전서 1장 17절은 외모로 보시지도 않고 각 사람의 행위대로 판단하시는 자를 곧 아버지 하나님이라고 부르고 있다. 로마서 14장 10절도 하나님의 심판에 관해 말한다. 이와 관련해서 데살로니가후서는 좀 더 명확하게 예수님께서 심판자이심을 선언한다. "하나님을 모르는 자들과 우리 주 예수의 복음을 복종치 않는 자들에게 형벌을 주시리니"(8절). 예수님의 강림의 목적은 하나님을 모르는 자들과 복음에 복종치 않은 자들을 형벌하시기 위함이다.

요한복음 5장 22절에서 예수님은 이렇게 말씀하신다. "아버지께서 아무도 심판하지 아니하시고 심판을 다 아들에게 맡기셨으니." 이러한 심판의 행위는 그리스도의 최종적인 높아지심과 최고의 승리를 반영해 준다. 그가 땅에 계실 때에 그는 세상의 통치자들에게 의해 정죄되셨다. 그러나 이제 그는 심판의 보좌에 앉아 지상의 모든 권세자들을 심판하신다. 불꽃 가운데 강림하시는 그리스도는 자기 백성을 위한 구원 사역을 최종적으로 완성시키신다. 즉 심판 행위는 그리스도의 모든 원수들을 굴복시키시고 하나님의 나라를 완성하시는 것을 의미한다. 그 후에 그리스도는 그 왕국을 아버지 하나님께 바치게 될 것이다. "그 후에는 나중이니 저가 모든 정사와 모든 권세와 능력을 멸하시고 나라를 아버지 하나님께 바칠 때라" (고전 15:24).

그리스도께서 심판하실 때 천사들과 성도들이 그와 함께 하여 보좌할 것이다. 천사들이 최후의 심판에 한 몫을 담당한다는 것은 마태복음 13장 41-43절에서 밝히고 있다. "인자가 그 천사들을 보내리니 저희가 그 나라에서 모든 넘어지게 하는 것과 또 불법을 행하는 자들을 거두어 내어 풀무 불에 던져 넣으리니 거기서 울며 이를 갊이 있으리라. 그 때에 의인들은 자기 아버지 나라에서 해와 같이 빛나리라 귀 있는 자는 들으라."

성도들도 영화로운 상태에서 심판 사역의 일익을 담당하게 된다. 바울은 고린도교회가 성도간의 다툼을 가지고 세상 법정에 가는 것을 책망하면서 이렇게 말한다. "성도가 세상을 판단할 것을 너희가 알지 못하느냐 세상도 너희에게 판단을 받겠거든 지극히 작은 일 판단하기를 감당치 못하겠느냐? 우리가 천사를 판단할 것을 너희가 알지 못하느냐?"(고전 6:2-3). 마태복음 19장 28절에도 동일한 사상이 나오고 있다. "예수께서 가라사대 내가 진실로 너희에게 이르노니 세상이 새롭게 되어 인자가 자기 영광의 보좌에 앉을 때에 나를 좇는 너희도 열두 보좌에 앉아 이스라엘 열두 지파를 심판하리라."

누가 심판을 받을 것인가? 첫째는 타락한 천사들이다(벧후 2:4; 유 6절). 둘째는 모든 사람들이다(마 25:32; 롬 2:5-6; 롬 3:6; 계 20:12-13). 여기에는 믿는 신자도 포함된다. 고린도후서 5장 10절을 보자. "이는 우리가 다 반드시 그리스도의 심판대 앞에 드러나 각각 선악간에 그 몸으로 행한 것을 따라 받으려 함이라"(참고. 롬 14:10; 히 10:30; 약 3:1; 벧전 4:17). 하지만 우리는 심판의 날을 두려워할 필요가 없다. 왜냐하면 그리스도 예수 안에서 정죄함이 없기 때문이다. 또한 하나님 안에 거하는 자도 심판 날에 담대함을 갖게 되기 때문이다. 요한일서 4장 17절을 보자. "이로써 사랑이 우리에게 온전히 이룬 것은 우리로 심판 날에 담대함을 가지게 하려 함이니 주의 어떠하심과 같이 우리도 세상에서 그러하니라." 데살로니가후서 1장 6-9절은 교회를 핍박하고, 믿음을 거부한 자들에게 대해서 영원한 멸망을 집행하실 것을 말씀하고 있기 때문이다.

성도들이 심판의 날을 기쁨으로 기대하고 있다는 것을 하이델베르크요리문답 52문답이 잘 묘사하고 있다. "그리스도께서 산 자와 죽은 자를 심판하러 오실 것이라는 사실이 당신에게 무슨 위로를 줍니까? 나의 모든 슬픔과 핍박 가운데 나는 머리를 들어 심판주로서 하늘에서 오실 분을 간절히 기다리는데, 그분은 이전에 나를 위해서 하나님의 심판에 자기를 복종시키셨으며, 내게서 모든 저주를 제거해 주신 분이십니다. 그리스도께서는 그분과 나의 모든 원수들을 영원한 정죄로 던지실 것이지만, 나와 그분이 택하신 모든 성도들은 하늘의 기쁨과 영광으로 인도하실 것입니다."

무엇이 심판의 대상이 될 것인가? 그것은 이 현세의 삶 동안 이루어졌던 모든 일이다. 우리가 선악 간에 행한 모든 것(마음의 동기, 말들, 행동들)이 심판의 대상이 된다(마 12:36; 계 20:12; 히 6:10). 심판 날에 나타나지 않고 숨겨질 것은 아무것도 없을 것이다. 물론 우리들은 그리스도의 십자가에서 모든 죄가 씻겼기 때문에 두려워하지 않아도 된다. 하지만 심판 날에 자신들이 말하고 행동한 것에 대해서 설명해야 함을 늘 인식하는 것이 유익하다. 그것을 통해서 현세에서 죄와 싸우고, 하나님께 대한 봉사를 게을리 하지 않고, 더욱 헌신된 삶을 살려고 힘쓰게 되는 것이다.

여기서 우리가 더 생각할 점이 있다. 우리의 구원은 그리스도에 대한 믿음으로 말미암아 왔다. 그것은 결코 행위로 얻어지는 것이 아니었다. 그럼에도 불구하고 성경은 최후의 심판이 각자의 행위에 따라 집행될 것이라고 가르치고 있는 이유는 무엇인가? 그것은 믿음과 행위간의 밀접한 관계 때문이다. 믿음은 행위들 속에서 그 자체를 나타내야 하며, 행위들은 참된 믿음의 증거들이다. 그래서 칼빈 선생님은 이렇게 말했다. "의롭다 하는 것은 오직 믿음이다. 그러나 의롭다 하는 믿음은 혼자가 아니다."

타락한 천사들과 불신자들, 특히 교회를 핍박하는 자들에게는 영원한 형벌이 주어질 것이다. 그것을 9절에서 이렇게 말씀하고 있다. "주의 얼굴과 그의 힘의 영광을 떠나 영원한 멸망의 형벌을 받으리로다." 예수님을 거부하고 그의 백성들을 핍박하는 자들은 '주 예수의 얼굴로부터' 그리고 '그의 힘의 영광으로부터' 완전히 분리될 것이다. 하나님의 백성들이 항상 주와 함께 있는 상태와는 완전히 대조되는 상태에 있을 것이다. 지금은 악한 자들도 하나님의 일반 은혜의 언약 안에서 일평생 필요한 것을 얻고 있지만, 예수님이 강림하셔서 최종적인 심판을 행하시면 하나님의 은혜로부터 완전히 분리된다. 그리고 영원한 사망을 당하게 될 것이다. 지옥에서 영원히 꺼지지 않은 멸망의 고통 속에서 세세토록 슬피 울며 이를 갈게 될 것이다. 종말은 누가복음 16장에 나타난 부자와 거지 나사로의 경우와 같이 그야말로 생각조차 못했던 극적인 반전과 아이러니를 낳게 될 것이다.

2) 성도들에게 영광을 얻으심

역사의 종말은 불신자들의 심판이 확정되는 동시에 성도들의 구원이 완성되는 이중적인 날이다. 이 심판의 주체는 바로 이 마지막 날의 주인공인 예수님이시다. 예수님께서는 능력의 천사들과 함께 영광 가운데 다시 오실 것이다. 그래서 그의 성도들 안에서 영광을 얻으실 것이다. "그의 성도들에게서 영광을 얻으시고"라는 구절에서 헬라어 '엔'(en)을 어떻게 해석하느냐에 따라 여러 해석이 있을 수 있다. NIV 성경은 "성도들 안에서"(in his holy people)라고 번역하였고, 두 번째 구절은 "모든 믿는 자 가운데서"(among all believers)라고 번역했다. '엔'이라는 전치사는 '~에 의해' 또는 '~을 통해'로 번역할 수도 있다.

그렇다면 예수님께서 다시 오실 때 그의 백성들과 관련해서 어떻게 영광을 얻으신다는 것일까? 우리는 몇 가지 아닌 것을 생각해 볼 수 있다. 첫째로 예수님은 성도들 '가운데서'– 마치 성도들이 예수님이 나타나는 극장이나 경기장인 것처럼– 환영받는 것은 아니다. 둘째로 성도들에 '의해서'– 마치 성도들이 지켜보고 예배를 드리는 관중 또는 청중인 것처럼– 환영 받는 것도 아니다. 성도들을 통해서나 성도들로 인해서– 마치 성도들이 그분의 형상과 영광을 비추는 거울인 것처럼– 도 아니다. 현재는 그렇게 우리가 영광을 돌리고 있다. 하지만 예수님께서 강림하실 때에는 성도들 '안에서'– 마치 전류가 통할 때 그 자체가 빛과 열로 타오르는 필라멘트가 되는 것처럼– 영광을 받으신다.

이러한 모델들의 차이는 중요하다. 극장은 그 안에서 공연되는 연극에 의해서 변화되지 않는다. 관중이 그들 앞에서 공연되는 드라마에 의해 반드시 감동을 받지는 않는다. 하지만 필라멘트는 변화한다. 전류가 흐를 때 그것은 빛을 발하기 때문이다. 이처럼 예수님이 영광 가운데 나타나실 때 그분은 당신의 백성들 사이에서 영광을 받으실 것이다. 우리는 그분의 영광을 볼 뿐만 아니라 그것을 공유하게 될 것이다. 우리는 일시적으로 불타오르다가 전류가 끊어지면 다시 어둡고 차갑게 되어 버리는 필라멘트 이상의 존재가 될 것이다. 우리는 그분과 같은 모습으로 변형되는데, 이전과는 근본적으로 다른 모습으로 그리스도의 영광을 영원히 드러낼 것이다. 우리 안에서 하나님의 형상과 하나님의 영광이 밝게 반사될 것이다. 그리스도는 우리의 행함에 의해서 영광을 받으시게 될 것이지만, 마지막 날에는 우리의 존재와 행위 안에서 영광을 받으실 것이다.

우리 몸은 예수님의 재림 시에 "영광의 몸의 형체와 같이" 변화될 것이다. 빌립보서 3장 21절을 보자. "그가 만물을 자기에게 복종케 하실 수 있는 자의 역사로 우리의 낮은 몸을 자기 영광의 몸의 형체와 같이 변케 하시리라." 우리의 성품도 그리스도의 성품과 같이 닮게 될 것이다. 우리는 마침내 모든 죄와 이기심에서 해방되고 대신 하나님과 사람들에 대한 사랑으로 가득 차게 될 것이다. 하나님께서 창세전에 계획하셨던 완성된 인간이 될 것이다. 하나님의 최고 걸작품으로 완전한 인간이 되고, 완전한 자유와 안식을 누리게 될 것이다. 우리 스스로도 자신의 모습에 놀라게 될 것이다.

이것이 예수님께서 강림하실 때 성도들 안에서 영광을 받으시는 방식이다. 예수님의 영화와 우리가 영화롭게 되는 일이 동시에 일어날 것이다(롬 8:17). 예수님은 우리 안에서 영화롭게 될 것이고, 우리는 예수님 안에서 영화롭게 될 것이다. 화란의 개혁신학자 베르까워가 말했듯이 '하나님의 영광은 인간의 영광을 배제하는 것이 아니라 그것을 포함하기' 때문이다. 어떤 사람들을 하나님 나라마저도 자기중심적으로 생각한다. 하나님 나라에 가서 온갖 진귀한 보물을 얻고, 맛있는 진수성찬을 날마다 마음껏 먹고, 자신이 원하는 것을 마음껏 하는 것으로 생각한다. 그러나 극치에 이르게 된 하나님 나라는 우리의 이기심과 자기추구적인 사랑이 사라지고, 성삼위일체 하나님께 대한 사랑으로 가득 차게 된다. 이웃에 대한 사랑으로 충만한 세계가 된다. 자신의 영광을 추구하는 것이 아니라, 하나님께 영광을 돌림으로 자신도 영화롭게 되는 복을 영원히 누리는 것이다.

종말을 기다리는 기도

하나님의 백성들의 미래는 이처럼 고난 속에서도 확실하게 보증되어 있다. 그러나 하나님의 백성은 그 보증을 믿고 안일하게 지내는 사람이 아니다. 이렇게 놀라운 비전을 가지고 있기 때문에 지금 여기서 거룩한 부르심에 합당하게 살고자 최선을 다한다. 그가 과거에 대단한 성취와 업적을 이루었다 할지라도 그것에 기대어 자신이 쌓아 놓은 영적 자산을 소진하며 나태하게 종말을 기다리지 않는다. 그 누구보다 위대한 성취를 이루었음에도 불구하고 바울은 이렇게 말했다. "형제들아 나는 아직 내가 잡은 줄로 여기지 아니하고 오직 한 일 즉 뒤에 있는 것은 잊어버리고 앞에 있는 것을 잡으려고 푯대를 향하여 그리스도 예수 안에서 하나님이 위에서 부르신 부름의 상을 위하여 좇아가노라"(빌 3:13-14).

바울 사도는 종말의 영광스러운 비전을 제시하면서 데살로니가 교회와 성도들이 그 종말의 비전에 근거해서 현재를 진지하게 살아가기를 기도한다. 성도들은 이 땅에서 한가하게 망중한을 즐기면서 예수님의 강림을 기다리도록 부르심을 받지 않았다. 또한 소망 없는 사람들처럼 자기 지향성(指向性)에 사로잡혀 무기력한 삶을 살도록 부르심을 받지 않았다. 우리는 하나님의 나라와 하나님의 뜻을 이루기 위해 진리의 깃발을 높이 들고 행군하는 강한 군대로 부르심을 받았다.

우리는 주님의 강림을 기다리면서 지혜롭고 충성된 종으로 하나님의 집(교회)을 섬기도록 부르심을 받았다. 우리는 이 거룩한 사명을 인식하고 항상 깨어서 역동적인 삶을 살아야 한다. 교회는 이 세상의 거센 도전에도 흔들림 없이 하나님 나라의 사명을 수행하기 위해서 진리로 무장되어야 한다. 우리는 영적 전사로서 하나님의 전신갑주를 입고 전진해야 한다. 우리는 주께서 기뻐하시는 선한 일을 위하여 부르심을 받은 사람이다. 우리의 정체성에 대한 분명한 자각이 있어야 하고, 그 정체성에 합당하게 사는 것으로 사명을 완수해야 한다.

바울은 두 번째로 하나님께서 기뻐하시는 선한 일을 믿음의 역사로 능력 있게 이룰 수 있도록 기도한다. 하나님의 나라와 그의 뜻을 기뻐하는 사람이라도 믿음의 능력이 부족하면 그것을 행할 수 없다. 따라서 성도들은 하나님께서 기뻐하시는 것을 자신도 기뻐할 수 있게 될 뿐만 아니라, 그것을 능히 구현할 수 있도록 믿음에서 강한 능력을 갖게 되기를 기도한다. 이러한 믿음의 성장은 우리 평생의 갈망이어야 하고 평생 기도의 제목이 되어야 한다. "주여 믿음을 더하여 주옵소서!"

그러나 바울의 기도는 더 웅장하고 궁극적인 목적을 지향한다. 성도들이 하나님의 부르심에 합당한 자로 간주되고 하나님의 선한 뜻을 이루는 믿음의 성장을 통해서 그들 가운데서 "우리 주 예수 그리스도의 이름"이 영광을 받으시길 간구한다. 이것이 교회와 성도의 궁극적인 목적이다. 우리의 존재와 활동을 통해서 그리스도의 이름이 영화롭게 되기를 기도해야 한다. 그것이 교회가 "주 예수 안에서" 영광을 얻게 되는 방식이다. "너희도 그 안에서 영광을 얻게 하려 함이니라"(12절).

또한 바울은 자신의 기도가 "우리 하나님과 주 예수 그리스도의 은혜에 따라" 이루어질 것을 밝힌다. 이는 자신의 기도가 온전히 하나님의 긍휼에 근거한 것임을 고백하며 가르치는 것이다. 우리의 기도가 응답되는 것은 우리의 기도에 능력이 있어서가 아니다. 그것은 온전히 하나님의 긍휼에 의한 것이다. 솔로몬이 성전을 건축하고 드리는 기도를 생각해 보라. 그는 자신이나 자기 아버지 다윗의 공로는 언급조차 하지 않는다. 오직 하나님의 은혜만을 찬양하고, 또 다시 은혜와 긍휼을 베풀어 주시기를 간구한다. 오늘날 사람들은 기도 많이 하는 것을 자랑으로 삼고, 성경을 많이 아는 것을 자랑으로 삼는다. 심각한 왜곡이다. 우리는 하나님의 은혜와 긍휼에만 소망이 있음을 명심해야 한다.

이런 바울의 기도가 온전히 응답되고 완전히 성취될 때가 바로 예수님께서 강림하실 때이다. 그러나 우리들은 바로 이 기도가 우리 가운데서 응답되기를 간절히 소망하면서 우리도 동일하게 기도하고 행동해야 한다. 이러한 종말의 비전을 마음에 품고, 그 부르심에 합당하게 살기 위해서 기도하는 것은 우리에게 큰 힘과 용기를 준다.

누가복음 18장에 보면 예수님께서는 종말과 재림에 관하여 가르치시고 난 후에(눅 17:20-37) 제자들에게 항상 기도하고 낙망치 말아야 할 것을 불의한 재판관과 과부의 비유를 들어서 가르치셨다 (눅 18:1-8). 불의한 재판관이라 할지라도 밤낮 부르짖는 과부의 청을 들어주었다. 그렇다면 "하물며 하나님께서 그 밤낮 부르짖는 택하신 자들의 원한을 풀어 주지 아니하시겠느냐 너희에게 오래 참으시겠느냐 내가 너희에게 이르노니 속히 그 원한을 풀어 주시리라. 그러나 인자가 올 때에 세상에서 믿음을 보겠느냐 하시니라"(눅 18:7-8).

교회는 예수 그리스도께서 강림하시기까지 이 세상에서 고난과 핍박을 당하게 되어 있다. 역사의 마지막이 가까이 올수록 더 큰 환난과 어려움이 올 것이다. 이런 상황 속에서도 '믿음으로 기도하는 사람들이 점점 더 줄어들 것이라'는 예수님의 탄식이 들린다. "그러나 인자가 올 때에 세상에서 믿음을 보겠느냐?" 우리가 진실로 그리스도의 강림을 기다린다면 더욱 기도해야 한다. 우리는 영광스러운 그리스도의 강림을 기다리면서 충성된 종으로 사명을 감당하기 위해 깨어서 기도하자. "이것들을 증거하신 이가 가라사대 내가 진실로 속히 오리라 하시거늘 아멘 주 예수여 오시옵소서!"(계 22:20)

3강

시대의 징조들

데살로니가후서 2:1~ 12

1형제들아 우리가 너희에게 구하는 것은 우리 주 예수 그리스도의 강림하심과

우리가 그 앞에 모임에 관하여 2혹 영으로나 혹 말로나 혹 우리에게서 받았다

하는 편지로나 주의 날이 이르렀다고 쉬 동심하거나 두려워하거나 하지

아니할 그것이라 3누가 아무렇게 하여도 너희가 미혹하지 말라 먼저 배도하는

일이있고 저 불법의 사람 곧 멸망의 아들이 나타나기 전에는 이르지 아니하리니

4저는 대적하는 자라 범사에 일컫는 하나님이나 숭배함을 받는 자위에 뛰어나

자존하여 하나님 성전에 앉아 자기를 보여 하나님이라 하느니라 5내가 너희와

함께 있을 때에 이 일을 너희에게 말한 것을 기억하지 못하느냐 6저로 하여금

저의 때에 나타나게 하려 하여 막는 것을 지금도 너희가 아나니 7불법의 비밀이

이미 활동하였으나 지금 막는 자가 있어 그 중에서 옮길 때까지 하리라 8그 때에

불법한 자가 나타나리니 주 예수께서 그 입의 기운으로 저를 죽이시고 강림하여

나타나심으로 폐하시리라 9악한 자의 임함은 사단의 역사를 따라 모든 능력과

표적과 거짓 기적과 10불의의 모든 속임으로 멸망하는 자들에게 임하리니 이는

저희가 진리의 사랑을 받지 아니하여 구원함을 얻지 못함이니라 **11**이러므로 하나님이 유혹을 저의 가운데 역사하게 하사 거짓 것을 믿게 하심은 **12**진리를 믿지 않고 불의를 좋아하는 모든 자로 심판을 받게 하려 하심이니라

특별한 징조

시간과 공간의 제한 가운데 사는 인간은 미래에 있을 일에 대해서 알 수 없다. 특히 불신자들은 미래에 대한 확실한 지식을 소유할 수 없다. 성경을 믿는 그리스도인들도 미래를 알 수는 없지만, 성경의 계시를 통해 역사의 방향과 결국에 대해서는 알 수가 있다. 우리는 종말에 일어날 일들에 관해서 절대적인 확신을 가질 수 있고 또 가져야 한다. 하나님께서 그동안 계시하신 모든 것이 틀린 적이 한 번도 없었고, 하나님은 거짓말 하는 분이 아니기 때문이다. 그리스도의 재림과 종말에 관한 믿음은 그리스도의 십자가와 부활을 믿는 것만큼이나 핵심적이다.

모든 시대의 그리스도인들에게 가장 중요한 관심사는 '승천하신 그리스도께서 언제 다시 오시느냐'일 것이다. 그리스도께서 재림하시기 전에는 어떤 징조가 있을까? 그 징조를 통해서 교회는 미리 재림을 준비하고 기다려야 하는가? 그리스도의 재림은 어떻게 이루어질 것인가?

다른 교리들과 달리 종말과 예수님의 재림에 관해서는 그리스

도인들 사이에도 상당한 견해 차이가 있다. 예수님께서 언제 다시 오실지 모르기 때문에 항상 준비하고 있으라는 말씀도 있지만, 어떤 성경 구절들은 그리스도께서 재림하시기 전에 있을 사건들을 구체적으로 가르쳐 주는 듯하다. 한편에서는 예수님께서 아무 때나 갑자기 오실 수 있기 때문에 항상 준비하고 있어야 한다고 말하는가 하면, 다른 한편에서는 예수님이 재림하시기 전에 이루어져야 할 일들이 많이 남아 있기 때문에 적어도 백 년은 더 기다려야 한다고 생각한다.

어떤 사람들은 예수님의 재림을 앞당기기 위해서 지금 교회가 해야 할 일들이 많다고 주장하기도 한다. 그래서 특별한 열정을 가지고 선교 사업에 뛰어드는 이들도 많다. 그들을 특별히 독려하는 것은 예수님의 재림에 대한 특별한 징조로 해석되고 있는 성경 구절들이다. 오늘 본문도 바로 그런 구절들 중 하나이다. 사실 데살로니가전후서 가운데 이 본문이 가장 해석하기 어려운 부분이다. 많은 학자들과 주석가들도 이 구절을 해석하면서 어려움을 인정한다. 본문 해석도 일치를 보지 못하고 있는 현실이다. 그렇다면 이 본문을 어떻게 이해하고, 그리스도의 강림에 대한 특별한 징조를 말하고 있는 본문들을 어떻게 해석해야 할지 살펴보자. 개혁신학의 입장에서 그리스도의 재림에 관한 준비를 어떻게 해야 하는지를 상고해 보려 한다.

1. 흔들리지 말고 두려워하지 말라(1-2절)

1) 거짓 교사들의 가르침을 분별하라

교회를 흔들고 괴롭게 하는 자들은 핍박하는 자들만이 아니었다. 더 교묘하게 교회를 무너뜨리려는 시도가 교회 내부에서 거짓 교사들에 의해 시작되었다. 이런 공격은 외부의 물리적인 공격보다 더 교묘하고 치명적이다. 그러나 이러한 도전에 교회가 적절히 대처하면 교회는 교리적으로 훈련되어 더 강하고 온전한 모습으로 세워진다. 잘못 대응한 교회는 황폐화되고 무너진 경우도 많다. 바울은 먼저 오류의 본질을 규명한 다음, 참된 진리를 다시 가르치고 거짓의 실체를 폭로함으로써 교회를 보호하고자 한다.

어느 곳이든 말씀이 있는 곳에는 항상 오류를 심는 거짓 교사들이 있었다. 이는 모든 시대에 걸쳐 참된 교회가 있는 곳에서 동일하게 나타나는 현상이다. 바울은 언제 어디서든지 복음을 전할 때마다 "맹수와 더불어 싸워야" 했다(고전 15:32). 심지어 바울은 에베소 교회 장로들에게 고별 설교를 하면서 이렇게 말했다. "내가 떠난 후에 흉악한 이리가 너희에게 들어와서 그 양 떼를 아끼지 아니하며, 또한 너희 중에서도 제자들을 끌어 자기를 좇게 하려고 어그러진 말을 하는 사람들이 일어날 줄을 내가 아노니 그러므로 너희가 일깨어 내가 삼 년이나 밤낮 쉬지 않고 눈물로 각 사람을 훈계하던 것을 기억하라"(행 20:29-31). 심지어 바울과 동역했고, 에베소 교회의 택함을 입은 장로 중에서도 자기를 좇게 하려고 어그러진 말로 사람들을 미혹하게 될 것이라고 경고하고 있다.

데살로니가 교회에 혼란을 주고 있는 거짓 가르침은 "우리 주 예수 그리스도의 강림하심과 우리가 그 앞에 모이는 일에 관한" 것이었다. 데살로니가전서 4장 13절에서 5장 11절에 이르기까지 이것을 중요하게 다루었다. 데살로니가 교회는 그리스도의 재림이 임박할 것으로 기대했지만, 빨리 오지 않음으로 인해 먼저 소천한 성도들이 불이익을 받을까 걱정했다. 그들은 예수님의 재림이 이미 왔다는 주장을 듣고 당황하게 되었다. 어떤 거짓 교사들은 "주의 날이 이미 이르렀다"고 했다. 아마도 그들은 그리스도인들이 "낮(the day)의 아들"이며, "낮에 속하였다"는 바울의 말을 이용하여 이미 그 날(the day)이 왔다고 가르쳤을 것이다. 그렇지 않다면 어떻게 그리스도인들이 낮에 속할 수 있겠느냐고 했을 것이다.

여호와의 증인이라는 이단 사교의 설립자인 찰스 러셀(Charles T. Russell)은 처음에 1874년에 세상이 끝날 것이라고 가르쳤다. 아무 일도 없이 그 해가 지나자 계산을 잘못했다고 하면서 그로부터 40년 후인 1914년에 종말이 올 것이라고 말을 바꾸었다. 그 해도 아무 일 없이 지나가자 후계자인 러더포드(J. F. Rutherford)는 그리스도가 1914년 10월 1일에 실제로 오셨으나 눈에 보이지 않게 오셨다고 주장했다. 그 날에 그분은 하나님 아버지의 우편, 즉 일상적으로 그분이 앉아 계시던 자리에서 그분 나라의 보좌로 영적으로 재림하여 옮기셨다는 것이다. 그러므로 그리스도의 재림을 기다려서는 안 되며 그것은 이미 일어난 일이라고 주장했다.

2) 미혹의 방식을 알라

데살로니가 교회의 거짓 교사들도 이와 같은 주장을 했을 것이다. 바울 사도는 어떤 형태로든 예수님의 재림이 이미 왔다는 주장은 거짓된 것이라고 못 박고 있다. 데살로니가 교회에 거짓 교사들은 세 가지 형태의 근거를 제시했던 것으로 보인다. 한두 가지 증거를 제시해도 사람들이 흔들릴 수 있는데, 이들은 세 가지 증거를 제시하였다. "영으로나 혹 말로나 혹 우리에게 받았다 하는 편지"로 주의 날이 이르렀다고 주장했다. 그들은 성령께서 자신들에게 계시의 말씀을 주셨다고 주장했다. 성령께서 자신들에게 계시의 말씀을 주셨는데, 이미 예수님께서 강림하셨다는 것이다. 또 다른 증거는 '말'인데, 이는 사도들의 설교를 말한다. 말은 '로고스'인데 이는 이미 가르쳐진 사도적인 가르침을 의미한다. 이들은 바울과 그의 일행이 전했던 가르침들 중에서 어떤 말씀을 문맥과 상관없이 잘라내어 환원주의적으로 확대 적용함으로써 사람들을 혼란에 빠뜨렸다.

그들이 제시한 세 번째 증거는 바울 사도가 보냈다고 하는 편지를 위조하는 방식이었다. 바울의 편지를 위조하여 '바울이 이렇게 말했다'라고 하면서 자신들의 거짓된 교리를 퍼뜨리고 있었다. 이런 거짓 교사들의 위조된 편지 때문에 바울은 데살로니가후서를 마치면서 3장 17절에서 자신이 "친필로 문안하노니 이는 편지마다 표적이기로 이렇게 쓰노라"라고 서명을 곁들여 놓았다.

오늘날과 다르지 않게 당시 거짓 교사들도 유사한 방식으로 교회와 성도들을 흔들며 미혹하였다. 그들이 주장하는 대표적인 논증 방식은 자신들이 성령으로 계시를 받았다는 것이다. 그러면서 사도행전에 2장에 나오는 요엘서를 인용한다. 그러나 베드로가 인용한 요엘서는 성령강림 사건으로 인하여 모든 믿는 자가 구약의 선지자처럼 하나님 나라의 경륜을 알게 되고, 전하게 된다는 예언이 성취되었음을 증거하는 표적이었다. 이러한 언어적 기호법에 무지한 사람들은 역사적이고 문화적인 문맥을 무시한 채 자의적으로 해석하여 오류에 빠지게 된다.

둘째로 성경을 환원주의적으로 재단하여 자신들이 원하는 교리를 만들어 내는 이단들이다. 말씀의 전후 문맥을 무시하고 자신들이 원하는 내용을 이곳저곳에서 뽑아서 자신들의 주장이 마치 성경에 근거한 것처럼 보이게 한다. 언뜻 보면 그것이 정말인 것처럼 보인다. 그러나 말씀이 주어진 배경과 목적, 그 의미는 성경 전체의 문맥을 통해서 자연스럽게 드러난다. 이것을 무시하는 성경해석은 자신과 다른 사람들을 잘못 인도한다. 데살로니가 교회의 거짓 교사들은 바울이 앞서 보낸 데살로니가전서 4:13-5:11 말씀이나 그동안 가르쳤던 설교 말씀들을 무시한 채 단순히 자신들의 주장을 옹호하기 위해서 어떤 것은 생략하고, 어떤 부분은 과대하게 강조함으로써 자의적으로 사용했을 것이다.

바울은 디모데후서 2장에서 목사의 자질과 능력에 대해 가르치면서 15절에서 이렇게 말한다. "네가 진리의 말씀을 옳게 분별하며 부끄러울 것이 없는 일꾼으로 인정된 자로 자신을 하나님 앞에 드리기를 힘쓰라." 진리의 말씀을 옳게 분별한다는 것은 성경을 올바로 읽고 해석하는 것, 즉 정확하게 다룰 수 있는 것을 의미한다. 목회자에게 필요한 첫 번째 전문적인 자격이라고 할 수 있다. 목회자는 말씀을 올바로 해석해서 가르침으로써 성도들이 옳게 분별하여 자신을 하나님 앞에 드리도록 인도해야 한다. 모든 성도는 진리를 통해 거짓을 분별할 수 있어야 신앙생활을 바르게 할 수 있다. 이것이 또한 교회가 강하고 온전하게 되는 방식이다.

셋째의 오류는 교회사 가운데 많은 이단들 속에서 드러났다. 수많은 거짓 교사들이 성경을 잘못 인용하거나 변경해서 1세기 당시부터 교회에 혼란을 주었다. 교회가 정경을 결정하게 된 것도, 사실 수많은 위서들이 교회와 사이비 단체들에서 사용되었기 때문이다.

정경을 결정하는 중요한 기준은 세 가지였다. 신약의 경우 가장 중요하게 꼽는 첫 번째는 사도성이다. 예수님은 사도들을 선택하고 자신의 권한을 그들에게 위임하셨다. 예수님의 권위를 위임받은 사도들은 하나님을 대행하는 권위를 부여받은 것이나 다름없었다. 사도가 직접 쓰지 않았다 해도 사도적 저작권에 속하는 책이 포함되었다. 사도들이 쓴 것은 예수님께서 직접 쓴 것과 같은 권위를 지닌다. 사도와 사도의 제자 외에 다른 사람이 쓴 것은 예수님의 권위가 부여되지 않았다. 그래서 신약성경은 예수님의 책이자 하나님의 말씀이고 사도들이 기록한 책이다.

두 번째는 정통성이다. 예수님을 메시야로 고백하는 신앙의 정통성을 말한다. 이 정통성을 담은 자료나 문서만이 정경으로 인정되었다. 성경이 정경화 되기 전 개인이나 공동체는 분명히 여러 형태의 신앙을 가지고 있었다. 하지만 정통성에서 벗어난 신앙을 담은 어떤 사본도 정경화의 범주에 포함되지 않았다.

세 번째는 보편성이다. 당시 문서를 교회들이 보편적으로 사용하고 있느냐를 따졌다. 특정 교회만 사용하는 사본들은 정경으로 인정받지 못했다. 오늘날 우리는 정경이 된 신구약 성경 66권만을 신앙과 삶의 절대 표준으로 고백한다. 이슬람의 창시자 마호메트도 자신이 선지자로서 계시를 받아 기록한 책이 '코란'이라고 한다. 몰몬교(예수 그리스도 후기 성도 교회)의 지도자 조셉 스미스는 계시를 받아서 '몰몬경'이라는 책을 기록하여 경전으로 삼고 성경은 보조교제로 사용한다. 이들은 교회사 가운데 이단으로 확정되었다. 성경의 완전성과 충족성에 도전하는 것은 상담학이든 여타의 어떤 것이든 성경을 대신하지 못하고 성경이 해야 할 일을 대신할 수도 없다.

3) 흔들리지 말고 두려워하지 말라

바울 사도는 이러한 오류들을 가지고 들어온 자들 때문에 쉽게 마음이 흔들리거나 두려워하지 말라고 경고한다. '쉬 동심하다'라는 말은 흔들린다는 말이다. 이는 '확신이나 침착함이 흔들리다'라는 의미다. 정박한 곳에서 폭풍우의 압력에 의해 억지로 밀려나고 있는 배처럼 이미 가르침을 받은 교리에서 밀려나지 않아야 한다는 것을 의미한다. '두려워하다'는 말은 '계속적인 신경과민의 상태'이거나 '안절부절못하고 있다'는 의미다.

종말과 관련된 이단적 가르침의 특징은 바로 이와 같은 두 가지 요소를 모두 가지고 있다. 첫째, 사람들이 믿음으로 소유하고 있는 진리를 교묘하게 변질시킴으로써 사람들의 믿음과 확신을 흔들어 버린다. 일반적으로 믿음이 어린 신자들은 성경 전체에서 가르치고 있는 하나님의 경륜에 대해서 확고한 지식을 가지고 있지 못하다. 거짓된 자들의 교묘한 속임수를 분별하지 못한다. 바울은 에베소서 4장 14절에서 이렇게 말씀한다. "이는 우리가 이제부터 어린아이가 되지 아니하여 사람의 궤술과 간사한 유혹에 빠져 모든 교훈의 풍조에 밀려 요동치 않게 하려 함이라." 영적으로 성장하지 못한 사람들은 사람의 궤술과 간사한 유혹에 넘어가기 쉽고 그로 인해서 요동하게 된다. 따라서 하나님께서는 교회의 직분자들을 통해서 말씀에 확고하게 서도록 교회에 선물을 주셨다.

C. S. 루이스가 『스크루테이프의 편지』에서도 말하고 있는 것처럼, 진리를 확신하기 전에 사단은 모든 잘못된 교훈을 밀물처럼 보내서 그를 파선하도록 미혹하게 한다. 교회가 성경 전체의 교리를 가르치지 않고 성경을 가르치는 데 착념하지 않으면, 성도들은 견고하지 못하여 언제든 흔들리고, 세상의 풍조에 떠밀려 파선할 수 있다. 사단은 그런 자들을 노리고 있으며, 거짓 교사들이 어린 사람들에게는 매우 매력적인 교사로 보이기 때문이다.

둘째로 이단들은 사람들의 두려움을 자극한다. 이 시대의 소비주의가 사람들의 불만을 자극하여 소비를 촉진하고 이득을 얻는 것처럼, 이단들은 사람들의 두려움을 이용하여 자신들의 이득을 챙긴다. 종말과 관련한 많은 기사나 영상 자료들을 동원한 시한부 종말론의 허무맹랑한 요설(妖說)들이 먹히는 것도 사람들의 두려움을 자극하기 때문이다.

그들은 구원의 확신이 없는 사람들의 두려움을 자극하기 위해서 '지옥에 가는 크리스천들'이라는 제목으로 도발적인 글을 써서 미혹하기도 한다. 그런 자들은 자신들의 방식으로 해야만 구원을 받는다는 주장을 펴면서 어리고 무지한 신자들을 미혹한다. 또한 자신을 예언자나 사도라고 참칭하면서 사람들의 정욕을 은근히 부추기는 동시에 영적인 두려움을 이용하여 협박과 공갈을 일삼는다. 거짓된 자들은 사람들의 두려움과 영적인 교만을 적절히 부추기면서 자신들의 이익을 위해 이용한다. 이러한 방식은 에덴 동산에서부터 시작되었고, 이 세상이 끝날 때까지 계속될 것이다. 사단의 궤술에 넘어가지 않기 위해서는 진리의 말씀을 통해서 온전한 분별력을 가져야 한다. 바울 사도는 예수님의 재림과 관련하여 이미 가르쳤지만, 다시 한 번 바른 교리를 가르친다.

2. 신약성경에 나타난 시대의 징조들

1) 하나님의 은총을 증거하는 징조들: 마 24:14; 롬 11:25-26

본문을 보기 전에 그동안 종말론에서 다루어지던 예수님의 재림과 관련한 특별한 시대의 표적들을 살펴본 다음 데살로니가후서 2장 3-12절을 상고하려고 한다. 전통적으로 예수님의 재림과 관련해서 특별한 징조라고 여겨지는 말씀은 크게 세 가지로 분류할 수 있다. 첫째는 하나님의 은총을 증거하는 징조들이고, 둘째는 하나님의 심판을 가리키는 징조들이며, 그리고 셋째는 하나님께 반역하는 징조들이다. 오늘은 대략적으로 본문을 살피면서 그 본문이 과연 예수님의 재림을 알려주는 특별한 징조가 될 수 있는지를 점검해 보자.

첫째로 하나님의 은총을 증거하는 징조를 보자. 먼저 살펴볼 본문은 마태복음 24장 14절이다. "이 천국 복음이 모든 민족에게 증거되기 위하여 온 세상에 전파되리니 그제야 끝이 오리라"(평행구절 막 13:10). 이는 구약에서 이미 예언된 것이다. "그 후에 내가 내 신을 만민에게 부어 주리니 너희 자녀들이 장래 일을 말할 것이며 너희 늙은이는 꿈을 꾸며 너희 젊은이는 이상을 볼 것이며"(욜 2:28). "여호와께서 열방의 목전에서 그 거룩한 팔을 나타내셨으므로 모든 땅 끝까지도 우리 하나님의 구원을 보았도다"(사 52:10).

우리가 풀어야 할 문제는 마태복음 24장 14절 곧 "이 천국 복음이 모든 민족에게 증거되기 위하여 온 세상에 전파되리니 그제야 끝이 오리라"는 말씀이 예수님의 재림 시기를 가늠할 수 있는 기준이 될 수 있는가이다. 마태복음의 문맥을 살펴보자. 24장 4-35절까지는 예루살렘의 멸망과 관련해서 주시는 예언의 말씀이다. 우리는 먼저 이 문맥을 염두에 두고 14절의 말씀을 해석해야 한다. 그러면 14절에 나오는 '온 세상'은 무엇을 의미하는 것일까? 이것을 오늘날 우리 시대의 개념으로 생각하고 해석하면 안 된다. 여기서 '세상'으로 번역된 '오이쿠메네'는 문자적으로 '사람이 거주하는 영역'을 의미하였다. 이 말은 예수님 당시에 로마 제국의 전 영역을 의미하는 말로 사용되었다.

특별히 이 말씀은 마태복음의 문맥에서 10장 5-6절, 15장 24절에서 복음 선포의 대상이 이스라엘에만 제한되어야 한다고 말씀하신 것과 좋은 대조를 이룬다. 다시 말해서 예수님께서 부활 승천하신 후에는 이스라엘에게만 복음이 전파되는 제한이 철폐되고 요엘과 이사야, 그리고 많은 구약성경이 예언했던 것처럼 복음이 온 세상에 증거되는 새로운 시대가 올 것을 말씀하신 것이다.

바울은 주후 70년 예루살렘 성전이 파괴되기 훨씬 전에 로마 제국의 지역들인 아시아와 유럽의 넓은 지역에 복음을 충만하게 선포했다고 선언한다. 로마서 15장 19절을 보자. "이 일로 인하여 내가 예루살렘으로부터 두루 행하여 일루리곤까지 그리스도의 복음을 편만하게 전하였노라." 골로새서 1장 6절을 보자. "이 복음이 이미 너희에게 이르매 너희가 듣고 참으로 하나님의 은혜를 깨달은 날부터 너희 중에서와 같이 또한 온 천하에서도 열매를 맺어 자라는도다." 또 "만일 너희가 믿음에 거하고 터 위에 굳게 서서 너희 들은 바 복음의 소망에서 흔들리지 아니하면 그리하리라. 이 복음은 천하 만민에게 전파된 바요 나 바울은 이 복음의 일꾼이 되었노라"(골 1:23). 사도행전과 서신서에 나타난 바울 한 사람의 복음 전파를 통해서도 이 예언이 성전 파괴 전에 이미 성취되었음을 부인하기 어렵다.

'모든 민족'이라는 표현도 완벽한 전체성을 이야기하는 것이 아니라 이스라엘의 한계를 뛰어넘어 제한 없이 포괄적으로 복음이 전파될 것을 의미한다. 14절에 나타난 '끝'을 성전 파괴와 예루살렘 멸망으로 보지 않고, '세상 끝' 다시 말해서 종말로 이해한다 할지라도 이 예언의 말씀이 세상 끝의 도래와 복음 선포 사이에는 긴밀한 상관관계가 있다는 사실을 보여줄 뿐이다. 복음 선포의 정도가 세상 끝의 시점을 계산하는 지침으로 사용될 수 있음을 보장하는 것이 아니다. 왜냐하면 '온 세상'과 '모든 민족'의 의미와 범위가 그렇게 문자적으로 정확하게 규정될 수 없기 때문이다.

백 투 예루살렘 운동의 주장, 모든 민족에게 복음이 다 전파되어야 세상 끝이 와서 예수님이 재림한다는 주장은 잘못된 토대 위에 세워진 것임을 알 수 있다. 그들은 이런 말씀을 근거로 미전도 종족들에게 빨리 가서 복음을 전해야 예수님께서 재림하실 날을 앞당길 수 있는 것처럼 말한다. 다른 사람들은 아직 모든 민족에게 복음이 전해지지 않았기 때문에 예수님의 재림은 아주 먼 훗날에나 가능할 것이라고 생각하기도 한다. 이는 이 본문에 대한 잘못된 해석에 근거하여 적용된 사례들이다.

은총의 징조로 보는 두 번째 본문은 로마서 11장 25-26절이다. "형제들아 너희가 스스로 지혜 있다 함을 면키 위하여 이 비밀을 너희가 모르기를 내가 원치 아니하노니 이 비밀은 이방인의 충만한 수가 들어오기까지 이스라엘의 더러는 완악하게 된 것이라. 그리하여 온 이스라엘이 구원을 얻으리라." 이 본문도 다양한 해석으로 나누어진다. 개혁 신학자들 사이에서도 해석이 여러 가지로 나뉘고 있다. 로마서와 기독교 세계관을 공부할 때도 다루었지만, 이 본문이 과연 그리스도의 재림의 시기를 알려주는 특별한 징조로 볼 수 있느냐가 우리의 관심사이다. 당시 그렇게 볼 수 있을 것이라는 학자들의 주장에 더 많은 무게를 두었던 것이 사실이지만 예수님의 재림에 관한 특별한 징조들 전체를 연구하면서 이 본문의 의미를 더 명확하게 알게 되었다.

결론부터 말하자면, 이 구절은 이렇게 해석해야 본문의 문학적 문맥과 성경 전체의 신학적 문맥에 더 적합하다. "하나님께서 이 시대를 통틀어서 택하신 이방인들의 충만한 수가 그리스도를 믿는 믿음으로 들어오게 하시고, 이방인 신자들이 교회로 들어오게 하시는 것과 마찬가지 방식으로, 택함을 받은 유대인들의 충만한 수('남은 자', '온 이스라엘') 또한 이 시대를 통틀어 그리스도를 믿는 믿음에 들어오게 하셔서 결국 이방인과 유대인의 충만한 수가 동시에 도달하게 될 것이다." 근접 문맥을 세밀하게 읽으면 알 수가 있다.

① 로마서 11장 17-24절에서 하나의 감람나무를 말씀하면서 유대인의 '원'가지들이 꺾이긴 했지만, 똑같은 감람나무에 다시 접붙임을 받을 수 있고 또 접붙임을 받을 것이라고 말씀하고 있다. 이는 구원 받은 유대인들에게 별도의 미래, 종류가 다른 별도의 구원, 혹은 별도의 영적 체계가 있다는 생각이 근거가 없음을 보여준다. 그들의 구원이 유대인들

만의 별도 프로그램을 따르는 식이 아니라, 하나님의 백성의 구원 받은 총수와 하나가 되는 것으로 그려지고 있다.

② 11장 25절에서 '[이방인의 충만한 수가 들어오기]…까지'로 번역된 문구('아크리스 우')는 종착점의 의미를 지닌다. 이 문구는 기존의 상황이 그 때에 가서 뒤바뀔 것을 상정하는 것으로 쓰인 용례가 없다. 따라서 로마서 11장 25절의 이 문구가 의도하는 바는 이스라엘의 부분적인 우둔함이 이방인의 충만한 수가 들어오도록 만든다는 것이다. 이방인의 충만한 수가 들어온 다음 이스라엘의 상황이 뒤바뀐다는 것을 뜻하지 않는다.

③ 11장 25-26절에서, '이방인의 충만한 수가 들어오기까지 이스라엘이 더러는 우둔하게 된 것이라 그리고 그 때에(토테, 에이타, 또는 에페이타) 온 이스라엘이 구원을 받으리라'고 말씀하지 않고, 오히려 '그리하여(후토스: 이렇게 해서, 이리하여) 온 이스라엘이 구원을 받으리라'고 말씀하고 있다. 즉 택함을 받은 이방인들의 충만한 수를 자기 자신에게로 부르시는 그 놀라운 과정을 통하여ー 그리하여 택함 받은 유대인들을 시기하게 하심으로써ー 하나님께서 유대인들도 자기에게로 이끄실 것임을 가르치고 있는 것이다.

④ 11장 30-31절에서 '이제'라는 문구(뉜)를 전략적으로 삽입시켜서 이러한 사상을 가르치고 있는 것이 분명하게 드러난다. "너희가 전에 하나님께 순종치 아니하더니 이스라엘이 순종치

아니함으로 이제[지금] 긍휼을 입었는지라. 이와 같이 이 사람들이 순종치 아니하니 이는 너희에게 베푸시는 긍휼로 이제[지금] 저희도 긍휼을 얻게 하려 하심이니라.”

⑤ 11장 32절은 결론적인 진술이다. “하나님이 모든 사람을 순종치 아니하는 가운데 가두어 두심은 모든 사람에게 긍휼을 베풀려 하심이로다.” 복음이 현재 이방인에게는 물론 유대인에게도 동일하게 의의가 있음을 강화시켜 준다. 따라서 이 시대가 계속되는 동안 택함 받은 유대인들의 총수가 기독교로 들어와서 구원받을 것을 보여주는 것이 확실하다. 본문을 예수님께서 재림하시기 전에 유대인들이 대규모로 집단적 회심을 할 것이라고 읽는 것은 잘못된 해석이다. 이 구절의 말씀을 예수님의 재림에 대한 특별한 징조로 해석하거나 적용해서는 안 된다. 더욱이 이러한 해석은 신약성경 전체가 가르치는 신학적인 문맥과도 맞지 않는다.

2) 하나님의 심판을 가리키는 징조들: 마태복음 24:6-8; 24:29-31

하나님의 심판의 반영하는 시대의 징조들은 전쟁, 지진, 기근들이다. 예수님께서 마태복음 24장에서 말씀하신 감람산 강화에서 말씀하신 내용을 보자. “난리와 난리 소문을 듣겠으나 너희는 삼가 두려워 말라 이런 일이 있어야 하되 끝은 아직 아니니라. 민족이 민족을, 나라가 나라를 대적하여 일어나겠고 처처에 기근과 지진이 있으리니 이 모든 것이 재난의 시작이니라”(24:6-8). 많은 사람들이 이 본문의 말씀을 예수님의 재림 직전에 있을 시대의 특별한 징조로 해석한다. 그러나 마태복음 24장 4-8절의 말씀은 '성전 파괴'나 '세상 끝'에 대한 설익은 기대와 흥분의 위험성을 지적하시는 문맥이다. 많은 거짓된 자들이 나타나서 이런 분위기를 고조시킬 것이기 때문이다.

그러나 이러한 사회상의 혼란(전쟁, 분쟁, 갈등)과 자연재해(기근과 지진) 등의 징조들은 구약에도 이미 선례가 있다. 이사야 19장 2절을 보자. "그가 애굽인을 격동하사 애굽인을 치게 하시리니 그들이 각기 형제를 치며 각기 이웃을 칠 것이요 성읍이 성읍을 치며 나라가 나라를 칠 것이며." 이사야 19장은 애굽의 멸망에 대한 예언이다. 이는 모든 나라를 주권적으로 통치하시는 하나님의 주권과 간섭을 보여주는 말씀이다. 이러한 징조들은 하나님의 섭리적 심판의 증표들로 주어진 것이다. 예수님은 그러나 이런 일이 있다고 해서 바로 끝(성전 파괴나 세상 끝)은 아니라고 말씀하신다. 그리고 9-12절에서는 이런 고난의 시기에 제자들이 겪게 될 핍박을 말씀하신다. 이것은 특별한 징조가 아니라 성전 파괴나 세상 끝이 오기까지 계속 겪어야 하는 반복적인 상황일 뿐이다. 이러한 상황에서 드러나는 제자의 특징은 13절에서 말씀하는 것처럼 인내하는 것이다. 환난에 직면한 제자의 삶에는 인내가 본질적인 요소이다.

특히 마태복음 24장의 문맥에 의하면 메시야를 끝까지 거부한 유다와 예루살렘에 대한 심판이 있기 전에 이루어질 표적과 증표로 말씀하신 것이다. 이러한 예언은 AD 70년 예루살렘의 멸망 전에 이미 이루어진 것으로 역사는 증거하고 있다.[1] 따라서 이러한 징조들은 엄밀하게 말해서 세상 끝의 징조들은 아니다. 이러한 징조들은 예수님의 초림부터 재림 사이에 있을 역사의 모든 기간의 특징을 보여줄 뿐이다.

또 다른 본문은 마태복음 24장 29-30절이다. "그 날 환난 후에 즉시 해가 어두워지며 달이 빛을 내지 아니하며 별들이 하늘에서 떨어지며 하늘의 권능들이 흔들리리라. 그 때에 인자의 징조가 하늘에서 보이겠고 그 때에 땅의 모든 족속들이 통곡하며 그들이 인자가 구름을 타고 능력과 큰 영광으로 오는 것을 보리라." 이 말씀을 가지고 많은 이들이 천체의 대변동이 예수님 재림에 대한 특별한 징조라고 해석한다. 그러나 성경을 해석할 때 그 말씀이 어떤 장르에 속했는지를 먼저 살펴야 한다. 예수님께서 하신 이 말씀은 묵시문학의 장르에 속한다.

구약에서도 이와 같은 묵시문학으로 이방 제국이 멸망하는 것을 표현한 선례들이 있다. 먼저 이사야 13장 10절을 보자. "하늘의 별들과 별 떨기가 그 빛을 내지 아니하며 해가 돋아도 어두우며 달이 그 빛을 비취지 아니할 것이로다." 또 이사야 34장 4절도 "하늘의 만상이 사라지고 하늘들이 두루마리같이 말리되 그 만상의 쇠잔함이 포도나무 잎이 마름 같고 무화과나무 잎이 마름 같으리라"고 했다. 이사야는 바벨

---

1) 36년 파르티아와의 전쟁, 36-37년 안티파테르와 나바테아 왕 아레타스 왕과의 전쟁, 일련의 지역 폭동들이 많았다. 46년경 팔레스타인의 대지진, 67년 예루살렘의 지진, 빌립보의 지진 (행 16:26), 폼페이 지진(62년), 소아시아의 대지진(61년).

론 제국의 멸망과 에돔과 열국의 멸망을 묵시적인 언어로 천체의 대변혁처럼 묘사했다. 이방 나라의 멸망도 이와 같은 묵시적인 언어로 표현했다면, 하나님이 택하신 백성인 유다와 예루살렘 성전의 멸망을 묘사하기 위해 이와 같은 묵시적인 언어를 사용하는 것은 더욱 자연스럽다. 따라서 이 말씀은 예수님의 재림과 관련한 특별한 징조를 가리키는 징조가 아니다. 이 말씀의 문맥은 예루살렘의 멸망과 관련된 것임을 기억해야 한다.

이 말씀을 문자적으로 해석하는 사람들은 마태복음 24장 31절을 어렵게 생각한다. 그러나 이 말씀도 예수님께서 다니엘서 7장 13-14절의 말씀을 인용하여 자신의 사역에 적용하고 있음을 알면 어렵지 않다. 우선 다니엘서 7장 13-14절을 보자. "내가 또 밤 이상 중에 보았는데 인자 같은 이가 하늘 구름을 타고 와서 옛적부터 항상 계신 자에게 나아와 그 앞에 인도되매 그에게 권세와 영광과 나라를 주고 모든 백성과 나라들과 각 방언하는 자로 그를 섬기게 하였으니 그 권세는 영원한 권세라 옮기지 아니할 것이요 그 나라는 폐하지 아니할 것이니라." 이 말씀은 다니엘의 환상 중에서 짐승의 형상을 한 네 나라가 잔인한 통치를 하는 것을 보고 난 뒤에 주어지는 환상이다.

다니엘서 7장 13-14절에서는 앞의 짐승들과 대조되는 참 인간인 인자 같은 이가 하늘 보좌로부터 와서 왕의 권세를 받고 영원히 통치할 것을 보여준다. 그 나라는 세상 나라와 달리 영원할 것을 예언한 말씀이다. 이 때의 인자 같은 이는 신적인 존재이다. 인자가 타고 온 구름은 영광의 구름으로 신현에 동반되는 현상이기 때문이다.

예수 그리스도께서 구속사역을 마치시고 승천하신 것은 하나님께로 가서 온 우주의 왕권을 받기 위한 것으로서 사도신경은 신약성경의 가르침을 따라 이것을 "하나님 보좌 우편에 앉으시며"라고 표현했다. 이러한 예수님의 영광과 권세는 곧 온 세상에 알려지게 될 것이다. 특히 예루살렘 성전의 파괴는 인자의 왕적 권위가 구체적으로 알려지는 결정적인 심판의 행위가 될 것임을 예언하신 것이다. 이러한 시대의 대전환을 알리는 사역자들을 통해서 많은 사람들이 복음을 듣고, 하늘 이 끝에서 저 끝까지 곧 온 세상 사방에서 교회로 나와 예수님을 만왕의 왕으로 경배할 것을 말씀하신 것이다.

이와 관련하여 복음서에서 예수님께서 자신을 '인자'라고 표현한 것을 주목해야 한다. 인자(人子)는 헬라어로 '호 휘오스 투 안트로포우'이다. '그 사람의 아들'인 것이다. 우리말 번역에 정관사가 빠져 있지만, 복음서 모든 구절에 정관사가 있다. 이러한 표현은 제자들이 사용한 것이 아니라 예수님이 자신을 그렇게 부르셨다는 점이 특별하다. 결국 '그 사람의 아들'이라는 칭호를 통해서 예수님은 자신이 다니엘서에 예언된 '인자'로서 신적인 권능을 가지고 계신 분이심을 계시하신 것으로 보아야 한다.

그렇다면 마태복음 24장 29-31절을 근거로 천체의 대변동이 예수님의 재림이 임박했다는 특별한 징조로 보기는 어렵다. 백번 양보하더라도 그러한 변동이 있고 얼마나 있다가 예수님이 오실 것인가? 몇 시간 안에? 아니면 며칠 지난 다음에 오시겠는가? 천체의 대변동 가운데 이 땅에서 살아 남을 수 있는 사람은 얼마나 되겠는가? 천체의 격변을 징조로 보고 예수님의 재림이 임박했다고 주장하는 것은 근거가 빈약하다.

3) 예수님을 반역하는 징조들: 살후 2:1-12; 요일 2:18

바울 사도는 임박한 종말을 주장하거나, 이미 예수님이 재림했다고 주장함으로써 교회를 어지럽히는 자들로 인해서 결코 미혹당하지 말 것을 당부한다. 이어서 주의 날이 있기 전에 있게 될 현상을 다시 가르친다. 본문 2장 3절을 보자. "누가 아무렇게 하여도 너희가 미혹되지 말라. 먼저 배도하는 일이 있고 저 불법의 사람 곧 멸망의 아들이 나타나기 전에는 이루지 아니하리니."

예수님의 재림이 있기 전에 먼저 배교하는 일이 있을 것이다. 배교는 헬라어 '아포스타시아'란 단어인데, '떨어져 나가다' 또는 '배신하다'라는 의미이다. 떨어져 나간다는 말에서 알 수 있는 것처럼, 배교자들은 최소한 겉으로는 기독교 신앙을 고백했고 교회에 들어와 있었지만, 어떤 순간에 복음을 버리고 배도할 것이다. 반면 참된 신자들은 어떤 어려움과 환난이 있어도 믿음을 지키고 더욱 견고하게 될 것이다(요 10:27-29; 벧전 1:3-5). 그러나 단지 외적인 신앙고백을 표한 사람들은 결국 떨어져 나가게 될 것인데, 이들이 교회를 완전히 떠나서 새로운 종교를 만드는 것은 아니다. 여전히 교회의 권력을 잡고 있을 수 있다. 세상적인 면에서 오히려 더 큰 세력을 형성할 수도 있다. 그들은 기독교의 이름을 가지고 있지만, 기독교의 성격을 완전히 바꾸어 버린다(딤전 4:1; 딤후 3:1-5). 무지한 사람들은 그들의 간교함을 파악하지 못하고 그들을 따르며 맹종한다.

3절에서 중요한 것은 배교라는 단어 앞에 정관사('헤')가 붙어 있다는 점이다. "그 배교"라는 이 말은 계속해서 배교하는 일이 있을 것이지만, 세상의 끝날 직전에 있게 될 배교가 최후적이며 최고의 결정적인 배교임을 암시해 준다. 이 최후 최고의 결정적인 대배도 사건은 그 때까지 계속 있어 왔던 배도와 배교의 심화된 완결체라고 할 수 있다. 7절에서 바울은 "불법의 비밀이 이미 활동하기 시작했다"고 말하고 있기 때문이다. 배도의 징조와 환난의 징조는 함께 나타나게 될 것이다. 이 두 가지 징조들은 현세대를 통해서 계속해서 일어나고 있는 징조일 뿐만 아니라, 그리스도의 재림 바로 직전에 결정적인 최후의 형태로 나타나게 될 것이다.

배교를 주도하는 자는 '불법의 사람', '멸망의 아들', '대적하는 자', '높이는 자'라고 불린다. 불법의 사람은 하나님과 교회를 대적하면서 범사에 자신이 하나님인 것처럼 영광을 찬탈한다. 하나님의 성전에 앉아 있다는 것은 예루살렘의 성전을 말하는 것이 아니라, 하나님의 성전인 교회에서 그리스도의 영광과 하나님의 권위를 찬탈하는 자라는 의미이다. 5절을 통해 우리는 바울이 이미 그들에게 이 불법의 사람의 정체와 활동에 대해서 가르쳤음을 알 수 있다.

바울은 6-7절에서 이러한 불법의 사람이 나타나는 것을 지금도 막는 것이 있음을 선언한다. "저로 하여금 저의 때에 나타나게 하려 하여 막는 것을 지금도 너희가 아나니 불법의 비밀이 이미 활동하였으나 지금 막는 자가 있어 그 중에서 옮길 때까지 하리라." 바울은 데살로니가 교회에게 '막는 것'이 무엇인지를 가르쳤기 때문에 여기서 상세히 말하지 않는다. 하지만 이차 독자인 우리는 그 막는 것이 무엇인지를 명확하게 알 수 없다. 사실 이 구절이 가장 난해하다. 교회사 가운데는 이 막는 세력을 세 가지로 설명하고 있다. 첫째, 로마 제국과 같이 잘 질서 잡힌 정치 세력, 둘째는 복음 선포로 보는 견해(칼빈, 오스카 쿨만), 셋째는 성령으로 생각하는 세대주의의 해석이 있다. 어쨌든 우리로서는 알기 어렵다는 것을 인정해야 한다.

불법의 사람은 대배도 사건 이후에 등장할 것이다. 3절에서 대배도 사건과 불법의 사람의 출현을 밀접하게 연결하고 있다. "누가 아무렇게 하여도 너희가 미혹되지 말라. 먼저 배도하는 일이 있고 저 불법의 사람 곧 멸망의 아들이 나타나기 전에는 이르지 아니하리라." 불법의 사람은 하나의 인격체이다. 그는 '그 불법의 사람'이며 '그 멸망의 아들'이다. 그는 대적하는 자이며, 스스로를 높이는 자이다. 예수님께서 강림하셔서 당신의 입김으로 그를 심판하실 것이다. 불법의 사람들이 이미 활동하고 있지만, 최종적인 순간에 한 명의 '그 불법의 사람'이 나타날 것이다.

사도 요한이 말한 적그리스도는 바로 이 불법의 사람인데, 그가 어떻게 교회 가운데서 활동할 것인지를 말해 준다. 요한일서 2

장 18-19절을 보자. "아이들아 이것이 마지막 때라 적그리스도가 이르 겠다 함을 너희가 들은 것과 같이 지금도 많은 적그리스도가 일어났으니 이러므로 우리가 마지막 때인 줄 아노라. 저희가 우리에게서 나갔으나 우 리에게 속하지 아니하였나니 만일 우리에게 속하였더면, 우리와 함께 거 하였으려니와 저희가 나간 것은 다 우리에게 속하지 아니함을 나타내려 함이니라." 요한일서 4장 3절에도 드러난다. "예수를 시인하지 아니 하는 영마다 하나님께 속한 것이 아니니 이것이 곧 적그리스도의 영이니 라 오리라 한 말을 너희가 들었거니와 이제 벌써 세상에 있느니라." 요한 이서 1장 7절도 보자. "미혹하는 자가 많이 세상에 나왔나니 이는 예수 그리스도께서 육체로 임하심을 부인하는 자라 이것이 미혹하는 자요 적그 리스도니라."

요한 사도가 목회하고 있던 교회가 직면한 도전은 영지주의였 다. 그들은 영은 거룩하고 육신은 악하다는 헬라 철학의 이원론을 가지고 예수님을 보았다. 예수님은 거룩하신 분이시기 때문에 더 러운 육신을 입지 않고, 육신을 입은 것처럼 보였을 뿐이라고 가 르쳤다. 일명 가현설이다. 이러한 거짓 가르침을 퍼뜨리는 자들은 적그리스도의 영을 따라 교회를 어지럽히는 자들이라고 선언한 것이다.

"그 불법한 자"가 나타날 때에 그리스도께서 강림하신다. 많은 적그리스도들이 있었고 지금도 있고 앞으로도 있을 것이지만, 최 종적인 적그리스도가 올 것이다. '그 불법의 사람', '그 멸망의 아 들'이 임할 것이다. 이 불법한 자는 자신을 하나님의 자리에 올려

놓고 교회에게 자신을 경배하도록 강요할 것이다. 이로 인해서 하나님의 백성들은 고난을 받을 것이며, 큰 환난을 당하게 될 것이다.

　교회사 가운데는 이 적그리스도가 누구인가에 대해서 많은 의견들이 제시되었다. 때로는 로마 황제가, 때로는 교회를 위협했던 이슬람 세력, 종교개혁 시대에는 로마 교황이나 교황 제도, 심지어 스탈린이나 히틀러 등이 적그리스도라고 불렸다. 그러나 시대와 시기에 따라서 적그리스도는 다양하게 나타난다. 교회와 복음을 변질시키고 기독교의 본질을 왜곡하여 자신의 종교적 정치적 세력화의 도구로 사용하는 자들은 모두 적그리스도들이다. 이러한 적그리스도들이 마지막 '그 적그리스도'('그 불법의 사람')의 출현을 예고해 준다. 요한계시록 13장에 보면 사단의 사주를 받아서 바다에서 올라온 짐승(정치적 세력)과 땅에서 올라온 짐승(종교적 세력)이 하나님과 교회를 대적하는 상황이 묘사되어 있다. 요한계시록 19장 11-20절에는 이들 짐승이 그리스도의 입에서 나오는 검에 죽임을 당하고 잡혀서 불 못에 던져지는 심판을 당하는 것으로 역사가 마무리된다.

3. 역사의 이면(裏面)을 보라(9-12절)

　바울 사도는 역사의 무대에서 공개적으로 나타날 배교의 양태를 보여주었다. 그것은 종교적이며 정치적인 권력과 힘을 동반하여 온 세계에 영향을 미치게 될 것이다. 9절에서 12절까지는 우리의 눈에 보이지 않는 역사의 이면에서 일어나는 사건을 보여준다. 사탄의 역사와 하나님의 역사이다. 사단은 자신의 하수인인 악한 자들에게 "모든 능력과 표적과 거짓 기적들과 불의의 모든 속임"의 수단들을 줄 것이다. 그들이 행하는 모든 능력과 표적과 기적은 사람들을 속이기 위함이다. 요한계시록 13장 13-14절을 보라. "큰 이적을 행하되 심지어 사람들 앞에서 불이 하늘로부터 땅에 내려오게 하고, 짐승 앞에서 받은 바 이적을 행함으로 땅에 거하는 자들을 미혹하며 땅에 거하는 자들에게 이르기를 칼에 상하였다가 살아난 짐승을 위하여 우상을 만들라 하더라." 그들이 행하는 기적은 실제라 할지라도 그것은 거짓이다. 속이기 위함이며 미혹하기 위한 것이기 때문이다. 그 불법의 사람들도 선생으로 나타날 것이다. 그래서 많은 사람들을 거짓 기적과 비진리로 미혹하여 멸망에 이르게 할 것이다.

누가 이런 거짓된 자들에게 미혹을 당하고 심판을 당할 것인가? 바울은 어떤 사람이든 그들이 거짓된 자들에게 속는 이유는 "저희가 진리의 사랑을 받지 아니하며 구원함을 얻지 못하기" 때문이라고 가르친다(10절). 진리를 사랑하고 그 진리를 따라 살도록 교훈을 받았지만 그들은 그것을 거절했다. 물론 그들도 나름 변명할 거리가 많을 것이다. 그러나 그들이 속게 된 근본적인 원인은 자신들에게 제시된 진리를 거부했기 때문이다. 하나님께서는 그런 자들이 거짓에 미혹되도록 버려두신 것이다. "이러므로 하나님이 유혹을 저희 가운데 역사하게 하사 거짓 것을 믿게 하심은 진리를 믿지 않고 불의를 좋아하는 모든 자로 심판을 받게 하려 하심이라"(11-12절).

　"진리를 믿는 것"의 반대가 "불의를 좋아하는 것"이라는 사실에 주목하자. 진리는 모든 일에서 도덕적인 삶을 요구하기 때문이다. 베드로전서를 공부할 때 보았지만, 이단들과 기복주의자들의 가르침이 허황된 이유는 기독교의 복이 거룩과 분리된 채 주어질 수 있다는 환상을 심어주기 때문이다. 도덕이 없는 진리는 진리가 아니다. 따라서 그런 자들의 근본적인 문제는 오류가 아니라 그에 앞서 악인 것이다. 그들도 진리를 듣고 배웠으나 의도적으로 진리를 거부하고 불의를 택했다. 사탄이 개입하여 그들을 미혹한다. 하나님께서는 그들이 선택한 거짓에 버려두심으로 그들에게 '미혹이 역사하게 하신다.' 그 결과 그들은 불법의 사람과 함께 영원한 멸망을 당하게 될 것이다. 참으로 엄숙한 가르침이다. 이런 속임수에 빠지지 않게 우리 자신을 지키는 길은 진리를 사랑하고 행하는 것이다.

열심히 참고 기다리자

　데살로니가후서 2장 1-12절의 내용을 요약해 보자. 바울 사도는 역사의 과정을 세 단계로 제시한다. 지금은 억제의 때로서 불법의 비밀이 활동하고 있기는 하지만 막는 것에 의해서 저지되고 있다. 그러나 종말에는 그렇게 막는 것이 제거되고 '그 불법의 사람'이 나타나게 될 것이다. 바로 그 때 예수님께서 강림하셔서 '그 불법의 사람'을 궤멸시키시고, 불법한 자의 기적과 거짓말을 따라서 진리를 배반한 모든 사람들을 심판하실 것이다. 이것이 종말의 역사 프로그램이다. 역사는 무의미한 사건들이 되는 대로 발생하고 있는 것이 아니다. 역사는 그 역사의 주인이신 하나님의 주권적인 섭리 아래서 한 치의 오차도 없이 그리스도 강림의 날을 향하여 진행되고 있다.

'그 불법의 사람'이 다른 시대의 징조들처럼 마지막 때의 특별한 징조로 볼 수 있는가를 점검해 보자. 앞서 본 것처럼, 역사 가운데는 수많은 적그리스도들이 면면히 나타났고 앞으로도 나타날 것이다. 시대마다 각 시대의 특유한 형태로 적그리스도의 행위가 나타나고 있다. 그러나 우리는 이러한 징조가 가장 심화된 형태로 그리스도의 재림 직전에 결정적인 적그리스도 한 명, '그 불법의 사람'이 출현할 것을 예기(豫期)하고 있어야 한다.

중요한 것은 이 징조 역시 우리로 하여금 그리스도의 재림이 언제 될 것인지 정확한 시기나 날짜를 알려 주고 있지 않다는 점이다. 최종적인 적그리스도가 어떻게 일어나게 될지, 어떤 모습으로 나타나게 될지 알지 못한다. 성경은 그것을 알려주고 있지 않다. 오늘날과 같이 급변하는 시대에는 그러한 인물이 매우 짧은 시간 안에 일어날 수도 있을 것이다. 따라서 우리는 늘 적그리스도적인 세력들, 운동들, 지도자들이 일어날 것을 생각하고 그들에 대해 각성하고 깨어 있어야 한다.

하나님의 은총을 반영하는 시대의 징조들과 하나님의 심판을 반영하는 시대의 징조들, 그리고 하나님께 반역하는 시대의 징조들을 살피되 특별히 어떤 것이 예수님 재림이 임박했음을 알리는 특별한 징조가 될 수 없다는 것을 명심해야 한다. 이러한 징조들은 그리스도의 초림과 재림 사이의 기간을 특징짓는 일반적인 시대의 징조들이다. 이는 요한계시록의 재앙과 심판 시리즈들에서도 확인된다. 인 심판, 나팔 심판, 대접 심판이 시간적인 순서가 아니라 점진적 병행으로 뒤로 갈수록 더 강화되고 있음을 보여준다.

우리에게 더 중요한 것은 신약성경에서 가르치는 예수님의 재림에 관한 가르침이다. "밤에 도적 같이", 갑자기, 예상치 못하게 오신다는 것이다. 또한 사람들이 "평안하다 안전하다"고 말할 때 "번개가 동편에서 나서 서편에서 번쩍임 같이" 공개적으로 오실 것이라고 가르친다. 우리는 그리스도께서 갑자기 가시적으로 육체적으로 재림하신다는 것을 알고 깨어서 준비하고 있어야 한다. 예수님께서는 "너희도 예비하고 있으라 생각지 않은 때에 인자가 오리라"(마 24:44)고 말씀하셨다. "너희 가운데 하늘로 올리우신 이 예수는 하늘로 가심을 본 그대로 오시리라"(행 1:11). "주께서 호령과 천사장의 소리와 하나님의 나팔로 친히 하늘로 좇아 강림하시리니"(살전 4:16). 우리는 그리스도가 언제 재림하실지 명확하게 알지 못한다. "그런즉 깨어 있으라 너희는 그 날과 그 시를 알지 못하느니라"(마 25:13).

우리는 시대의 징조들을 예수님의 초림과 재림 사이의 전체 기간 동안에 일어나게 되는 일로 인식해야 한다. 이런 징조들이 그리스도께서 다시 오시기 전에 일어날 일들로서 미래의 극적인 성취를 위한 여지를 남겨두고 있음이 틀림없지만, 그것들은 본질상 신약 시대 전체에서 발견되는 사건들임을 기억해야 한다.

교회는 그리스도로 말미암아 구속된 백성들의 모임이지만 아직 완전한 사람들이 모인 곳이 아니다. 우리는 "이미"와 "아직" 사이의 계속되는 긴장 속에서 최후의 승리가 확정적이라는 사실을 믿어야 한다. 그 승리의 날을 바라보면서 지금 최선을 다해서 그리스도인다운 삶을 살아야 한다. 그리스도 안에서 새로운 피조물이 되었은즉 이 사실을 더 깊이 인식하면서 고난 속에서도 진리를 사랑하며, 그 진리를 구현하는 복된 삶을 살아야 한다. 우리가 적그리스도의 세력들에게 고난을 당하고 있다면 그것은 두려워할 일이 아니다. 그리스도의 강림으로 이루어질 하나님 나라의 극치를 가져오는 해산의 고통으로 그것을 받아들여야 한다.

바울은 이것을 바라보면서 "피조물이 다 이제까지 함께 탄식하며 함께 (생명 출산을 위해) 고통하는 것을 우리가 아나니"(롬 8:22)라고 감격해 했다. 피조물들도 우리 몸의 구속을 기다리면서 해산의 고통을 감내하고 있다면, 우리는 몸의 부활과 하나님 나라의 극치를 바라기 때문에 더욱 기쁨 가운데 인내하고 열심히 충성하면서 기다려야 한다(참고. 롬 8:25).

4강

영적인 현실주의자가 되라

데살로니가후서 2:13~ 17

13주의 사랑하시는 형제들아 우리가 항상 너희를 위하여 마땅히 하나님께

감사할 것은 하나님이 처음부터 너희를 택하사 성령의 거룩하게 하심과 진리를

믿음으로 구원을 얻게 하심이니 14이를 위하여 우리 복음으로 너희를 부르사

우리 주 예수 그리스도의 영광을 얻게 하려 하심이니라 15이러므로 형제들아

굳게 서서 말로나 우리 편지로 가르침을 받은 유전을 지키라 16우리 주 예수

그리스도와 우리를 사랑하시고 영원한 위로와 좋은 소망을 은혜로 주신 하나님

우리 아버지께 17너희 마음을 위로하시고 모든 선한 일과 말에 굳게 하시기를

원하노라

붙들라

호머의 『오디세이』에 보면 이런 장면이 나온다. 오디세이가 사

이렌의 유혹을 이기기 위해서 부하들의 귀를 밀납으로 막고, 자신은 돛대에 밧줄로 묶게 하여 사이렌의 유혹을 극복하고 그 섬을 통과한다. 오디세이가 부하들에게 명령한다. "만약 내가 밧줄을 풀어 달라고 할수록 더 단단하게 묶어라." 사이렌의 유혹 소리는 인간으로서는 견딜 수 없이 강했다. 탁월한 영웅 오디세이도 그 유혹에 빠져 바다 속으로 뛰어 들어가려 했다. 그는 부하들에게 소리쳤다. "밧줄을 풀어다오, 밧줄을!" 하지만 부하들은 그를 더욱 세게 묶어 버림으로써 강렬한 유혹에도 죽지 않고, 그 섬을 지날 수 있었다. 이 장면을 보면서, 인간은 유혹하는 것이 강하면 강할수록 거기에 대항하는 인간 능력의 한계 때문에 그를 돕는 공동체의 협력이 중요하다는 것을 생각하게 된다.

거센 풍파가 계속해서 몰려오는 인생길에서 모든 사람은 안정된 삶을 추구하고자 열망한다. 사람들의 모든 삶의 활동에서 이것은 뚜렷이 드러난다. 정부는 경제와 국정의 안정을 위해서 노력한다. 건축가들은 튼튼하고 안전한 건물을 짓기 위해서 노력한다. 목수는 튼튼한 가구를 만들기 위해서 노력하고, 비행기와 배들은 난류와 바다의 파도에 저항하기 위한 안전장치를 갖고 있다. 우리는 누구든지 안정된 인격과 성품을 가진 사람들에게 호감을 갖게 된다.

세상의 유혹과 도전이 강할수록 우리는 안정과 견고함이 더욱 소중함을 알게 된다. 반석 위에 지은 집과 모래 위에 지은 집은 평소에는 아무런 차이가 없는 것처럼 보인다. 그러나 비바람이 불고 폭풍우가 들이닥칠 때 그 집의 견고함은 확인이 된다. 인생도 마찬가지이다. 고난이 없고 환난이 없을 때는 믿는 사람이나 믿지 않는 사람이나 큰 차이가 없어 보인다. 믿는 사람이 더 손해 보는 것 같고, 어리석은 것처럼 보인다. 모래 위에 집을 짓는 것보다 반석 위에 집을 짓기가 더 어렵다. 피상적으로 보면 믿음으로 사는 것이 믿지 않는 것보다 더 힘든 것처럼 보이기도 한다.

그러나 생명을 노리는 사이렌의 유혹이 강렬하게 몰려올 때, 거센 폭풍우가 불어서 삶 전체를 삼키려 할 때, 믿음은 그 진가를 드러낸다. 하박국 선지자는 이스라엘의 멸망이라고 하는 초유의 사태 앞에서 "그러나 의인은 믿음으로 말미암아 살리라"는 말씀을 들었다. 히브리어로 믿음은 '에무나'인데 이는 '버티다'라는 의미이다. 환난의 폭풍우 속에서 하나님을 붙들고 버티는 사람, 그가 믿음으로 구원을 얻는다. 하박국 선지자의 이름은 '붙드는 자'라는 뜻이다. 하나님을 붙들고 버티는 것이 믿음이다. 안팎으로 큰 환난에 직면한 데살로니가 교회에게 진정으로 필요한 것이 무엇일까? 사이렌과 같은 거짓 교사들의 미혹의 소리가 그들의 생명을 노리고 있다. 거센 폭풍우 같은 로마 당국자들의 박해와 사회적인 압력이 삶의 터전을 위협했다. 세상의 쾌락과 안락함을 추구하라는 유혹은 사방에서 몰려오고 있었다. 갓 태어난 어린 교회가 어떻게 이런 도전을 이겨내고 승리할 수 있을 것인가? 이 단락은 바로 거기에 대한 답을 주고 있다. 오늘날 동일한 환난과 유혹에 직면한 우리에게도 적확한 답을 준다.

1. 구원에 대한 감사(13-14절)

1) 구원 서정에 대한 감사

최종의 적그리스도가 심판을 받기까지 역사 속에서 불법의 비밀은 활동을 지속할 것이다. 수많은 적그리스도들이 출현하여 교회를 미혹할 것이다. 그들은 사단의 역사를 따라 모든 능력과 표적과 거짓 기적과 불의의 모든 속임으로 교회를 괴롭게 하며 무너뜨리려고 할 것이다. 어떤 사람들은 그들의 미혹에 넘어가서 이단을 따르며, 거짓 교훈을 전파하는 데 열심을 낼 것이다. 그런 자들은 교회에서 참된 진리를 들었지만 진리를 버리고 불의를 좋아하여 멸망의 길을 고집하며 나아간다. 거짓에 미혹되어 교회와 참된 성도들을 괴롭게 하고 멸망의 길을 스스로 취하는 자들이다.

1장에서 바울 사도는 데살로니가 교회가 큰 핍박과 환난 중에도 그들의 믿음이 오히려 성장했음을 칭찬했다. 교회는 큰 핍박과 환난에 대처하기 위해서 적극적으로 말씀을 적용하고, 세상의 방식으로 대처하지 않았다. 고난이 심할수록 더 역동적으로 말씀을 자신들의 상황에 적용했다. 그로 인해 그들은 믿음과 사랑에서 성장했다. 환난이 그들을 더욱 성장하게 했다면, 거짓 교사들의 미혹을 받은 교회는 어떻게 그것을 물리쳤을까? 많은 불법의 비밀이 활동하는 가운데서 그들은 그 불의의 속임수들을 어떻게 극복했을까? 그들이 승리할 수 있는 길은 무엇이었던가? 바울은 본문에서 이런 것들을 가르친다.

첫째로 바울 사도는 데살로니가 교회와 성도들의 정체성을 다시 확인해 준다. "주의 사랑하시는 형제들아!" '주님께 사랑을 받은 내 가족들이여!' 이들에게 불법의 사람들이 활동하면서 불의의 모든 속임으로 접근해 왔다. 어떤 사람들은 그들을 따라 교회 공동체를 떠나기도 했지만, 데살로니가 교회는 그들을 따르지 않았다. 왜, 어떻게 그랬을까? 그들은 주님께 사랑을 받은 사람들이었기 때문이다.

요한복음 10장 4-5절을 보자. "자기 양을 다 내어 놓은 후에 앞서 가면 양들이 그의 음성을 아는 고로 따라오되 타인의 음성은 알지 못하는 고로 타인을 따르지 아니하고 도리어 도망하느니라." 주님께 사랑을 받는 주님의 양들은 목자인 주님의 음성을 알고 따르지만, 타인(불법의 사람, 또는 강도)의 음성(미혹된 가르침)은 알지 못하는 고로 따르지 않고, 그런 자들로부터 분리된다는 말씀이다. 타인 곧 거짓 교사의 가르침을 따르는 사람들은 진리의 사랑을 받지 못하여 구원 받지 못하고 불의를 좋아하여 따르게 된다.

바울 사도는 거짓 교사들에게 미혹되지 않고, 진리를 알고 행하는 데살로니가 교회로 인해 하나님께 감사한다. 그는 감사의 근원을 추적해 가는데, 그것은 그들이 창세전부터 선택된 하나님의 백성들이었다는 점이다. 시간과 역사 세계에서는 바울의 전도를 통해서 하나님께로 돌아왔지만, 그들이 그렇게 복음 진리에 믿음으로 화답한 것은 창세전에 이미 택하심을 받은 하나님의 백성들이었기 때문이다. 그들은 진리를 믿음으로 구원 받았고, 성령의 거룩하게 하심으로 하나님을 닮게 되었다. 거룩함은 겉을 씻는 외적인 의식이 아니라, 내적인 성품에서 나오는 주님을 닮은 성향이다. 이 구원은 현재의 기쁨인 동시에 미래의 소망이다. 구원은 우리를 하나님에게서 분리시키는 죄와 그 결과들로부터 건져 내셔서 하나님의 형상을 닮도록 이끌어간다. 그 구원은 '지금 여기서부터' 시작되었다.

미국의 개혁신학자인 G. K. 빌은 2008년에 낸 책의 제목을 이렇게 붙였다. "우리는 우리가 숭배하는 것이 된다"(We Become What We Worship). 그는 서문에서 이렇게 말한다.

> "We Become"과 "What We Worship" 사이에 있는 "like"를 생략한 일종의 함축적 비유(implied simile)라고 할 수 있다. 이 책의 논제는 우리가 자신이 숭배하는 우상이나 자신이 예배하는 하나님이 된다는 의미가 아니라, 우상처럼 또는 하나님처럼 된다는 것이다. 비유를 의미하는 "like"를 생략한 이유는 숭배자(예배자)가 그 숭배(예배) 대상의 중요한 속성의 일부를 반영한다는 점을 강조하기 위해서이다.

요한계시록은 이것을 이미지로 강렬하게 보여주고 있다. 요한계시록 13장에서 "짐승의 이름이나 그 이름의 수"를 그의 오른손이나 이마에 받는 사람들은 그 짐승과 동일시되어 짐승이 추구하는 삶에 동참한다. 그러나 요한계시록 14장에 나온 성도들 역시 "그 이마에 어린 양의 이름과 그 아버지의 이름을 쓴 것이 있다"(1절). 그들의 삶의 특징을 14장 4-5절에서 묘사한다. "이 사람들은 여자로 더불어 더

럽히지 아니하고 정절이 있는 자라 어린 양이 어디로 인도하든지 따라가는 자며 사람 가운데서 구속을 받아 처음 익은 열매로 하나님과 어린 양에게 속한 자들이니 그 입에 거짓말이 없고 흠이 없는 자들이더라." 예수님을 믿는 자들이 예수님과 동일시되고 있고, 그의 이름의 권세로 인해서 궁극적으로 속임수에서 보호된다. 요한계시록에서 이름의 권세란 그들과 함께 하시는 그의 현존(임재) 자체이다(22:4). 짐승과 함께 하기를 거절한 자들은 고통을 겪고 심지어 순교를 당하기도 하지만, 궁극적으로는 영생을 보상으로 받는다.

미혹된 자들에게 있는 "표"나 성도들의 이마에 기록된 "어린 양의 이름과 하나님 아버지의 이름"은 영적인 본성을 나타내 준다. 그것은 육신적으로 표를 하는 것으로 드러나는 것이 아니라 영적인 본성과 그 본성이 추구하는 것을 통해서 드러난다. 예수님을 믿지 않는 자들은 사단의 권세 아래 있어 짐승과 동일시되고, 짐승의 속임수를 분별하고 막을 수 없다. 결국 짐승과 함께 영원한 형벌을 받을 것이다. 그들이 짐승의 본성에 어울리는 일을 통해서 현세에서는 일시적인 번영을 누릴 수 있을지 모르지만, 그들은 영원한 죽음이라는 형벌을 받게 된다(계 14:9-11).

어떤 사람의 사상이나 세계관은 그가 무엇을 섬기고 있는가를 드러내 준다. 사람들이 미켈란젤로의 그림 '최후의 만찬'을 보았을 때의 반응을 생각해보자. 어떤 사람은 그림의 구조와 색감을 통해서 전달하고자 하는 심미적인 아름다움에 깊은 감동을 받을 것이다. 어떤 사람은 그림에서 예수님을 배반한 유다가 누구인지를 찾고자 할 것이다. 어떤 사람은 예수님께서 자신을 팔 자가 누구인지 아시고, 제자들이 다 그를 버릴 줄을 알면서도 끝까지 제자들을 가르치시는 사랑에 감동을 받을 것이다. 그림의 가격이 얼마인지가 가장 궁금한 사람도 있을 것이다. 중요한 것은 그 사람이 중요하게 생각하는 것, 즉 숭배하는 것이 그의 삶을 결정하고 그의 최후를 결정하게 된다는 점이다.

예수님을 믿고 그를 따르는 사람들은 이 땅에서 예수님의 성품을 닮고 그를 따르며 살다가 예수님과 같은 영광에 참여하게 된다. 성령께서 거룩하게 하심과 우리가 진리를 믿는 것을 통해서 그 일이 성취될 것이다. 교회는 진리를 따라 살아서 복된 삶을 구현하는 것으로 세상에 빛을 비춘다.

2) 복음으로 부르셔서 그리스도의 영광을 얻게 하심

바울은 자연스럽게 하나님의 영원하신 선택에서 역사적인 부르심으로 나아간다. "이를 위하여 우리의 복음으로 너희를 부르사 우리 주 예수 그리스도의 영광을 얻게 하려 하심이니라"(14절). '이를 위하여'는 13절의 '우리의 구원을 위하여'라는 의미이다. 부르심의 방편은 바울과 일행이 전한 "우리 복음"이다. 복음은 하나님의 부르심에 이르도록 만들어 주는 수단과 방편이다. 선택의 교리는 복음 전도의 열정을 감소시키는 것이 아니라 더욱 전도에 힘쓰도록 한다. 복음을 통해서 하나님께서 택하신 자들을 부르시기 때문이다.

하나님의 택하심과 구원은 바로 사랑과 위로의 복음이 전파됨을 통해서 주어진다. 하나님의 구원은 사람의 의식적인 노력을 배제한 채 자동적으로 역사하는 것이 아니라, 오히려 우리의 결단과 헌신을 통해서 택하신 자들에게 임하게 된다. 우리는 하나님의 택하심을 확신하면서도 동시에 우리 주변의 사람들에게 복음을 통해서 부르시는 하나님의 사랑을 전하기 위해 헌신해야 한다.

주목할 것은 "우리의 복음"이다. 즉 우리가 체험한 복음을 전해야 한다. 이는 우리의 전도가 단지 구원의 지식을 전달하는 것에 머무는 것이 아니라, 그 복음을 통해서 우리 자신의 인격과 삶이 변화되고 동화되어야 함을 의미한다. 먼저 복음을 통해서 하늘의 기쁨과 능력을 맛보고 체험한 후 '우리의 복음'을 증거해야 한다. 바울이 말한 '우리의 복음' 그것이 생명을 살리는 전도요 살아 있는 우리의 메시지가 되는 것이다(매체가 곧 메시지다).

오늘날 교회의 복음 전도가 무기력한 이유는 무엇인가? 자신이 체험하지도 못하고 맛보지도 못한 말씀을 기계적으로 전하기 때문이다. 먼저 복음의 진수를 맛보고, 그 진리의 능력을 체험해야 한다. 그런 사람은 큰 기쁨과 지혜를 가지고 가장 쉽고 지혜롭게 진리를 전할 수 있다. 사람들의 상태와 오류, 약점과 진정한 필요를 알고 그에 합당한 말씀을 적절히 전할 수 있다. 자녀들에게 복음을 가장 쉽게 설명할 수 있는 사람은 그 진리를 체험하고 소화(消化)한 사람이다. 복음은 만고불변의 객관적인 진리이다. 동시에 우리 각자가 주관적으로 체험해야 하는 진리이다. 그런즉 "우리의 복음"(또는 나의 복음)이라고 말할 수 있어야 참된 증인이 될 수 있다.

이렇게 '우리의 복음'으로 부르신 하나님의 목적은 무엇인가? "우리 주 예수 그리스도의 영광을 얻게 하려 하심이다." 이 영광은 1장 12절에서 말씀하신 그 영광을 말한다. 우리는 예수님과 같은 모습으로 변형되어 그리스도의 영광을 발산할 것이다. 하나님의 형상과 그리스도의 영광의 빛을 담지하고 영화롭게 될 것이다. 그리스도께서 얻으신 영광을 누리게 될 것이다. 세상 사람들이 꿈꾸지만 결코 도달할 수 없는 낙원에 이르게 될 것이다. 이것이 우리를 복음으로 부르신 하나님의 목적이기 때문이다. 우리는 하나님께서 창세전에 계획하셨던 온전한 인간이 될 것이다. 하나님의 최고 작품으로 완전한 인간이 되고, 완전한 자유와 안식을 누리게 될 것이다(눅 20:36). 마침내 모든 부조리와 억압, 약함과 비열한 죄와 이기심에서 해방될 것이다. 오직 하나님의 공의와 사랑으로 가득 찬 세상에서 지고의 복을 누리게 될 것이다.

바울 사도는 망원경 방식으로 우리에게 영원 세계와 역사 세계, 그리고 다시 영원 세계에서 이루어질 일을 동시에 보도록 이끈다. 이 장엄하고 놀라운 광경을 조망하는 것이야말로 우리가 이 세상의 고난과 어려움 가운데서도 승리의 찬가를 부를 수 있게 해 준다. "하나님이 처음부터 너희를 택하사 … 구원을 받게 하심이니 이를 위하여 우리 복음으로 너희를 부르사 그리스도의 영광을 얻게 하려 하심이니라." 하나님께서는 역사 세계가 시작되기도 전에 우리를 택하셨다. 그리고 그분은 각 사람의 때에 복음을 듣고 진리를 믿으며,

성령으로 거룩하게 하셨고, 미래에 그리스도의 영원한 영광을 얻게 하시려고 우리를 부르셨다(롬 8:28-30절 참고).

역사의 처음부터 영원 세계까지 통찰할 수 있는 능력과 지혜, 이것이 그리스도인의 능력의 핵심이다. 그리스도인이 세상을 이기는 것은 믿음이라는 명목으로 앞뒤 분간하지 않고 밀어붙이는 것이 아니다. 역사 전체를 통찰하는 지혜를 통해서 현실의 문제를 정확하게 파악하고, 그 상황에 가장 지혜롭게 처신하는 것이다. 기독교는 과거에 있었던 구원 사역과 미래에 완성될 구원을 바라보면서 현재의 문제를 가장 정확하게 분별하고 대처하는 가장 탁월한 현실주의의 모습을 띤다.

따라서 그리스도인은 어떠한 상황에서도 흔들리거나 두려워하지 않을 수 있다. 사단이 온갖 것을 들이밀면서 우리를 흔들 것이다. 적그리스도가 나타나서 우리를 대적할 것이다. 사단은 '누구든지 (자신의) 이 표를 가진 자 외에는 매매를 못하게' 할 것이다 (계 13:17). 먹고사는 생존의 문제까지 동원하여 배교하도록 하겠지만, 우리는 그를 통제하시는 하나님의 선하신 손길을 볼 수 있기에 흔들리지 않을 것이다. 하나님께서 우리를 부르신 목적이 그리스도의 영광에 이르게 하시는 것을 알기 때문에 우리는 흔들리지 않는다.

2. 굳게 서서 말씀을 지키라(15절)

1) 굳게 서라

하나님께서 역사를 주관하시고, 그 백성들로 하여금 영원한 그리스도의 영광을 얻게 하실 것을 확신하는 사람은 어떻게 살 것인가? 그는 아무런 대책 없이 그저 시간이 지나면 그 영광에 참여할 것을 바라면서 세상의 안일함에 빠져 있을 것인가? 세상이 주는 안락함과 세상이 주는 쾌락을 탐닉하면서 세상 사람들과 같이 흘러 떠내려 갈 것인가? 사단은 교회와 성도들을 무너뜨리기 위해서 세 가지 전술을 사용한다. 첫째는 육체적인 핍박이다. 둘째는 거짓 교사들을 통한 미혹이다. 셋째는 세상의 것들을 통해서 유혹한다. 사단은 각 사람과 시대마다 전략을 다르게 사용한다.

이 모든 것을 동시에 사용하기도 하지만, 어떤 때는 육체적이며 물리적인 핍박을 더 많이 사용하고, 어떤 시대와 사람들에게는 거짓 선지자들의 미혹이 광범위하게 퍼지게 한다. 또 어떤 시대 어떤 사람들에게는 세상의 부요와 쾌락을 동원해서 유혹하는 것을 주된 무기로 사용한다. 세상의 핍박보다 더 강렬한 유혹은 세상의 부요함과 사치이다.

요한계시록 18장에서 바벨론의 패망을 선언하시는 말씀 가운데 성도들을 핍박한 것보다 더 많이 강조되는 것은 그들의 세상적인 부와 사치이다. "그가 얼마나 자기를 영화롭게 하였으며 사치하였든지 그만큼 고난과 애통함으로 갚아 주라 그가 마음에 말하기를 나는 여왕으로 앉은 자요 과부가 아니라 결단코 애통함을 당하지 아니하리라 하니"(계 18:7). 그들이 사치한 금은보화의 목록이 28가지가 나오는데 이는 세상을 뜻하는 4에, 완전과 모든 것을 뜻하는 7을 곱한 것이다. 세상의 고급스런 음식과 사치하는 진귀한 것들에 자신의 영혼을 팔아버린 것이다. 오늘날 교회에도 어떤 지역에서는 물리적인 핍박이 가장 큰 힘을 발휘하고 있고, 어떤 지역에서는 거짓으로 미혹하는 이단들이 크게 성행한다.

오늘날 풍요로운 나라의 교회들에게 가장 큰 적은 세상의 부요와 사치이다. 이미 한국 교회는 유럽 교회가 갔던 길을 따라가고 있다. 사람들이 교회에 다니지만, 갈수록 세상 문화에 동화되어 진리를 떠나고 있다. 더 심각한 것은 자신이 기독교의 본질을 흐리는 배교하는 교회에 있으면서도 정통이라고 생각한다는 점이다. 이는 표본실의 청개구리처럼, 세상의 달콤함에 서서히 중독되어 뛰쳐나올 기회가 있는데도 나오지 않고 영적으로 죽어가는 형국이다.

바울 사도는 역사의 시작과 끝에 있을 영광스러운 비전을 보여준 다음, 교회가 이 세상의 환난과 유혹에 어떻게 대처해야 하는지를 가르친다. "이러므로 형제들아 굳게 서서 말로나 우리 편지로 가르침을 받은 유전을 지키라"(15절). 바울 사도는 이렇게 말하지 않았다. '여러분에게 이렇게 복된 영광이 준비되어 있으니, 아무 염려 없이 긴장을 풀고 느긋하게 쉬어라!' 바울은 정반대의 명령을 내리고 있다. 누워서 잠들기는커녕 굳건하게 서야 한다. 우리를 향하신 하나님의 역사와 부르심의 목적을 아는 일은 무책임한 삶이나 느슨하게 세상을 추구하는 동기가 되는 것이 아니라 스스로 굳건하게 서서 주의 말씀을 행하는 근거가 된다.

바울 사도의 명령은 두 가지다. 첫째는 '굳건하게 서라'는 것이다. 둘째는 '붙잡으라'(지키라)는 것이다. 거센 폭풍우가 몰아치는 상황에서 발에 힘을 주고 굳게 서서 휩쓸리지 않으려고 하는 모습을 보여준다. 세상의 유혹과 거짓 교사들의 미혹, 물리적인 핍박이 거세게 몰려오는 상황이다. 오늘날 그리스도인들이 세상에서 실패하고 아픔을 겪는 이유는 무엇인가? 그것은 진리로 판단하지 않기 때문이다. 세상도 자신처럼 착할 것이라는 막연한 마음으로 세상에 대처하기 때문이다. 세상은 결코 중립적이지 않다. 세상은 수많은 불화살이 날아오는 영적 전쟁의 최전방이다. 히브리서 기자는 "그러므로 모든 들은 것을 더욱 간절히 삼갈지니 혹 흘러 떠내려갈까 염려하노라"고 말씀했다. 세상은 거센 풍파를 계속해서 보냄으로써 우리를 믿음에서 떠나게 하려고 몰아붙이고 있다. 바울은 고린도 교회에게도 "깨어 믿음에 굳게 서서 남자답게 강건하라"(고전 16:13)고 명령했다.

베드로 사도도 동일한 것을 가르쳤다. "내가 신실한 형제로 아는 실루아노로 말미암아 너희에게 간단히 써서 권하고 이것이 하나님의 참된 은혜임을 증거하노니 너희는 이 은혜에 굳게 서라"(벧전 5:12). 우리는 굳게 서야 한다. 연약한 것은 자랑이 아니라 수치다. 그리스도의 군대가 자신이 연약하다고 자랑하고 다닌다면 누가 좋아하겠는가?

사단이 좋아하지 않겠는가? 우리는 강하고 담대한 군사, 믿음에 굳게 서도록 명령을 받은 군사다. 군대에서 가장 중요한 것은 사기(士氣)다. 최첨단 무기로 무장한 군대라 할지라도 지휘관과 자신의 부대에 대한 신뢰가 없고 나라를 사랑하는 마음이 빈곤하다면 그들은 전투에 나가기도 전에 이미 패배한 것이다. 바울이 굳게 서라고 한 것은 우리의 대장이신 예수 그리스도가 역사를 주관하는 분이기 때문이다. 어떤 상황에서도 겁먹거나 두려워하지 말고 사기가 충천하여 전투에 임하라는 말씀이다.

세상 사람들도 보잘것없어 보이는 사람이 강하게 나오면, '아 저가 무엇을 믿고 저렇게 날뛰는 것이냐? 누가 뒤를 돌아보아 주는 게 아니냐'라고 생각하지 않은가! 우리에게는 역사를 주관하시는 성삼위 하나님께서 우리의 보장이다. 우리는 마땅히 굳게 서야 한다. 우리가 굳게 서지 못하고 비굴하게 세상에 굴복하는 것은 우리의 대장이시며 주인 되시는 예수님을 모욕하는 것이다. "이러므로 형제들아! 굳게 서라!" 이것이 세상을 맞서 싸워야 하는 교회에게 주시는 하나님의 첫 번째 명령이다.

2) 사도적 가르침을 붙잡으라

두 번째 명령은 "지키라"는 것이다. 지키라는 것은 붙잡으라는 것이다. 오디세이는 사이렌의 유혹을 극복하기 위해서 부하들이 묶어 놓은 밧줄을 의지해야만 했다. 이것은 세상이 할 수 있는 최선의 방식이지만 수동적인 방식에 불과하다. 다시 말하면 스스로는 수백 번 반복하고 훈련한다고 해도 이길 수 없는 방식이다. 그러나 바울이 명령하는 것은 그리스도인이 주체가 되어 스스로 붙잡고 승리하라는 것이다. 긍정적이고 역동적인 방식이다. 그리스도인의 성화와 승리는 성령께서 하시는 대로 가만히 있으면 되는 수동적이며 소극적인 것이 아니다. 성령을 의지하는 가운데 역동적으로 자신이 붙잡는 것이다. 이 단어는 필사적으로 매달려 붙잡는 것을 내포하고 있다. 이 동사는 현재 명령형이다. 지금 우리가 해야 한다.

그렇다면 교회와 성도들은 무엇을 붙잡고 있어야 하는가? 그것은 "말로나 우리 편지로 가르침을 받은 유전" 곧 전통이다. 여기서 '말'은 바울과 그 일행이 그들과 함께 있을 때 전했던 하나님의 말씀으로서의 설교다. 편지는 그들을 떠나 있는 중에 하나님의 권위로 보냈던 데살로니가전서를 일차적으로 가리키고, 다른 서신들도 포함할 수 있다. 여기서 유전은 교회가 만들어낸 것이 아니라 사도들의 가르침을 의미한다. 사도들의 가르침은 교회의 초석이며, 그리스도인의 믿음과 삶의 토대이다. 에베소서 2장 20절을 보라. "너희는 사도들과 선지자들의 터 위에 세우심을 입은 자라." 교회는 사도들과 선지자들의 가르침, 곧 여기서 말하는 유전 위에 세워졌다.

1세기 교회가 영적 전쟁을 위해서 굳게 잡아야 할 전통은 사도들의 가르침이었다. 신약성경이 정경으로 완성된 이후에 교회는 "신약성경"에 보전되어 있는 가르침을 철저하게 붙잡아야 한다.

381년 니케아 신조에서 교회의 속성을 이렇게 말한다. "One Holy Catholic and Apostolic Church" 곧 "하나의 거룩한 보편적 사도적 교회"를 믿는다. 여기서 교회의 사도성을 교회의 속성으로 고백했는데, 그것은 교회가 사도적인 가르침에 굳게 서야 참 교회임을 말한 것이다.

교회가 세상의 유혹과 거짓 교사들의 미혹, 물리적인 압력과 핍박이라는 시련을 극복할 수 있는 길은 굳게 서서 성경의 가르침을 철저하게 붙드는 것이다. 다시 말하면 세속주의의 유혹을 이길 수 있는 방식은 굳게 서서 성경의 말씀을 붙잡고 그 말씀이 가르치는 방식대로 사는 것이다. 거짓 교사들의 미혹과 이단을 이길 수 있는 방법도 굳게 서서 성경의 말씀을 통해서 그들의 오류와 거짓을 분별하고 참되게 진리를 따라 사는 것이다. 세상의 물리적인 핍박과 환난을 이기는 방법도 말씀을 공부하고 그 말씀의 방식으로 행하는 것이다.

이 말씀은 우선 우리 교회 공동체에게 주어진 것이다. "주의 사랑하시는 형제들아!" 복수형이다. 우리는 하나님의 가족 공동체로서 모든 사람들이 굳게 서서 유전을 지켜야 할 의무가 있다. 그것이 각 지체를 돕는 최선의 방법이고, 교회 공동체가 함께 순결하게 자라가는 길이다. 서로를 위해서 이런 사랑의 의무를 감당해야 한다. 오디세이의 부하들처럼 밧줄로 묶는 수동적인 방식이 아니라, 말씀으로 서로를 권면하고 기도하는 것이다. 그렇다면 말씀을 어떻게 다루어야 하는가?

교회는 해석의 공동체이다. 우리는 사도들의 전통인 성경을 해석하고, 그 해석된 말씀으로 자신과 세상을 해석해야 한다. 목사는 2천년 교회사의 해석적 전통에서 말씀을 해석하고 현대에 적용하기 위해서 씨름하는 사람이다. 우리 교회는 개혁신학의 해석학과 전통 위에 서 있다. 우리는 역사적 개혁교회와 동일한 해석의 원리를 통해서 성경을 해석하고 적용한다. 우리의 해석과 적용은 교회사의 보편교회 가운데서 검증되어야 하고, 삶을 통해서 확증되어야 한다.

우리를 강하고 온전하게 세우며 핍박과 거짓 가르침과 유혹의 압력에 견디고 승리하게 하는 것은 개혁신학의 전통 속에서 축적된 바른 해석과 적용들이다. 오늘날 교회와 성도들은 성경을 중요하게 생각하고 성경읽기와 묵상훈련을 많이 한다. 그럼에도 불구하고 그들이 세상의 조류에 무기력하게 굴복하고 세속에 떠밀려 가는 이유가 무엇인가? 그것은 바른 해석이 없기 때문이다. 그들은 성경을 외우고, 성경을 필사도 하고, 성경을 수십 독(讀)씩 했다고 하지만 성경해석의 기본 원리를 모른다. 바른 해석 없이 묵상에 치중한다. 바른 해석이 없는 적용과 묵상은 자기중심적이며 다원주의적인 묵상놀음에 지나지 않는다. 오늘날 참선지자와 거짓선지자의 구분은 하나님의 말씀을 실제로 받았느냐에 있는 것이 아니라, 이미 주어진 말씀을 바르게 해석하고 적용하느냐에 있다.

십계명을 다 외우지만 십계명을 주신 하나님의 뜻을 알지 못한다. 성경을 몇 번씩 필사한 것은 기억하지만, 그 성경이 무엇을 의미하는지 모른다. 그 사람의 마음과 인격에 성경으로 인한 아무 변화가 나타나지 않는다. 변화가 있다면 그것을 한 자신에 대한 자랑과 교만이 새롭게 생긴 것뿐이다. 이런 점에서 사단의 교활함을 알아야 한다. 사단은 우리가 성경을 읽는 것과 묵상하는 것, 그리고 성경을 필사하는 것을 막지 않는다. 오히려 그것을 통해서 자신에게 스스로 감동하게 하고 교만하게 한다. 사단은 심지어 우리가 성경공부를 열심히 하는 것에 대해서도 막지 않을 수 있다.

사단의 궁극적인 목적은 하나님의 영광을 훼방하는 것이다. 사단은 진리의 지식을 통해서 하나님의 영광이 아닌 자신의 영광을 높이도록 부추긴다. 진리의 지식을 사용하여 자기를 높이고 자신을 섬기게 만든다. 진리를 따라 하나님을 섬기지 못하게 하는 것이 사단의 목적이기 때문에 얼마든지 육신의 정욕을 위해 공부하게 할 수 있다. 이것이 바리새인들이 빠졌던 오류이다. 사단의 간교함을 간파하고 이러한 위험을 깨달아야 한다. 말씀을 공부하는 것은 매우 중요하다. 그러나 누구든지 그 말씀을 통해서 자기를 부인하고 하나님을 경외하지 않으면 그는 더 위험한 상태에 빠지게 된다.

영적인 현실주의(16-17절)

바울은 가장 탁월한 현실주의자이다. 사도는 하나님께서 우리를 택하셨고 영원한 영광에 이르도록 부르셨기 때문에, 굳게 서서 말씀만 붙잡으면 모든 것이 해결될 것이라고 말하지 않는다. 하나님의 주권과 사람들(가르치는 자와 배우는 자)의 영적인 수고만으로 충분하다고 말하지 않는다. 하나님의 주권을 믿고 그의 말씀을 굳게 붙잡는 사람은 동시에 기도하는 사람임을 보여준다. 바울은 데살로니가 교회에게 굳건하게 서도록 권고할 뿐만 아니라, 그들이 굳건하게 서게 해달라고 하나님께 기도한다. 여기서 하나님의 주권과 인간의 노력, 그리고 기도가 어떻게 아름답게 결합되는가를 보게 된다. 하나님의 주권과 일하심은 기도를 막는 것이 아니라, 더욱 기도하게 한다. 하나님의 언약은 하나님께서 우리의 기도에 응답해 주신다는 확신의 근거이다. 따라서 기도는 하나님께서 하시지 않겠다고 하신 것을 하도록 요청하고 설득하는 것이 아니다. 기도는 하나님께서 하시겠다고 약속하신 것을 하나님의 영광과 우리의 유익을 위해서 이루어 주시도록 요청하는 것이다. 기도는 우리가 하나님의 언약과 유업을 받게 하도록 정해 놓으신 하나님의 방식이다.

성경에서 하나님의 주권적인 일하심과 성도들의 간절한 기도는 전혀 모순을 일으키지 않는다. 오히려 하나님의 약속을 신뢰할 때 더욱 간절히 기도할 수 있다. 예레미야 29장 12-13절을 보자. "너희는 내게 부르짖으며 와서 내게 기도하면 내가 너희를 들을 것이요 너희가 전심으로 나를 찾고 찾으면 나를 만나리라." 이 말씀은 바벨론 포로들에게 보낸 예레미야의 편지에서 주신 말씀이다. 하나님께서는 포로로 잡혀간 유다 백성들에게 70년이 차면 그들을 권고하여 본토로 회복시키겠다고 약속하셨다. 그리고 그들에게 장래에 얻을 소망을 말씀하시면서 이 말씀을 주신 것이다. 계속해서 14절도 보자. "나 여호와가 말하노라 내가 너희에게 만나지겠고 너희를 포로 된 중에서 다시 돌아오게 하되 내가 쫓아 보내었던 열방과 모든 곳에서 모아 사로잡혀 떠나게 하던 본 곳으로 돌아오게 하리라. 여호와의 말이니라 하셨느니라." 이 약속의 말씀을 따라 다니엘은 금식하며 베옷을 입고 기도하였다(단 9장).

하나님의 약속과 우리의 기도는 결코 분리되어서는 안 된다. 그래서 바울은 데살로니가 교회가 견고해지기를 위해서 기도한다. 본문 16-17절을 보자. "우리 주 예수 그리스도와 우리를 사랑하시고 영원한 위로와 좋은 소망을 은혜로 주신 하나님 우리 아버지께서 너희 마음을 위로하시고 모든 선한 일과 말에 굳게 하시기를 원하노라." 먼저 우리의 기도를 들으시는 분을 보자. "우리를 사랑하시고 영원한 위로와 좋은 소망을 은혜로 주신" 아버지 하나님과 예수 그리스도시다. 우리는 성부와 성자 하나님께 기도한다. 우리가 기도할 수 있는 것은 하나님께서 우리에게 은혜로 베푸신 사랑과 위로와 소망 때문이다. 우리는 그리스도를 의지하여 담대히 나아가 하나님께서 베푸신 은혜와 사랑을 근거로 해서 기도한다.

바울의 기도는 첫째로 환난 속에서 힘든 싸움을 하고 있는 데살로니가 교회 성도들의 마음을 위로해 주시길 구하는 것이다. 하나님은 모든 자비와 위로의 근원이며 그리스도는 이런 하나님의 자비와 위로가 우리에게 오게 하는 통로이다. 우리는 그리스도로 말미암아 위로가 넘치게 된다. 환난 가운데 있는 교회와 성도들에게 위로는 필수적이다. 위로는 우리의 마음에 직접적으로 영향을 준다.

마음은 우리 인격의 중심이며 교회 공동체의 성품이 표현되는 중심이다. 만약 어떤 사람의 마음에 문제가 있다면 그 사람 전체가 영향을 받게 된다. 잠언에서 마음은 생명의 근원이라고 했다 (4:23). 생명의 근원에서 문제가 생기면 그 삶의 모든 영역에 문제가 생긴다. 환난 중에 있는 사람에게 마음의 위로만큼 절실한 것은 없다. 마음의 위로가 없으면 삶에서 활력이 떨어지게 되고 영적인 침체에 빠지게 된다. 잠언 18장 4절에 이렇게 말씀한다. "사람의 심령은 그 병을 능히 이기려니와 심령이 상하면 그것을 누가 일으키겠느냐."

위로가 없으면 마음의 활동에 치명적인 영향을 미치고, 우리 존재 전체의 생명력이 약화된다. 안타깝게도 우리는 체질적으로 낙심하는 경향이 강하다. 그러나 우리는 그런 침체에 절대로 굴복해서는 안 된다. 하나님의 위로를 바라보아야 한다. 또한 연약함에 빠져 있는 형제에게 "강하고 담대하라 두려워하지 말라"고 격려하며 위로해야 한다. 바울 사도는 3장 5절에서 이렇게 말한다. "주께서 너희 마음을 인도하여 하나님의 사랑과 그리스도의 인내에 들어가게 하시기를 원하노라." 이러한 위로는 사람들 속에서 참된 열매가 맺히도록 촉진하게 된다.

"너희 마음을 위로하시고 모든 선한 일과 말에 굳건하게 하시기를 원하노라"(17절). 기독교는 언제나 마음에서 시작된다. 마음에 기쁨과 평강, 위로와 안식이 있다. 근래 세상에서 회자되는 말 중 하나가 '감정 노동자'라는 말이다. 마음에 평화와 안식, 기쁨과 위로가 없음에도 불구하고 고객들을 상대로 항상 웃는 얼굴로 대하라는 것이다. 그런데 고객들 가운데는 진상고객들이 많다.[1] 그래서 속에서는 화가 치미는 데도 먹고 살아야 하니까 겉으로는 억지로 웃는 얼굴로 응대하다 보니 우울증과 같은 마음의 질병에 걸리는 것이다. 이것은 세상의 방식이다. 힘의 원리에 굴복하는 것이다. 그러나 하나님께서는 먼저 우리에게 위로를 주시고 평강과 안식, 기쁨을 주셔서 우리 안에 있는 평강이 흘러넘치게 하신다. 그래서 받은 사명을 자원하여 기쁨으로 감당한다. 억지로가 아니라 기쁨으로 모든 일에 충성한다.

우리는 하나님의 위로를 충만히 공급받고, 그 위로 안에서 모든 선한 일과 말에서 풍성한 열매를 맺는다. 먼저 하나님의 말씀을 통해서 하나님의 은혜와 사랑을 지적으로 깨닫고, 그 은혜와 사랑으로 마음의 정서가 따뜻해지고 뜨거워져서 의지적으로 행동하게 하신다. 바울 사도의 기도는 이와 같은 하나님의 위로가 데살로니가 교회에게 온전히 드러나기를 구한 것이다.

하나님의 위로와 사랑을 깨달은 사람의 마음은 따뜻하고 온유

---

1) 상품을 구입한 고객이 특별한 이유 없이 환불을 요구 또는 번복하거나 말도 안 되는 서비스를 강요하는 등 일반적인 사회 통념상 상식 수준을 벗어나는 행위를 하는 고객으로 영업에 막대한 지장을 초래하는 원인이 된다. 때로는 운영자의 실수로 불만고객을 진상고객으로 만드는 경우도 있다(국어사전).

하다. 그런 사람이 하나님께서 기뻐하시는 말을 하고, 하나님께서 원하시는 일을 하게 될 것이다. 하나님의 모든 위로를 값없이 받은 사람은 하나님의 성품을 닮게 된다. 다른 사람들을 대할 때에도 하나님의 긍휼과 자비로 대한다. 모든 선한 일과 말은 하나이다. 말은 늘 그럴듯하게 하지만 행동이 없는 것은 참된 기독교가 아니다. 그리스도인은 말과 실천에서 그리스도의 사랑과 자비가 드러난다. 이것이 세상을 이기는 방식이다. 우리가 왕 같은 제사장임을 우리가 행하는 선한 일을 통해서 증거한다(벧전 2:9).

세상의 대부분의 사람들은 이미 와 있는 고통과 부조리를 인식하고 있다. 그러나 그 고통과 부조리를 인식하고 대처하는 방식은 제각기 다르다. 어떤 순진한 사람들은 고통의 본질을 외면하거나 과소평가함으로써 그것을 극복하고자 한다. 철없는 십대들은 고난이 있어야 삶에서 도전할 맛이 있다고 말하기도 한다. 실존주의자들은 고통의 원인과 본질은 알 수 없지만, 이 부조리한 인생에 던져진 운명을 성실함으로 극복하라고 한다. 그들은 '지금 당하는 이 고통과 시련은 먼 훗날에 우리에게 추억이 될 것이다' 하고 위로하면서 자력(自力) 구원(救援)을 도모한다.

현대의 소비주의는 모든 것을 돈으로 해결할 수 있다는 환상을 심어 준다. 자본가들의 이익을 극대화하기 위해서 생겨난 아웃소싱이 삶 전체를 지배하는 시대가 되었다. 이제는 인간의 관계마저도 아웃소싱으로 대체되고 있다. 데이트를 주선하고 연애하는 기술을 가르치는 회사가 있고, 웨딩플래너를 고용하여 결혼식을 치르고, 부부의 문제는 부부 문제 치료사의 상담을 받는다. 고민이 있으면 친구나 목사에게 말하기보다 돈 주고 고용한 '임대 친구'에게 털어놓거나 인터넷 고민상담 코너에 글을 올린다. 상담 센터를 찾는 것이 편하고 효과적이라고 느낀다. 돈을 낸 만큼 그들은 자신의 이야기를 인내심 있게 들어주기 때문이다. 모든 것이 돈의 가치로 평가되고, 돈이 모든 무형의 가치를 대신하고 있다. 현대 사회는 더욱 비인간적인 사회가 되어 간다. 이런 구조에서는 약자들뿐 아니라 강한 자들도 모두 패자가 된다. 그들이 직면하는 것은 허무와 절망, 그리고 죽음이기 때문이다.

기독교는 진정한 영적인 현실주의다. 기독교는 고난의 원인과 본질, 그리고 최종적인 결과까지 명확히 보여주고 그 해결책을 제시한다. 기독교는 고통과 부조리가 만연한 삶에 대해서 단순한 낙관주의적인 해결책을 제시하지 않는다. 그렇다고 비관주의나 염세주의와 같은 허무와 절망을 말하지도 않는다. 그리스도 안에 있는 참되고 영원한 해결책을 제시해 준다. 그것은 현실을 도피하는 것이 아니라 가장 명확하고 지혜로운 구체적인 해결책이다.

그리스도인은 영적인 현실주의자이다. 우리는 하나님의 사랑 안에서 구원을 받았고, 그리스도의 영광을 확보해 놓았다. 하지만 현실에서는 수많은 도전과 환난에 직면한다. 그 때 우리는 굳게 서서 말씀을 붙들고 실천해야 한다. 그러나 그것만으로는 충분하지 않다. 우리는 하나님께 끊임없이 기도해야 한다. 하나님께서 바라시는 것이 무엇인지를 알고, 그것에 민감한 사람일수록 하나님께 더 많이 기도한다.

　기도는 그리스도인의 생활에 보충적인 요소가 아니라 기본이다. 우리는 성경을 공부하고 묵상하는 것만큼 기도하는 것을 본질적인 임무로 생각해야 한다. 바울은 진리를 가르치는 것으로 끝내지 않았다. "너희 마음을 위로하시고 모든 선한 일과 말에 굳게 하시기를 원하노라." 그는 기도했으며, 우리에게도 기도하라고 명령하고 있다. 이것이 진정한 현실주의다. 말씀 공부와 실천이 없이 기도만 하는 사람은 비현실적인 몽상가가 될 수 있다. 그러나 말씀을 공부하고 그 말씀을 따라 살기 위해서 기도하는 사람은 진정한 현실주의자이다. 우리도 지금 이 가르침을 따라 굳게 서서 진리를 붙들고 기도함으로써 영적인 현실주의자가 되자.

5강

기도 합주곡

데살로니가후서 3:1~ 5

1종말로 형제들아 너희는 우리를 위하여 기도하기를 주의 말씀이 너희

가운데서와 같이 달음질하여 영광스럽게 되고 **2**또한 우리를 무리하고 악한

사람들에게서 건지옵소서 하라 믿음은 모든 사람의 것이 아님이라 **3**주는 미쁘사

너희를 굳게 하시고 악한 자에게서 지키시리라 **4**너희에게 대하여는 우리의

명한 것을 너희가 행하고 또 행할 줄을 우리가 주 안에서 확신하노니 **5**주께서

너희 마음을 인도하여 하나님의 사랑과 그리스도의 인내에 들어가게 하시기를

원하노라

우주인의 배신

한국 최초의 우주인이라던 이소연 씨가 미국 국적의 한인 의

사와 결혼하면서 항공우주 연구원에서 퇴사하자 먹튀 논란이 불

거졌다. 정부가 정책적으로 십여 년간 256억 이상을 지원하여 키워낸 인물이었고, 이 분야에서 계속해서 연구 활동을 함으로써 국가에 기여할 것으로 여겨졌던 사람이 자신의 이익만을 위해 한국을 떠난 것은 국민들에게 큰 충격을 안겨 주었다. 더욱이 자신이 국내외 강연을 다니면서 얻은 엄청난 강의료 수입(대략 88억 이상)을 개인 수입으로 삼았고, 강연을 위해서 나갈 때는 출장비까지 받아갔다는 사실이 알려지면서 많은 사람들을 분노하게 했다. 이 사건의 진실을 재평가해야 한다는 견해도 새로이 제기된 것으로 알고 있다.

어쨌든 한 사람이 태어나서 성인이 되는 과정에서 수많은 사람의 사랑과 헌신이 있어야 한다. 한 아이가 태어나 대학을 졸업하는 데까지 들어가는 비용이 대략 2억이 든다는 말도 있다. 한 명의 조종사를 만들기 위해서는 몇 십억을 투자해야 한다고 한다. 한 명의 우주 비행사를 만들기 위해서 그렇게 많은 자원을 투자했다. 그것은 국가 전체의 유익을 위한 투자였기에 그 혜택을 받은 사람은 당연히 국가와 사회에 기여해야 한다는 공감대가 이루어진다. 가족 중에서도 다른 형제자매보다 특별히 더 많은 혜택을 받은 사람이 있을 수 있다. 그런 사람은 더 큰 의무감을 가지고 가족들을 돌봐야 한다는 것에 누구나 동의한다. 또한 많은 지원을 받았고 본인도 열심히 노력해서 어려운 시험과 훈련을 잘 통과하여 목표를 이룬 사람을 우리가 잘 보호해야 할 책임도 있다. 하루아침에 그런 인재가 만들어지는 것이 아니기 때문이다.

교회에서도 마찬가지다. 말씀 사역자는 하루아침에 만들어지는 것이 아니다. 하나님께서 중생케 하시고 말씀을 통해서 양육하시며, 수많은 사람들의 가르침과 물질적인 헌신을 통해서 사역자가 세워진다. 한 사람이 사역자로 세움을 입기까지 수많은 과정의 시험과 훈련을 통과해야 한다. 신앙적인 인품에서 성장해야 하고, 무엇보다 영적인 분별력과 가르치는 은사를 구비해야 한다. 훈련을 통해서 그리스도의 군사들을 이끌 지도자로서 능력과 자질을 검증 받아야 한다. 모든 과정을 통과하였어도 여전히 어려운 시험과 도전이 산적해 있는 것이 말씀 사역자의 삶이다. 이런 사역자들을 보호하고 지원하는 것이 교회와 성도들이 가져야 할 첫 번째 책임이다. 어떻게 그들을 지키고 보호하며 지원해야 할까?

1. 기도 요청

1) 주의 말씀이 영광스럽게 되기를

바울 사도는 그리스도의 재림에 대한 오해를 설명하면서 "믿는 자들의 배교"와 "불법의 사람"이 그리스도의 재림에 앞서 나타날 것을 가르쳤다. 최종적인 "그 불법의 사람"이 나타나는 것은 억제되고 있지만, 이미 "불법의 비밀"이 세상에서 활동하여 성도들을 미혹하고 있음을 밝혔다. 악이 이미 활동하지만 저지되고 있는 상황에서 그리스도인들은 어떤 자세로 대처해야 하는가? 현재의 긴장 상태와 최종적인 결말을 고려해 볼 때 우리는 어떻게 행동해야 하는가? 이런 상황에서 성도들은 현재의 삶을 영적인 전쟁으로 인식해야 한다. 이미 가르침으로 받은 말씀을 굳건하게 붙잡고 서 있어야 한다. 바울 사도는 또한 그들이 굳게 서도록 기도하였다.

데살로니가 교회뿐 아니라 오늘날의 교회 역시 주님의 초림과 재림 사이에 있는 구속사의 중간기를 지나고 있다. 이런 상황에서 교회와 성도들은 늘 깨어 말씀의 원리를 실천에 옮길 뿐만 아니라 그 말씀 안에서 기도를 통해서 서로 교제하며 격려해야 한다. 데살로니가 교회를 위해서 기도했던 바울은 이제 서신의 마지막에서 주 안에서 형제 된 성도들에게 자신과 동역자들을 위해서 기도해 줄 것을 요청한다. 기도의 내용은 두 가지인데 하나는 주의 말씀이 영광스럽게 되기를 바라는 것이고, 또 하나는 바울과 복음의 동역자들을 무리하고 악한 사람들에게서 건져 주시길 바란다는 것이다.

바울 사도는 "주의 말씀이 너희 가운데서와 같이 달음질하여 영광스럽게 되"기를 기도하도록 부탁한다. 어떤 면에서 보면 대사도가 이제 막 태어난 어린 교회에게 기도를 부탁하는 것이 이상할 수도 있다. 그러나 기도는 하나님의 사람들 모두가 가진 영적인 특권이자 의무이다. 바울 사도는 겸손하게 그들의 기도의 후원이 절실히 필요함을 인정하고 그들에게 기도를 부탁한 것이다. 이렇게 복음 전파를 위해서 기도하는 것은 복음 전파에 동참하는 특권을 행사하는 것이다. 사도가 부탁한 첫 번째 기도는 "주의 말씀"이 운동 경주에서 달리기를 하듯이 "달음질하기"를 기도해 달라는 것이다.

바울 사도는 데살로니가전서 1장 8절에서 '주의 말씀'이 널리 나팔소리처럼 '들려졌다'고 했다. 데살로니가전서 2장 13절에서는 바울이 전한 복음을 그들이 '하나님의 말씀'으로 받았기 때문에 그들 가운데서 역사하고 있다고 말했다. 바울이 전한 복음은 바울에게서 기원된 것이 아니라 하나님께서 주신 하나님의 말씀이었다. 데살로니가 교회는 복음을 하나님의 말씀으로 받았기 때문에 그들 가운데서 역사하는 능력이 있었고, 그 말씀을 영광스럽게 했다. 그와 동일한 방식으로 고린도 지역에서도 주의 말씀이 영광스럽게 되기를 기도해 달라는 부탁이다.

고린도 지역에서는 2년마다 이스미안 경기가 열렸다. 이 경기는 고대 그리스 4대 경기 중에 하나였다. 달리기 경주에서 우승을 하면 영광스런 면류관과 상으로 환영을 받듯이 주의 말씀이 환영받기를 기도해 달라는 요청이다. 주의 말씀이 어떻게 영광스럽게 될 수 있을까? 사도행전 13장 48절을 보자. "이방인들이 듣고 기뻐하여 하나님의 말씀을 찬송하며 영생을 주시기로 작정된 자는 다 믿더라." 회당 예배에 참석했던 경건한 이방인들이 복음을 듣고 기뻐하면서 하나님의 말씀을 찬송하였다고 보고한다. 어떤 학자는 이 구절을 하나님의 말씀을 영광으로 영접하는 것을 말하는 것으로 번역했다. 달리기 경주에서 최고의 기록으로 결승점을 통과한 사람을 모든 사람들이 열광하면서 영광의 박수로 환영하듯이, 하나님의 말씀이 그 사람들 속에서 환영받는 것을 의미한다. 말씀이 달린다는 이미지는 구약의 시편에도 나온다. 시편 147편 15절을 보

자. "그 명을 땅에 보내시니 그 말씀이 속히 달리는 도다." 시편 기자는 하나님의 말씀은 창조 질서를 보존하고 통치하시며 그의 백성들을 위한 구원 사역을 위해서 속히 달리는 것으로 묘사했다. 바울은 이런 이미지를 사용하고 있다. 데살로니가 교회 성도들이 말씀을 받고 하나님의 구원 사역에 참여하게 되었을 뿐만 아니라, 그들이 말씀을 환영하고 순종함으로써 말씀을 영광스럽게 했던 것처럼 고린도와 그 밖의 모든 지역에서도 동일한 역사가 이루어지기를 기도해 달라는 것이다.

이러한 기도는 또한 우리의 기도가 되어야 한다. 먼저 우리 안에서 데살로니가 교회 성도들처럼 하나님의 말씀이 영광스럽게 되는 역사가 일어나기를 기도해야 한다. '하나님의 말씀'을 그 무엇으로도 바꿀 수 없는 귀한 보물로 환영하고 받아들이며, 그 말씀이 우리 안에서 역사하게 해야 한다. 올림픽에서 금메달을 딴 사람을 생각해 보라. 하나님의 말씀이 우리를 통해서 구현됨으로써 영광스럽게 해야 한다. 그 다음에 우리 안에서와 같이 세상 모든 나라와 사람들 속에서도 말씀이 동일하게 환영을 받고 영광스럽게 되기를 기도해야 한다. 이를 위해서 선교사들을 위해서 기도하며 그들을 후원하는 것이다. 우리가 주님께서 가르쳐 주신 대로 주의 이름이 우리를 통해서 거룩하게 여겨지도록 기도하는 것이다. 이것을 우리 안에서 시작하고 우리가 기도하는 특권을 누려야 한다.

2) 악한 자들에게서 건지시기를

바울은 효과적인 복음 선포만을 위해 기도해 달라고 요청하는 것으로 머문 것이 아니다. 그는 자신과 동역자들이 악한 사람들의 올무를 피할 수 있게 해달라고 기도를 요청한다. 그는 현실을 정확하게 직시하면서 복음 사역을 했다. 복음이 증거되고 전파되어 하나님의 사랑과 능력이 나타나서 놀라운 역사가 벌어지는 것으로 기뻐하고 흥분한 나머지 적들을 인식하지 못하는 우를 범하지 않았다. 그는 어디를 가든지 자신을 뒤따르면서 올무를 놓고 함정을 파는 악한 자들의 적대감과 공격을 예상하고 있었다.

복음을 전해서 구원받은 사람을 얻는 것과 복음으로 인해 대적하는 자들로부터 구조를 받아야 하는 것은 하나이다. 복음이 선포되는 곳에서는 복음을 들은 사람들 사이에 분리가 시작된다. 복음은 언제 어디를 가든 그 복음을 환영하여 영광스럽게 대하는 사람들과 그 복음을 대적하여 무리하고 악하게 대하는 사람들을 만나게 된다. 잠시라도 복음을 전하며 복음대로 살아본 적이 있는 사람은 이 말의 의미를 알 것이다. 바울이 말하는 대적자들은 일차적으로는 유대인들을 중심으로 한 복음의 반대자들이다. 하지만 모든 곳에서 대적하는 반대자들로부터 자신과 동역자들을 지켜주시길 기도해 달라는 부탁이다.

복음이 영광스럽게 되는 만큼 복음의 대적자들은 더 심하게 격동하게 된다. 죄악의 어둠이 지배하는 세상에 하나님의 빛을 비출 때, 그 빛은 어둠에 앉은 사람들을 긴장하게 하고 분노하게 하며,

마침내 사악하게 공격하게 한다. 이런 공격으로부터 하나님의 사역자들을 보호해 주시길 간구해야 한다. 말씀 사역자는 하나님 나라의 귀한 자산이며, 교회를 위한 신실한 사역자들이기 때문이다.

어느 곳에서나 복음이 전해질 때 모든 사람이 복음을 믿는 경우는 거의 없다. 복음을 듣기는 하지만 믿지 않는 사람들은 온갖 계략과 음해, 심지어는 폭력으로 대적한다. 바울은 이런 반대와 공격을 계속해서 당해 왔다. 복음이 반대를 당하는 이유는 무엇일까? 첫째는 복음 자체가 사람들이 현재 당연시 여기고 있는 죄를 지적하고 그 죄를 떠나야 한다고 선언하기 때문이다. 빛이 어둠 가운데 들어가서 그 어둠의 일들을 폭로할 때, 그 어둠의 일을 버리고 하나님께로 나오지 않으면 영원한 사망이라는 영적 실재가 드러나지 않을 수 없다. 세상 풍속을 좇고 자신의 육체의 정욕대로 사는 사람들은 그것을 견디지 못하고 거세게 반발한다.

오늘날 한국 교회가 무기력하게 쇠퇴하는 것도 이와 관련이 있다. 사람들에게 복음의 진수를 명확하게 선포하지 않기 때문이다. 목회자들이 사람들의 죄와 부패함을 지적하지 않고 오히려 사람들의 죄와 정욕을 인정해 주고 있다. 그들의 썩어가는 양심을 적당히 무마해 주는 것이 자신들의 임무라고 생각하기도 한다. 그들은 '교회에 사람들이 나오지 않으려고 하는데, 죄인이라고 하면 누가 교회에 나오겠는가?'라며 변명한다. 심리학자들은 종교가 우리를 "괴롭히지" 않는 자리에만 이를 수 있다면 아주 많은 문제들이 사라질 것이라고 말한다. 그들은 사람들이 죄책감이라는 콤플렉

스를 미련 없이 버릴 때, 개인적인 문제들은 대부분 해결될 수 있다고 말한다. 인간의 죄에 대해서 설교하는 것은 사람들을 괴롭히는 것이고, 죄책감이라는 콤플렉스를 자극하는 것이기 때문에 그런 종교는 없어져야 한다고 주장한다. 이런 세상의 풍조와 사상을 품은 부정한 새가 교회에 들어와 똬리를 틀고 부정한 알을 낳아 품고 있다.

캐나다의 토론토에서 사역하시는 에이든 토저 목사님께 아주 교양 있고 매력적인 여성이 상담을 청해 왔다. 자신이 지금 룸메이트와 동성연애를 하는 것 때문에 몹시 괴롭다고 말했다. 수많은 전문 상담사들에게도 이미 상담을 받았다고 했다. 그러면서 은근히 자신이 하고 있는 짓이 우리 시대에 얼마든지 허용될 수 있는 행위라고 말해 주기를 바라는 눈치였다. 그 때 토저 목사님은 분명히 말했다. "아가씨, 아가씨는 지금 동성연애라는 죄를 범하고 있습니다. 아가씨가 그 죄에서 떠나 하나님의 용서와 깨끗하게 하심을 구할 때까지 하나님은 아가씨에게 어떤 승인이나 위로도 주시지 않을 것입니다." 그러자 그는 "그게 바로 제가 들어야 할 말이라고 저도 생각합니다"라고 대답했다고 한다. 어느 누구도 그 여자에게 진실을 말해 주지 않았다. 그런 죄 가운데 빠져 있는 사람에게 어설픈 동정과 위로를 하면서 그를 사랑하는 것처럼 말하고, 그 죄로 인해서 찾아오는 양심의 가책을 무마해 주는 말만 했던 것이다.

그러나 복음은 분명하게 선언한다. "내 하나님의 말씀에 악인에게는 평강이 없다 하셨느니라"(사 58:21). "선한 지혜는 은혜를 베푸나 궤사한 자의 길은 험하니라"(잠 13:15). 하나님을 버린 것이 모든 고통과 문제의 근원이다. 그 죄에서 회개하고 하나님의 통치를 받으라고 선언한다. 오늘날 '회개 없는 천국'을 전하는 사람들이 편만하다. 그들은 사람들의 어둠을 인정해 주고, 그 어둠 가운데서도 하나님께서 주시는 복을 얻을 수 있다고 가르치고 있다. 그러나 이는 심각한 오류이다. 복음을 온전하게 전하지 않는 것은 복음을 숨기는 것보다 더 나쁜 일이다.

마이클 호튼 목사는 "미국제 영성에 속지 말라!"고 경고한다. 미국제 영성이란 인간의 '전적부패성'이 간과된 채 인간에 대한 낙관, 실용주의와 성공지향주의에 대한 전폭적인 신뢰 가운데서 갖가지 방법론과 테크닉으로 하나님을 체험하려는 영적 경향을 말한다. 그런 사람들은 하나님께서 정해 놓으신 은혜의 수단을 무시한다. 그들은 자기만족을 위해 자기 소견에 옳은 대로 자기 힘으로 하나님께 나아가려고 한다. 호튼은 마케팅 중심의 대형 교회에서 행해지는 인본주의적 혼합주의의 여러 형태를 통칭하여 미국제 영성이라고 했다. 이러한 경향은 오늘날 전 세계 모든 나라, 특히 한국 교회에서 두드러지게 나타나고 있다. 십자가 없는 복음, 회개와 심판이 없는 하나님 나라를 전하는 사람들이 너무 많다.

복음이 반대를 받는 두 번째 이유는 "믿음은 모든 사람의 것이 아니기" 때문이다. 복음이 전해질 때 그 복음을 믿음으로 받는 사람들은 택하심을 받은 사람들뿐이다. 모든 사람들이 구원을 받게 되어 있지 않다. 복음을 전하는 사람들은 이 사실을 항상 기억해야 한다. 그렇다고 모든 사람들이 처음부터 복음을 거부하고 심각하게 반대만 하는 것은 아니다. 사도행전 8장에 나오는 마술사 시몬처럼 어떤 사람은 처음에 복음에 열광적인 반응을 하고 세례를 받고, 교회에서 중직을 맡기도 한다. 그러나 그런 사람은 끝내 믿음의 열매를 맺지 못한다. 참된 믿음은 데살로니가 교회와 성도들처럼, 믿음의 역사와 사랑의 수고와 소망의 인내라는 열매를 통해서 확증된다. 믿음은 환난과 핍박 속에서도 하나님의 방식으로 인내하면서 성장하는 것을 통해서 확증된다. 어떤 사람은 자신의 이익을 위해서 경건의 모양을 내기도 한다. 성경공부를 많이 하는 것을 자랑한다. 성경을 깨달았다는 것을 자랑한다. 그러나 하나님의 나라는 말이나 모양에 있는 것이 아니라 삶의 능력에서 드러난다. 이런 열매가 없는 것은 사실상 복음을 부인하는 것이다.

복음을 전하다 보면 수백 명이 앉아 있어도 복음을 달게 받는 사람과 그렇지 않은 사람들이 명확히 구별될 때가 있다. 그러나 단지 스무 명도 안 되는 그룹에서도 그것이 드러나지 않는 경우도 있다. 어떤 경우든 우리는 믿음이 하나님의 은혜로 주어지는 것임을 알고, 사람들이 반대하고 대적한다고 할지라도 그것을 이상한 일로 생각하지 않아야 한다. 우리가 최선을 다해서 권하지만 그들이 그 복음에 합당하게 반응하지 않거나 대적한다면, 더 이상 그 사람에게 시간과 에너지를 쏟을 이유가 없다. 그런 사람은 믿음과는 상관없는 사람으로 여기고 떠나는 것이다. 예수님께서도 듣지 않으려고 하는 사람들에게 쫓아다니면서 복음을 전하시지 않았다. 바울 사도도 거부하는 자들을 향해 옷의 먼지를 털어버리면서 자신은 할 바를 다 했다고 선언하고 떠났다(행 13:51).

사람들이 믿음을 갖기 위해서 인격적으로 결단하는 것은 하나님의 주권적인 선택과 부르심의 결과임을 우리가 안다. 우리가 할 바를 다하지만, 믿지 않는 사람들에게 애걸하거나 우리가 무엇을 잘못한 것처럼 미안해할 필요가 없다. 진주를 개와 돼지에게 던지지 말아야 한다. "믿음은 모든 사람의 것이 아님이라."

2. 두 가지 확신(3-4절)

1) 너희를 굳게 하며 지키시리라(3절)

복음을 전하는 일에는 언제나 많은 반대와 거짓 형제의 위험이 도사리고 있다. 바울은 고린도후서 11장에서 자신의 고난 목록을 말하면서 '이방인의 위험과 함께 거짓 형제의 위험을 당했다'고 했다(26절). 우리는 그런 자들 때문에 낙심하거나 좌절해서는 안 된다. 복음의 역사가 일어나는 곳에는 언제나 "무법하고 악한 사람들이" 존재하기 때문이다. 복음을 거부하는 사람들은 여러 가지 양상으로 발생하게 되어 있다. 예수님께서도 이렇게 말씀하셨다. "모든 사람이 너희를 칭찬하면 화가 있도다. 저희 조상들이 거짓 선지자들에게 이와 같이 하였느니라"(눅 6:26).

3절에 보면 원문에는 "그러나"라는 접속사가 있다. "그러나 주는 미쁘사[신실하사] 너희를 굳게 하시고 악한 자에게서 지키시리라." 모든 사람들이 복음을 듣고 믿음으로 반응을 보이지 않을지라도 복음의 주체요 내용이신 우리 예수님은 늘 신실하신 분이시다. 복음 전파자들은 늘 반대에 부딪친다. 복음 전파를 위해 기도로 후원하는 성도들 역시 동일한 반대에 직면하게 된다. 그러나 그 복음의 내용이 되시며 역사를 주관하시는 하나님과 예수님은 항상 신실하신 분이시다. 신실하신 하나님께서 자신이 택하시고 부르신 자들 안에서 말씀이 심겨지고, 그 말씀이 영광스럽게 되는 열매를 맺도록 효과적으로 역사하실 것이다. 예수님은 그의 백성들에게 신실하신 분이시다. 믿는 자들을 무리하고 악한 자들에게서 보호하시며 "굳게 하실 것"이다.

우리가 주기도문에서 "다만 악에서 구하옵소서"라고 기도하는 것과 같이 어떤 악한 상황과 악한 자에게서도 신실하신 하나님께서 우리를 지키시고 보호하실 것을 믿는다. 복음을 전하다가 수많은 반대에 부딪칠 수 있지만, 그럼에도 불구하고 하나님께서는 신실하셔서 그 복음이 전진하게 하실 것이다. 빌립보 교회에게 바울은 이렇게 말한다. "너희 속에 착한 일을 시작하신 이가 그리스도 예수의 날까지 이루실 줄을 우리가 확신하노라." 너희 속에 구원을 이루시고 영원한 생명을 주시는 착한 일을 시작하셨다면 예수님께서 다시 오실 그날까지 완전하게 보호하시고 성취하실 것이다. 여기에 우리의 소망이 있다.

바울은 자신이 감옥에 갇힌 상황에서도 오히려 더 깊은 신뢰로 하나님의 지키심을 확신한다고 말한다. 빌립보서 1장 12-14절을 보자. "형제들아 나의 당한 일이 도리어 복음의 진보가 된 줄을 너희가 알기를 원하노라. 이러므로 나의 매임이 그리스도 안에서 온 시위대 안과 기타 모든 사람에게 나타났으니 형제 중 다수가 나의 매임을 인하여 주 안에서 신뢰하므로 겁 없이 하나님의 말씀을 더욱 담대히 말하게 되었느니라." 우리가 넘어지고, 심지어 감옥에 가는 경우가 있다 하더라도 신실하신 하나님께서 복음에 진보가 이루어지도록 하고, 믿는 자들을 굳게 지키셨음을 고백할 수 있게 된 것이다.

우리는 사람들이 복음을 거부하고 저항하고 대적하는 상황에서도 주의 말씀이 달음질하여 영광스럽게 될 것을 확신할 수 있다. 그 말씀과 함께 신실하신 주님이 같이 하시기 때문이다. 복음의 말씀을 듣도록 부르신 분도 주님이시고, 그 말씀이 진리임을 확증시켜 주시는 분도 주님이시고, 그 말씀 안에서 열매를 맺게 하시는 분도 신실하신 주님이시다. 신실하신 주님은 언약 백성들을 결코 버리거나 떠나지 않으시겠다고 약속하셨다. "우리는 미쁨이 없을지라도 주는 일향 미쁘시니 자기를 부인하실 수 없으시리라"(딤후 2:13). 우리는 그 신실하신 분이 우리를 지키실 것을 믿기에 좌절하거나 낙심하지 않을 수 있다.

2) 가르침을 받은 것을 행할 줄을 확신한다(4절)

4절에 두 번째 확신이 나온다. "너희에게 대하여는 우리의 명한 것을 너희가 행하고 또 행할 줄을 우리가 주 안에서 확신하노니." 바울 사도는 데살로니가 교회에게 명령한 것을 그들이 행할 줄을 확신한다고 말한다. 여기서 명한다는 말은 원래 군사적인 용어(parangelia)로 상관이 부하에게 권위 있게 하는 명령을 뜻한다. 이 단어가 4절 이후에 네 번이나 더 사용되고 있다. 이런 면에서 바울이 전하고 가르쳤던 진리의 말씀은 단순히 참고하라는 조언이 아니라, 반드시 행해야 할 권위 있는 하나님의 명령이다. 데살로니가 교회가 이 말씀의 권위를 그대로 받고, 그 권위에 온전히 순종해야 함을 의미한다.

우리가 주님의 말씀을 따라 확신하는 것도 이것이다. 어떤 사람이 하나님의 은혜 가운데서 복음을 받아들이고 믿음의 길로 들어왔다면, 그는 하나님의 말씀을 따라 살고자 할 것이다. 스펄전 목사님은 이렇게 말했다. "만일 마음이 그리스도의 사랑에 들어가게 되면 그것은 거룩함에 이르는 고속도로에 들어선 것입니다." 누가 되었든지 그리스도의 사랑 안에서 새로운 사람이 되었다면, 그는 그분의 말씀을 사랑할 것이다. 그리스도의 말씀을 사랑하는 사람은 그 말씀을 지켜 행함으로써 거룩함에 이르게 될 것이다. 이것이 바울이 갖는 확신이었고 우리가 갖는 확신이다.

우리가 누군가에게 '말씀을 공부하라!'고 권하는 것은 그가 아직 분명한 믿음을 소유한 것처럼 보이지 않기 때문에 성경을 공부함으로써 자신이 구원받을 필요성을 더욱 절감하고, 그리스도의 은혜를 구하도록 하기 위함이다. 그러나 사람이 거듭나서 새로운 생명을 소유하게 되었다면, '성경을 공부하라!'고 자꾸 말하지 않아도 스스로 말씀을 공부하는 것을 즐거워한다. 물론 때로 영적인 게으름이나 침체에 빠진 경우에 옆에서 이야기해야 할 때도 있다. 그러나 생명이 있는 사람은 누가 말하기 전에 스스로 말씀에 대한 식욕이 왕성하다. 그런 사람들은 말씀을 행하고 성장하게 될 것을 우리도 확신할 수 있다. "너희에게 대하여는 우리가 명한 것을 너희가 행하고 또 행할 줄을 우리가 주 안에서 확신하노니." 이것이 우리의 확신이기도 하다. 우리가 이런 확신이 있기에 성장이 더딘 형제를 기다려 줄 수 있는 것이다.

3. 교회를 위한 기도

1) 하나님의 사랑에 들어가게 하시기를

바울 사도는 다시 한 번 교회와 성도들의 필요에 대해서 기도한다. 바울은 그들이 가르침을 받은 대로 살아갈 것이라고 확신한다. 불과 몇 달 전만 해도 그들은 이방인이었고, 믿음에 대해서는 문외한들이었다. 그러나 그들은 하나님의 사랑 안에 새롭게 뿌리를 내리고 왕성하게 자라고 있다. 이제 그들은 성경의 말씀에 순종하여 살아가며, 하나님께서 그들을 계속해서 다스리심으로써 무한하신 "하나님의 사랑 안으로" 더 깊이 들어가게 되기를 기도한다.

우리가 하나님의 사랑을 더 깊이 체험한다면 그 사랑의 측량할 수 없는 위대함을 볼 것이다. 온 우주보다 더 넓고 깊은 하나님의 사랑을 우리는 맛보게 될 것이다. 로이드 존스 목사님의 말처럼,

우리는 바닷가에서 무릎만큼의 바닷물을 경험하고서 그것으로 만족해서는 안 된다. 우리는 오대양보다 더 깊고 넓은 하나님의 사랑을 경험하기를 갈망해야 한다. 하나님의 사랑은 시간적으로도 영원할 뿐만 아니라 공간적으로도 편재하신 사랑이다. 하나님의 사랑은 우리가 어떤 조건에 있다 할지라도, 병들었거나 죽게 되었다 할지라도 그 사랑은 변함없이 우리를 붙드실 것이다. 주님은 자신을 의뢰하는 자들에게 자신의 강하심과 전능하심을 보여주실 것이다. 바울은 성도들이 결코 실패할 수 없는 주님의 사랑 안으로 깊이 들어가기를 기도한다.

하나님의 사랑은 공의와 거룩하심과 완전히 일치되는 사랑이다. 우리는 하나님께서 죄인들을 사랑하셔서 그 독생자를 주신 것을 확신하는 것만큼, 하나님께서 죄를 미워하시는 것 또한 확신해야 한다. 주님의 사랑을 더 깊이 체험하는 만큼 그 사람의 마음은 깨끗해지고 거룩해진다. 그도 주님처럼 사랑하는 사람이 된다. 거룩한 사람이 강하고 아름다운 사람이며 주님을 가장 많이 닮은 사람이다. 우리가 주님의 사랑에 더 깊이 들어갔다면 그 사랑은 우리를 강하고 온전하게 할 것이다. 우리도 그리스도처럼 사랑으로 섬기게 될 것이다. 거룩한 사랑으로 행하는 모든 곳에서 생명의 열매가 맺힐 것이다. 그렇게 사는 우리는 모든 어려움과 두려움을 이길 것이다. 이를 위해서 우리도 기도하자.

2) 그리스도의 인내에 들어가게 하시기를

바울의 두 번째 기도는 "주께서 너희 마음을 인도하여 그리스도의 인내에 들어가게 하시기를 원하노라"이다. 우리는 진리의 말씀을 행함으로써 인내에서도 성장하게 된다. 그리스도의 말씀을 통해서 우리가 그리스도를 닮게 된다. 특별히 우리는 그리스도께서 대적하는 자들에게 대하여 얼마나 인내하셨는지를 알게 되었다. 그리스도께서 죄인 된 우리를 향해서 얼마나 오래 참으셨는지를 깨닫게 되었다. 그리스도께서는 성육신의 순간부터 십자가에 달리시고 죽음에서 부활하시는 모든 기간들을 말할 수 없는 인내로 견디셨다. 베드로는 베드로전서 2장 18절 이하에서 사환들에게 인내하면서 그리스도의 아름다운 빛을 선전하라고 한다. 특히 까다로운 주인들에게도 순복하되 예수님의 인내를 본받으라고 교훈했다.

고난 받아야 할 하등의 이유가 없으셨던 예수님께서 우리를 구원하시기 위해서 모든 고난 속에서 인내하셨다. 예수님은 지상 생애 모든 시간 동안 인내하셔야만 했다. 단 일분도 그가 인내하지 않아도 될 시간은 없었고, 어느 한 공간에서라도 인내하지 않아도 될 공간이 없었다. 그는 모든 시간과 모든 공간에서 철저히 인내하셨다. 전능하신 하나님께서 이 땅에서 모든 것을 절제하시고 인내하시는 것 자체가 우리로서는 이해하기 힘든 일이다. 예수님의 삶과 죽음에서 전능하신 하나님의 인내를 볼 수 있다.

예수님은 눈이 순결하시기 때문에 차마 죄를 볼 수 없을 정도로 민감한 분이셨다. 그러나 그는 모든 죄인들을 영접하셨고 그들과 함께 식사를 하셨다. 그는 무정하고 냉혹한 위선에 대해서 그 마음을 꿰뚫어 보시기 때문에 말할 수 없이 민감한 분이셨다. 그러나 예수님은 바리새인들의 구역질나는 외식에 대해서 성내지도 분노하시지도 않으셨다. 그들이 행한 대로 복수하지 않으셨다. 또한 그들이 알아야 하고 깨달아야 하는 진리들을 알기 쉽게 비유를 통해서라도 하나하나 인내하시면서 가르치셨다. 예수님은 배신할 줄을 알면서도 유다의 발을 씻기셨고, 그에게 유월절 떡과 포도주를 나누어 주셨다. 뺨을 치고 침을 뱉으며 능욕하는 자에게도 온유함으로 인내하셨다. 심지어 십자가에서 고통 속에서 죽어가는 중에도 자신을 향해 비난과 조롱을 퍼붓는 자들을 위해서 기도하셨다. "아버지! 저들을 사하여 주옵소서! 자기들이 하는 것을 알지 못함이니이다"(눅 23:34). 오! 여러분 이런 그리스도의 인내를 보았는가? 이런 그리스도의 인내를 묵상해 보았는가!

우리가 주님을 무시하고 그를 슬프게 했을 때 주님은 얼마나 오래 참아 주셨는가. 우리가 주님을 배반하고 자기 고집대로 행동했을 때도 얼마나 변함없는 사랑으로 우리를 지켜 주셨는가. 우리의 불신앙, 의심, 완고한 마음, 교만, 어리석은 불순종에 주님은 얼마나 오래 참아 주셨는가. 주님께서 우리를 향하여 얼마나 많이 참으셨는지 우리가 알고 있지 않은가! 주님의 인내를 송축하자. 우리를 위해 끝까지 인내하셨고, 지금도 인내하고 계시는 주님을 찬양하자.

이런 주님의 인내를 깨달았다면, 우리도 그리스도의 인내에 들어가기를 기도해야 한다. 그리스도의 인내에 깊이 들어갈수록 우리는 세상을 초월하고 이길 수 있다. 그리스도의 인내를 닮을수록 자신을 초월하고 이길 수 있다. 그리스도의 인내에 들어간 사람들은 세상의 풍파에 의연하게 대처할 수 있다. 그리스도께서 "그 앞에 있는 즐거움을 위하여 십자가의 부끄러움을 개의치 아니하셨"던 (히 12:2) 것처럼 우리도 복음으로 인한 수치를 개의치 않을 수 있다. 믿음의 주요 온전케 하시는 예수님을 바라봄으로써 우리 앞에 당한 믿음의 경주를 완주할 수 있다.

우리의 인내는 고통을 견디는 것이 전부가 아니다. 우리의 인내는 그리스도처럼 수고하는 인내이어야 한다. 우리는 아무 유익이 없는 가운데서도 계속 수고하는 인내, 회심하지 않는 영혼들을 위해 계속 기도하는 인내, 배우기를 싫어하는 아이에게 계속해서 가르치는 인내가 필요하다. 우리의 삶은 모든 영역에서 그리스도의 인내를 요구한다. 그리스도는 어떤 상황에서도 눈 하나 까딱하지 않고 십자가의 길을 가셨다. 예수님은 진정한 열매를 맺는 사람을 보지 못하면서 사역하셨다. 그리스도는 한순간도 자신의 사명을 회피하지 않으셨다. 이런 그리스도의 인내에 우리가 들어가야 한다.

우리의 인내로 그리스도께서 영광을 받으실 것이다. 우리가 주님을 높이는 가장 좋은 방법은 주님께서 우리를 통해서 자신의 뜻을 이루시도록 행하는 것이다. 느부갓네살 왕의 분노 가운데 평소보다 칠 배나 뜨거운 풀무불 속으로 당당히 걸어 들어갔던 다니엘의 세 친구처럼, "주님 저는 주님의 것입니다. 주께서 원하시는 대로 사용하여 주시옵소서! 저를 통해서 주께서 영광을 받으시옵소서!"라고 고백하자. 주님의 재림을 기다리는 우리에게는 인내가 더욱 필요하다. 수많은 대적들의 반대를 뚫고 우리에게 맡겨진 사명을 감당해야 하기 때문이다. 노아와 같은 인내와 수고, 욥과 같은 인내가 필요하다. "너희도 길이 참고 마음을 굳게 하라 주의 강림이 가까우니라"(약 5:8). 우리의 마음이 그리스도의 인내로 인도함을 받기 위해서 기도해야 한다. 하나님의 사랑과 그리스도의 인내로 가득 채워지기를 기도하자. 주께서 다시 오실 때까지 그리스도의 인내로 견디며 지혜롭게 충성하는 종들이 되기 위해서 기도하자.

기도합주곡

꿈속에서 악당들에게 쫓기는 가운데 빨리 도망을 가고자 하지만 발이 마비되어 도망가지 못하고 소리를 지르다 깬 적이 있을 것이다. 마음은 자꾸 앞을 향해서 달리고 싶은데 발이 굳어진 것처럼 움직이지 않아서 악당에게 잡히는 꿈은 지금 생각해도 괴로운 일이다. 바울은 주님의 말씀이 데살로니가 교회에서처럼 달려서 영광스럽게 되기를 바라며 혼신의 힘을 다해 사역하고 있었다. 하나님의 말씀이 달음질하여 어둠 속에서 사단에게 매여 있는 사람들이 해방되도록 사력(死力)을 다하고 있었다. 사람들이 죽음과 사단의 권세에서 하나님의 사랑의 아들의 나라로 옮겨지도록 힘쓰고 있었다. 심각한 반대와 저항 속에서도 최선을 다해서 복음을 전했다. 어쩌면 바울은 주의 말씀이 달리기를 원하나 다리가 움직이지 않는 꿈속 상황과 같다고 느꼈을 것이다. 말씀이 역사하도록 힘을 다해서 전했지만, 몇 사람의 유대인과 이방인들만 믿었다. 그는 주의 말씀이 영광스럽게 되지 못하는 상황을 자주 직면했을 것이다.

그런 바울에게 고린도에서 주께서 찾아오셔서 환상 중에서 말씀하셨다. "밤에 주께서 환상 가운데 바울에게 말씀하시되 두려워하지 말며 잠잠하지 말고 말하라. 내가 너와 함께 있으매 아무 사람도 너를 대적하여 해롭게 할 자가 없을 것이니 이는 이 성중에 내 백성이 많음이라 하시더라"(행 19:9-10). 주께서 그를 격려해 주시고 힘을 불어넣어 주셨다. 바울은 그곳에서 1년 6개월을 유하면서 복음을 전했고 큰 부흥이 있었다. 같은 상황에서 바울은 데살로니가 교회에게 이렇게 기도로 자신의 사역에 동참해 줄 것을 부탁한 것이다.

후에 바울은 고린도에서 로마서를 쓰면서 이렇게 말했다. "그런즉 원하는 자로 말미암음도 아니요 달음박질하는 자로 말미암음도 아니요 오직 긍휼히 여기시는 하나님으로 말미암음이니라"(롬 9:16). 원한다고 원해서 구원을 얻는 것도 아니고, 전하는 자가 최선을 다해서 전했다고 해서 구원을 얻는 것도 아니다. 그러면 무엇인가? "오직 긍휼히 여기시는 하나님으로 말미암음이다." 오직 하나님께 달려 있다.

그렇다면 주님의 말씀이 마음껏 달려 어떤 사람들 속에서 영광스럽게 환영을 받게 되도록 하는 것은 무엇일까? 답은 기도이다.

위대한 바울 사도도 자신의 사역에서 열매가 맺히도록 교회가 기도로 동참하고 후원해 주기를 부탁했다. '주의 말씀'이 우리 가운데서 영광스럽게 되는 열매를 맺기 원한다면 기도해야 한다. 기도는 우리의 힘으로는 하나님의 사역을 감당할 수 없음을 겸손히 고백하는 것이다. 오직 하나님께서만이 그 일을 이루실 수 있음을 전적으로 인정하고 하나님께 철저히 의존하는 것이다. 우리의 삶에 열매가 없다면 우리의 전도에 열매가 없다면, 그것은 우리가 기도하지 않고 우리의 노력으로만 하려고 하기 때문이다. 기도하지 않는 것은 자기를 의존하는 것이다. 그것으로 하나님의 일은 이루어지지 않는다.

우리의 기도는 말씀을 행하는 것과 함께 가야 한다. 데살로니가 교회가 이미 가르침을 받은 하나님의 말씀을 행할 것을 확신한 바울은 다시 기도했다. 그들의 마음을 성령께서 인도하여 하나님의 사랑과 인내에 들어가게 하시기를 기도했다. 우리에게 가장 부족한 것은 기도 생활이다. 개인적인 기도 생활과 공적인 기도 생활이 모두 부족한 상황이다. 우리에게 무엇보다 성령 안에서 기도하는 능력이 필요하다. 성령으로 기도한다는 것은 우리의 철저한 무능력을 인정하는 것에서 시작된다. 우리의 노력에 주께서 은혜를 베푸시길 기도하는 것이야말로 하나님의 주권과 섭리를 인정하는 최상의 표현이다.

말씀에 대한 묵상과 기도가 뒤따르지 않는 사역은 꿈속에서 달리려고 애쓰지만 달릴 수 없는 것과 비슷하다. 우리는 최선을 다

하면서도 겸손히 하나님께 간구해야 한다. 주의 말씀과 하나님의 사랑이 우리의 기도를 통해서 어떻게 영광스럽게 열매를 맺는지를 경험하고 그 신비를 터득해야 한다. 기도는 하나님과 교통하는 제일의 통로다. 다른 모든 복된 길은 바로 이 길을 통해서 도달할 수 있다. 우리는 복음이 온 세상을 향해 전진하도록 기도해야 하고, 사역자들을 안전하게 지켜 주시길 기도해야 한다. 기도는 단지 우리 안에서 머물러서는 안 된다. 보편 교회의 사역자들, 특별히 복음을 위해 수고하는 선교사들을 위해 기도해야 한다. 모든 하나님 나라의 사역자들과 그들의 승리를 위해서 기도해야 한다.

우리 자신 안에서, 그리고 교회 안에서 주님의 말씀이 영광스럽게 되도록 기도해야 한다. 우리는 교회 공동체에 속한 각 사람을 위해서 기도하고, 그들이 굳건하게 되어서 하나님의 사랑과 그리스도의 인내에 들어가도록 간구해야 한다. 교회가 말씀을 잘 해석하고 보전하며, 주의 영광을 위해 일하도록 기도하자. 우리 사역은 기도로 시작되고 기도를 통해서 진행되고 기도로 마쳐져야 한다.

다음으로 우리는 기도의 응답을 기다려야 한다. 하박국은 하나님의 계획을 듣고 '그것은 하나님의 성품과 맞지 않는 일입니다. 어떻게 그런 일이 가능합니까?'라고 기도했다. 그런 다음 그는 적극적으로 기도의 응답을 기다렸다. "내가 내 파수하는 곳에 서며 성루에 서리라 그가 내게 무엇이라 말씀하실는지 기다리고 바라보며 나의 질문에 대하여 어떻게 대답하실는지 보리라"(합 2:1). 하박국은 선지자로서 파수꾼이 되어 성루에 서서 하나님의 응답을 간절히 기다렸다. 우리의 믿음은 기도할 때보다 그 기도에 대한 하나님의 응답을 기다리는 것에서 더 잘 드러난다. 인내하는 가운데 주께서 이루실 줄을 믿고 기다리는 사람은 더딜지라도 지체되지 않고 반드시 응답하시는 하나님을 만나게 될 것이다(참고. 합 2:3). 기도와 확신, 그리고 기도와 기다림, 이것이 우리의 믿음의 표지가 되어야 한다. "하나님께서 우리를 크게 축복하시는 것은 위대한 은사와 재능 때문이 아니라 예수님을 닮아 가려는 위대함 때문이다"(로버트 맥체인). 기도와 확신, 인내와 사랑에서 예수님을 닮아가기를 힘쓰자!

6강

노동에 대한 기독교적 관점

데살로니가후서 3:6~ 18

6형제들아 우리 주 예수 그리스도의 이름으로 너희를 명하노니 규모 없이 행하고

우리에게 받은 유전대로 행하지 아니하는 모든 형제에게서 떠나라 7어떻게

우리를 본받아야 할 것을 너희가 스스로 아나니 우리가 너희 가운데서 규모 없이

행하지 아니하며 8누구에게서든지 양식을 값없이 먹지 않고 오직 수고하고 애써

주야로 일함은 너희 아무에게도 누를 끼치지 아니하려 함이니 9우리에게 권리가

없는 것이 아니요 오직 스스로 너희에게 본을 주어 우리를 본받게 하려 함이니라

10우리가 너희와 함께 있을 때에도 너희에게 명하기를 누구든지 일하기

싫어하거든 먹지도 말게 하라 하였더니 11우리가 들은즉 너희 가운데 규모 없이

행하여 도무지 일하지 아니하고 일만 만드는 자들이 있다 하니 12이런 자들에게

우리가 명하고 주 예수 그리스도 안에서 권하기를 종용히 일하여 자기 양식을

먹으라 하노라 13형제들아 너희는 선을 행하다가 낙심치 말라 14누가 이 편지에

한 우리 말을 순종치 아니하거든 그 사람을 지목하여 사귀지 말고 저로 하여금

부끄럽게 하라 15그러나 원수와 같이 생각지 말고 형제같이 권하라 16평강의

주께서 친히 때마다 일마다 너희에게 평강을 주시기를 원하노라 주는 너희 모든 사람과 함께 하실지어다 **17**나 바울은 친필로 문안하노니 이는 편지마다 표적이기로 이렇게 쓰노라 **18**우리 주 예수 그리스도의 은혜가 너희 무리에게 있을찌어다

종들이나 하게 하라

한국 최초의 의료 선교사인 알렌은 고종 황제의 총애를 받아서 광혜원이라는 최초의 서양식 병원을 건립했다. 알렌은 의사일 뿐 아니라 고종 황제의 외교 정책도 자문했고, 한국 선교를 위해서 훌륭한 업적을 남겼다. 초기 선교사들은 한국에 근대식 병원과 학교를 세우고, 선진 과학문물 도입에 큰 기여를 했다. 여러 가지 운동 경기들도 도입해서 한국인들의 자긍심을 높이고자 했다. 어느 날 고종 황제 앞에서 선교사들이 테니스 경기의 시범을 보였다고 한다. 그 때 고종 황제와 대신들은 '저렇게 힘든 일은 종들에게나 시키지 뭐 하러 땀 흘리면서 고생하느냐'는 반응을 보였다는 일화는 잘 알려져 있다.

단순한 에피소드처럼 보이지만 당시 조선 사람들의 일과 노동에 대한 유교적 세계관을 잘 보여주는 사례이다. 당시 양반은 지식을 연마하여 세상을 지혜로 다스리는 것은 아주 중요하게 생각했지만, 땀 흘려 노동하는 것은 보잘것없는 평민들이나 하는 것으

로 여겼다. 운동을 하는 것도 땀을 흘리는 일이기 때문에 권장할 만한 일은 아니었던 것이다.

고대 헬라의 세계관에서도 마찬가지였다. 헬라인들은 신들이 일을 시키려고 인간을 만들었다고 믿었다. 헬라인들은 땅에 사는 한 노동이 필수적이라는 점을 인정하였지만, 모든 일이 동등하다고 생각하지 않았다. 몸이 아니라 정신을 사용하는 일이 더 고상하고 덜 동물적이라고 믿었다. 몸을 가장 적게 움직이고 정신을 최대한 왕성하게 움직이는 일을 가장 고상한 것으로 여겼다. 당시 사회 구조 전체가 그런 세계관에 의해서 형성되었다. 엘리트들은 예술과 철학, 정치를 통해 정신을 수련하는데 전념하도록 노동은 노예와 평민들이 맡아서 하는 것이 당연한 전제였다. 아리스토텔레스가 말했다. "(사람들 중에) 더러는 수준이 높은 이성적 사고가 불가능하므로 열심히 일해서, 재능 있고 총명한 이들이 자유로이 명예로운 삶과 문화를 추구하도록 보조해야 한다."

오늘날 그리스도인들도 직업과 일에 관해서 기독교 세계관이 아니라 유교적 세계관이나 헬라적인 세계관으로 보는 사람들이 많다. 노동과 일을 천한 직업으로 보아서 가사 노동을 하거나 육체적인 일을 하는 것을 낮게 보는 사람들이 여전히 있다. 어떤 사람은 자신의 은사와 맞지 않더라도 더 많은 수입이 보장되는 직업을 얻기 위해서 노력한다. 모든 것을 돈의 가치로 평가하는 시대에 가사 노동이나 자녀 양육, 농사를 짓거나 생산 활동에 종사하는 것을 하찮게 여긴다. 기독교적 직업관과 노동관은 무엇이 다를

까? 오늘 본문이 그것을 우리에게 가르쳐 주고 있다.

1. 일하기 싫거든 먹지도 말라(6-10절)

1) 규모 없이 행하고 유전대로 행하지 않는 자를 떠나라

"형제들아 우리 주 예수 그리스도의 이름으로 너희를 명하노니 규모 없이 행하고 우리에게 받은 유전대로 행하지 아니하는 모든 형제에게서 떠나라"(6절). 먼저 이 권면은 바울 사도의 개인적인 권면이나 충고가 아니다. 이 말씀은 "주 예수 그리스도의 이름으로 명령하는" 것이다. 예수 그리스도의 사도인 바울의 명령은 신적 권위와 능력 아래서 성도들에게 주어진다.

권면의 내용은 게으르게 행동하면서 바울과 동역자들의 가르침대로 행하지 않는 "모든 형제들로부터 떠나라"는 것이다. 그들은 누구일까? 데살로니가 교회 안에 게으르게 행동하며 문제를 만드는 사람들이다. 이들의 문제는 "규모 없이 행하는 것"이었다. 규모 없이 행하는 것은 문맥에서 보면 일정한 직업 없이 교회의 구제 연금으로 생활하는 사람들이다. 더 넓은 문맥에서 보면 규모가 없다는 것은 게으름이라는 단순한 성격적 특성을 가리키기보다 바울과 동역자들이 전해준 복음의 가르침을 의도적으로 지속적으로 거부하고 무시하는 삶으로 인한 무질서를 의미한다.

그들이 규모 없는 삶을 산 것은 태생적 게으름이라는 성격의 문제와 더불어 적어도 두 가지 이유에서 비롯되었다. 첫째는 '재림에 관한 잘못된 기대'에서 비롯된 것이다. 예수님의 재림에 대한 무지와 왜곡된 가르침에서 시작되었다. 그들은 시한부 종말론자들처럼 주님이 오실 날이 멀지 않았기에 구태여 그렇게 열심히 노력해서 일할 필요를 느끼지 못했다. 지금 가지고 있는 재산을 다 팔아서 먹고 지내다 주님 오시면 하늘로 가면 되지 않겠는가 하고 생각한 사람들이 있었던 것으로 보인다.

둘째는 헬라적인 직업관에서 비롯되었을 것이다. 당시 사회에서 정신적인 일은 고상하고 복된 것이었지만, 육체적인 노동은 노예나 하찮은 사람들이 하는 것으로 생각했다. 영적인 지식에서 참된 만족을 얻고 고상한 정신세계를 추구하는 사람은 다른 사람들의 육체적인 섬김을 받아 마땅하다고 여겼다. 플라톤은 대화편(파이돈)에서 육신에 속한 존재는 영혼의 길을 왜곡하고 방해해서 진리를 좇지 못하게 한다고 주장했다. 이 세상에서 고상하고 정결한 삶을 추구하며 훈련하는 이들은 힘닿는 데까지 육체를 무시해야 한다고 생각했다. 따라서 플라톤에게 죽음은 일종의 영혼의 해방이었으며, 영혼의 친구였다. 헬라 철학자들은 전반적으로 물질세계에 최소한만 관여하고 투자하며 살아야 한다고 생각했다. 이런 세계관에서 당시 사람들은 '일은 단지 저주'라고 생각했다.

이런 세계관을 가진 사람들에게 노동과 일은 최상의 삶을 가로막는 장애물이었다. 세상의 일에 매달려 사는 것은 신들이 지배하는 철학의 세계로 들어가는 것을 불가능하게 한다고 생각했다. 이런 세계관에서 살던 사람들이 바울이 전하는 복음을 듣고 구원을 받았다. 그리고 데살로니가 성도들은 일과 직업에 대해서도 기독교적인 가르침을 받았다.

기독교적인 노동과 직업관은 무엇인가? 창세기 1장에서 보면 모든 피조물들 중에서 오직 사람에게만 일(직무)이 주어졌다. "하나님이 그들에게 복을 주시며 그들에게 이르시되 생육하고 번성하여 땅에 충만하라 땅을 정복하라 바다의 고기와 공중의 새와 땅에 움직이는 모든 생물을 다스리라 하시니라." 하나님께서 인간에게 주신 복 중에서 가장 고상하고 특별한 복은 그들이 모든 생물을 다스리는 일을 하는 것이다. 하나님께서는 다른 식물과 동물들에게는 그저 '충만하고 번성하라'고만 하셨다. 그러나 인간에게는 땅을 정복하고 지배하며 세상을 다스리라는 일이 주어졌다. 그것도 그들에게 주신 가장 큰 복으로 주어진 것이다. 원래 인간이 일하는 것은 저주가 아니라 하나님의 형상으로서 복을 누리는 가장 복된 특권이었다.

창세기 2장에서는 안식하는 인간의 복과 환경을 소개해 주고 있다. 우리가 주목해야 할 것은 노동과 예배를 하나로 결합한다는 점이다. 창세기 2장 15절을 보자. "여호와 하나님이 그 사람을 이끌어 에덴동산에 두사 그것을 다스리며 지키게 하시고." 다스린다는 히브리어는 '아바드'인데 이 단어는 '노동하다', '일하다', '예배하다'라는 의미다. 하나님께서 창조하신 세계에서 사람은 하나님의 뜻을 따라 모든 것을 다스리며 지키는 것으로 하나님을 예배하는 삶을 살았다. 인간은 하나님의 형상으로서 세상을 다스리며, 일하는 청지기로서 자유와 안식을 누렸다.

헬라 철학자들은 일과 노동이 사람을 짐승 수준으로 전락시킨다고 보았지만, 성경은 사람을 짐승과 구별하고 존엄한 존재로 끌어 올려주는 특징적인 요소라고 한다. 히브리어 샬롬(평강)은 아무 것도 안 하면서 얻어지는 평화가 아니라 하나님의 뜻을 따라 일하면서 주어지는 평안이다.

성경에서 노동은 저주가 아니라 하나님의 대리 통치자로서 행동하는 기쁨과 즐거움의 원천이었다. 그들은 하나님의 뜻을 따라 일을 함으로써 평강과 자유, 안식을 누렸다. 그러나 인간이 범죄로 말미암아 자신을 신으로 섬기게 되자, 즐거움과 안식의 행위였던 노동은 뼈아픈 고통이 되었다. 뼈 빠지게 수고하지만 안식과 자유, 평강이 없고 겨우 의식주를 해결할 수 있는 상태로 전락(轉落)하였다. 그럼에도 성경은 노동 자체를 저주라고 말하지 않는다. 일은 하나님께서 친히 행하셨고, 인간이 하나님을 대신하여 행하는 행동이기에 존엄성을 가진 것이다. 일 자체가 존엄할 뿐만 아니라 모든 종류의 일이 하나님의 뜻을 따라 행한다면 다 고귀한 일이다. 문제는 하나님을 예배하는 일로서 노동의 목적은 잃어버렸다.

기독교 세계관에서 일과 노동은 인간에게 주어진 복이다. 인간은 일하도록 설계되었고 일을 통해서 존엄하게 된다. 일을 함으로써 하나님을 섬기도록 창조된 것이다. 그러므로 그리스도인은 하나님의 뜻을 따라서 자신에게 주어진 일을 창조적으로 행하는 사람이다. 그리스도인은 하나님의 형상을 회복하였기 때문에 모든 일에서 부지런하고 근면하게 자신에게 주어진 일을 지혜로운 청지기로서 감당한다. 우리가 하나님을 사랑하는 것도 일을 통해서 드러나고, 이웃을 사랑하는 것도 일을 통해서 구현된다. 종교개혁자들은 로마 가톨릭의 잘못된 직업관을 부정하고, 무슨 일이든지 하나님의 뜻에 따라 행하는 것은 하나님의 거룩한 부르심 즉 소명이라고 가르쳤다.

2) 모범을 기억하라

바울 사도는 데살로니가에서 사역을 하면서 이러한 진리를 이미 가르쳤다. 그는 스스로 수고하여 주야로 일하면서 복음을 전했다. 그런데 어떤 사람들은 바울이 가르친 복음과 유전을 고의적으로 거부하였다. 그들은 여전히 헬라적인 이원론에 빠져서 더 고상하고 정신적인 일, 영적인 일에 매진해야 하기 때문에 하찮은 일을 할 수 없다고 생각했을 것이다. 교회가 자신들의 생계를 책임져 주는 것이 마땅한 일이라고 생각했을지도 모를 일이다.

이런 잘못된 신학과 세계관에서 비롯된 교리적인 무질서와 게으른 삶이 교회 공동체 안에 큰 해악을 끼쳤다. 바울 사도는 데살로니가전서 5절 14절에서 이미 "규모 없는 자들을 권계하라"고 가르쳤다. 데살로니가 교회는 그런 자들에게 말씀에 따라 권면과 징계를 하였을 것이다. 그럼에도 그들은 삶의 태도에서 별다른 변화를 보이지 않았던 것 같다. 바울 사도는 그런 자들에게 한 단계 높은 차원의 권징을 할 것을 명한다. "규모 없이 행하고 우리에게 받은 유전대로 행하지 아니하는 모든 형제에게서 떠나라." 비록 그들이 세례를 받고 교회 공동체 안에 들어와 있다 할지라도 말씀의 가르침을 의도적으로 계속 무시하거나 거부할 경우에 그들을 분리시키라고 명령한다. 이런 자들은 11절에서 말하고 있는 것처럼 "규모 없이 행하여 도무지 일하지 아니하고 일만 만드는 자들"이기 때문이다. 이들은 공동체를 위협하는 "거짓 교사들"과 어떤 연관을 가졌을 것으로 추측할 수가 있다.

바울의 가르침과 사역은 어느 곳에서나 통합적인 것이었다. 과거와 현재와 미래를 통시적으로 보면서 교회와 성도들에게 필요한 모든 진리를 가르쳤다. 단지 데살로니가 교회의 현실적인 필요만을 채우는 근시안적인 안목에서 목양한 것이 아니었다. 바울은 모든 면에서 준비된 가르침과 목양을 했다. 7-10절을 보면 분명하게 나타난다. "어떻게 우리를 본받아야 할 것을 너희가 스스로 아나니 우리가 너희 가운데서 규모 없이 행하지 아니하며 누구에게서든지 양식을 값없이 먹지 않고 오직 수고하고 애써 주야로 일함은 너희 아무에게도 누를 끼치지 아니하려 함이니 우리에게 권리가 없는 것이 아니요 오직 스스로 너희에게 본을 주어 우리를 본받게 하려 함이니라. 우리가 너희와 함께 있을 때에도 너희에게 명하기를 누구든지 일하기 싫어하거든 먹지도 말게 하라 하였더니."

바울은 그의 가르침을 실제 삶의 모범을 통해서 보여주었다. 그는 데살로니가 교회 성도들에게 "어떻게 우리를 본받아야 할 것을 너희가 스스로 아나니"라고 말할 수 있었다. 바울은 교리적인 가르침을 통해서 기독교의 노동 윤리와 직업의 소중함을 가르쳤을 뿐만 아니라, 자신의 삶을 통해서 실제적으로 가르쳤던 것을 떠올리게 한다. 우선 바울 사도는 데살로니가 교회가 보았듯이 규모 없이, 곧 게으르게 살지 않았다. 그는 데살로니가 사람들 어느 누구보다 더 열심히 일하며 사역했다. 밤낮으로 수고하면서 자신과 동역자들의 생계를 위해서 일했다. 그러나 그 일을 하는 것이 먼저가 아니었고, 시간이 날 때마다 혹은 가장 좋은 시간은 복음을 전하고 증거하기 위해서 사용했다. 바울은 힘들게 노동하고 일하는 것을 천하게 여기거나 자신의 영적인 사역에 방해가 되는 저급한 일이라고 생각하지 않았다. 그는 가장 영적인 일을 하였지만 자신과 동역자들의 생계를 위해서 수고하며 일했다.

바울은 이렇게 일하는 수고와 노동을 통해 궁극적으로 하나님을 사랑하고, 이웃을 섬기는 사랑을 실천했다. 바울은 하나님께서 존귀하게 여기시는 복음과 교회에 누가 되지 않기 위해서 스스로 자신의 권리를 사용하지 않았다. 복음과 하나님의 영광에 장애가 된다면, 기꺼이 권리를 포기하고 자신을 희생하였다. 이러한 바울의 노동과 수고는 이웃 사랑의 실천이었다. 그는 어린 성도들에게 과중한 부담이나 잘못된 오해를 주기보다는 자신의 수고를 통해서 일함으로써 그들에 대한 자신의 사랑을 나타냈던 것이다. 바울의 삶은 사랑의 수고를 가르치는 위대한 교본이었다. 바울의 이런 가르침을 받았던 대다수의 성도들은 믿음의 역사와 사랑의 수고를 통해서 하나님과 이웃을 아름답게 섬길 수 있었다.

바울은 이러한 본보기를 통해서 성도들이 노동을 하거나 힘든 직업에 종사하는 것을 천하게 여기지 않아야 함을 가르쳤다. 노동을 통해서 하나님과 이웃을 사랑으로 섬기는 예배적 삶을 실천으로 보여주었다. 이것은 하나님의 형상의 회복이다. 사도의 이러한 가르침을 무시하고, 믿기 전에 가졌던 헬라 세계관에 붙박여서 일하는 것을 천하게 여기는 사람들을 책망하였다. 임박한 예수님의 재림을 주장하면서 일하지 않고 규모 없는 삶을 사는 사람들도 강하게 책망하였다. 잘못된 세계관을 가진 사람들에게 바울은 이미 가르쳤던 말씀을 다시 강조한다. "누구든지 일하기 싫어하거든 먹지도 말게 하라." 일하지 않는 자는 먹지 말라는 정도의 의미가 아니라, 그들의 세계관과 삶의 양식이 기독교 세계관으로 변혁되어야 함을 강조한 말씀이다.

역사적으로 볼 때 노동에 대해 어떤 세계관을 갖느냐에 따라서 그 나라와 국민들의 운명이 달라졌다고 해도 지나친 말은 아니다. 기독교의 교리는 근면하고 성실한 노동의 가치를 높이 평가했다. 또한 근검절약하는 생활습관을 통해서 주어진 자원과 시간을 낭비하지 않았다. 그렇게 해서 축적된 자원을 교회와 이웃을 섬기기 위해서 기꺼이 기부하고 헌금했다. 막스 베버가 쓴 『프로테스탄티즘과 자본주의 정신』에서 그것이 확증되었다. 연세 세브란스 병원의 이름의 유래는 알아볼 만하다. 선교사 알렌이 고종 황제의 허락을 받아 설립한 광혜원이 나중에 제중원이 되었다. 제중원의 건물과 인력은 조선 정부가 지원했고, 의사들은 미국 선교부에서 파송했다. 의사들은 급여를 받지 않고 무보수로 봉사했다. 1894년 제중원의 모든 경영은 미국 북장로교 선교부가 맡았고, 재정과 여러 시설들이 매우 열악한 상황이었다. 재정난에 허덕이던 제중원을 위해서 당시 언더우드 선교사는 미국의 사업가인 세브란스에게 도움을 요청했다. 이 때 세브란스는 한국에 와본 적이 없었지만 15,000 달러를 흔쾌히 기부했다. 오늘날 액수로 환산하면 2,000억이 넘는 거액이었다. 믿음으로 사는 사람들은 늘 자신보다 주님께서 기뻐하시는 일에 기꺼이 후원하고 헌신함으로써 주님께 영광을 돌렸다.

2. 교회의 권징(11-15절)

1) 참된 경건은 일하게 한다

데살로니가 교회 공동체 전체를 대상으로 권면한 바울 사도는 이제 "게으른 자들을" 향해 직접 명령한다. 바울이 직접 겨냥한 "게으른 자들"은 성도로서 무책임한 생활을 넘어 교회 공동체 전체에 피해를 주는 자들이다. 몸의 어느 한 곳에 병이 들면 모든 지체에 영향을 주는 것처럼, 교회의 어느 한 지체가 그의 세계관과 삶에 문제가 있으면 전체 공동체에게로 파급된다. 우리도 기존의 세계관을 허물고 기독교 세계관을 속히 정립해야 한다. 우리 자신의 생각과 행동이 다른 지체들에게 용기와 힘을 주고, 그들의 삶을 유익하게 해야 한다. 건강은 전염되지 않지만 질병은 전염된다. 우리의 경건의 삶은 전달되기 어렵지만, 죄악은 누룩처럼 은밀하게 퍼진다. 우리는 늘 스스로를 살피는 가운데 자신의 행동을 통해서 다른 사람들을 건강하고 복된 삶으로 이끌 수 있도록 항상 노력해야 한다.

"규모 없이 행하는 자"들의 문제는 그들에게서 끝나지 않는다. 일은 하지 않고 오히려 일만 만드는 자들이 되기 때문이다. 자신들이 해야 할 일에 전념하지 않기에 그들은 다른 사람의 일에 간섭하거나 말을 만들어 내서 분열과 갈등을 조장하게 된다. 자기 일은 하지 않으면서 다른 사람 일에 참견하기 바쁘다. 이런 자들에게 바울은 직접 명령한다. "이런 자들에게 우리가 명하고 주 예수 그리스도 안에서 권하기를 조용히 일하여 자기 양식을 먹으라 하노라"(12절). 사도로서의 명령이면서 동시에 주 예수 그리스도를 믿는 형제 사랑 안에서 하는 권면이기도 하다. 모든 성도는 다른 사람에게 짐이 되어서는 안 된다. 자신의 일을 열심히 행하여 생활을 유지하되 주께서 주신 사명을 이루기 위해서 일해야 한다.

인간이 하나님의 형상이라는 의미에는 일하는 것도 포함된다. 하나님께서는 창조하시며 섭리하시고, 구원하시고 심판하시는 일을 지금도 하고 계신다. 예수님께서는 "내 아버지께서 이제까지 일하시니 나도 일한다"(요 5:17)고 말씀하셨다. 이 말씀은 하나님의 영광을 위하여 기쁨으로 일하는 것이 하나님의 형상으로 살아가는 방식임을 가르친다. 하나님께서 태초에 에덴동산에 인간을 두시면서 무위도식하며 살게 하시지 않았다. 일을 통해서 하나님의 주권과 영광을 나타내도록 하셨다. 따라서 노동과 일을 타락 후의 형벌과 저주로만 단순하게 이해해서는 안 된다. 앞서 본 것처럼 일의 성격과 방식이 고통과 수고로 바뀐 것은 사실이지만, 일 자체가 원래 없었는데 들어온 것은 아니라는 말이다.

몸을 건강하게 하는 것은 약이 아니라 규칙적인 운동과 영양을 균형 있게 공급하는 식사이다. 인간이 의미 있는 일을 하지 못하면 내면적으로 심각한 상실감과 공허감에 시달린다. 일할 필요가 없을 정도로 돈이 많은 사람들이 공허감에서 여러 가지 중독에 빠지는 일이 많다. 인생의 의미를 잃어버리고 허무에 굴복하여 비참하게 살게 된다. 도로시 세이어즈의 말은 귀 기울일 만하다. "일을 보는 기독교적 관점은 무엇인가? … 무엇보다 살기 위해 일해야 하는 게 아니라 일하기 위해 살아야 한다는 것이다. 일하는 이의 능력을 최대로 표현하는 것, 곧 … 자신을 하나님께 드리는 수단이며 반드시 그렇게 되어야 한다." 신실한 그리스도인은 일만 하면서 살아야 한다는 게 아니다. 일이 없으면 의미 있는 삶을 살 수 없지만 일만이 삶의 유일한 의미가 되어서도 안 된다. 일 자체를 목적으로 삼는다면 그것이 교회의 사역이라 할지라도 하나님이 아닌 우상을 섬기는 것과 같다. 우리에게 가장 중요한 삶의 토대는 주님과의 바른 관계에 서 있는 것이다. 이것은 우리가 일이든 가족이든 여가든 사업이든 그것을 값있게 선용하고 중독에 빠지지 않도록 막아준다.

2) 선을 행하다가 낙심치 말라

선을 행하는 것은 그리스도인의 삶의 요체(要諦)이다. 그리스도인의 삶은 한 마디로 선을 행하는 것이다. 선이란 무엇인가? 하나님께서 기뻐하시는 것을 행하는 것이다. 우선 하나님과의 관계에서 마땅히 행할 의무들을 감당하는 것이 선을 행하는 것이다. 또한 자신의 직장에서, 학교에서, 가정에서, 어디서든 눈속임이나 사람을 기쁘게 하기 위한 것이 아니라 모든 일을 하나님을 섬기는 자세로 행하는 것이 선을 행하는 것이다. 모든 일에서 선을 행함으로써 우리가 하나님을 사랑하는 것을 나타낸다. 우리는 하나님을 사랑하기 때문에 가난한 가운데서도 선을 행하고, 우리에게 맡겨진 재물을 인색하지 않게 사용한다. 하나님을 사랑하지 않으면서 하나님께서 기뻐하시는 일을 행하는 것이 잠시는 가능하지만 지속적으로 할 수는 없다. 하나님을 사랑하는 것이 모든 선을 행하는 것의 뿌리이기 때문이다.

영국 속담에 "소원이 말(馬)이라면 거지도 탈 수 있을 것이다"라는 말이 있다. 바라는 것은 쉬운 일이다. 바라는 것으로 다 된다면, 우리 주변에는 모두 성자 같은 사람들이 가득할 것이다. 우리는 바라기만 할 것이 아니라 실제로 하나님께서 기뻐하시는 일을 행해야 한다. 누구나 굳게 결심할 수 있다. 능숙한 논리로 주장을 펼치거나 날카롭게 비판하는 일도 어렵지 않게 할 수 있다. 어떤 사람은 자신은 손가락 하나 까딱하지 않으면서 다른 사람들에게 무거운 짐을 지우고 강하게 비판하기도 한다. 말로는 그가 위대한 성도의 반열에 들어 있는 것처럼 보인다. 그러나 그의 마음은 강퍅하고 날카로운 칼처럼 예리하다. 그와 대화를 나누면 상처 받지 않는 사람이 드물다. 그리스도인의 마음은 성령께서 내주해 계신다. 성령께서는 그의 말을 바꾸시는 것이 아니라 그의 마음을 먼저 바꾸신다. 마음에서 선한 열매를 맺지 못한다면 무엇인가 심각한 장애가 있는 것이다.

갈라디아서 6장 9절에 이렇게 말씀한다. "우리가 선을 행하되 낙심하지 말지니 포기하지 않으면 때가 이르매 거두리라." '포기하지 않으면'이라는 말은 '포기하지 말라'는 의미이다. 하나님께서 기뻐하시는 선을 행하는 것 자체가 복이다. 그러나 우리가 가장 복된 일을 하는 동안에도 낙심하게 될 위험이 있다. 데살로니가 교회의 상황에서 보면 대다수의 신실한 성도들은 교회를 위한 헌신을 많이 하였고 가난한 사람들을 위해서 열심히 구제에 참여했다. 그런데 어떤 사람은 구제에 기대어 살면서 다른 사람들에게 부담을 주고 일을 만들어 민폐를 끼치었다. 그것을 본 성도들 중 일부는 낙심했을 것이다. 낙심한 성도 중에는 '나는 더 이상 헌금을 하지 않겠다'라고 말하는 사람도 있었을 것이다. 그러나 바울은 그렇게 하지 말라는 것이다. 바울은 말한다. '규모 없는 사람이 여러분의 헌금을 악용하는 것은 나쁜 일이다. 하지만 그것 때문에 여러분의 마음이 완악해진다면 그것은 더 잘못된 일이다.' 바울은 부당하고 악한 사람들 때문에 선을 행하다가 낙심하거나 포기하지 말라고 한다. 하나님의 뜻을 따라 정직하게 선을 행하는 것을 누가 악용한다고 해서 주께서 기뻐하시는 일을 포기하지 말라는 것이다. 하나님께서 가장 선하게 여기는 것을 사단은 가장 격렬하게 공격하고 비난한다는 것을 알아야 한다.

우리가 행하는 선을 악용하는 사람이 있다고 할지라도 낙심해서는 안 된다. 그런 사람들이 어떤 생각을 하고 어떻게 반응을 하든 거기에 깊이 마음 쓰지 말아야 한다. 우리가 그들의 종이 아니고 그들의 힘으로 사는 것도 아닌데 그들의 어리석은 반응이 무슨 대수이겠는가? 그들은 자신들의 칭찬에 우리가 우쭐거리고, 그들의 비판에 우리가 잠을 못 이루고 정신마저 혼란스럽게 되기를 바랄 것이다. 그러나 우리는 결코 그렇게 되지 않아야 한다.

1546년에 순교한 영국의 앤 애스큐라는 여성도가 있다. 그녀는 로마 가톨릭의 화체설을 반대한다는 이유로 고소되어 심한 고문을 받아 뼈가 으스러진 상태에서 극도의 고통을 느꼈다. 그런 중에도 자신을 고문한 자들에게 말했다. "배가 아무리 기울더라도 내가 닻을 버리지 않으면 아른거리는 짙은 안개 속에서도 내 배는 요지부동하리라." 그녀는 그렇게 박해의 폭풍을 견뎠다. 박해자들 때문에 닻(믿음)을 버릴 마음이 조금도 없었다. 우리를 향해서 이리가 으르렁거린다고 해서 우리가 해야 할 일을 포기한다면 누가 좋아하겠는가? 그들이 무슨 말을 하든지 그냥 놔두자. 우리는 하나님께서 기뻐하시는 대로만 행하기 위해 뚝심 있게 나아가자. 주께서 때가 되면 "잘 하였도다. 충성된 종아!"라면서 우리를 영접하실 것이다.

선을 행하지 못하게 하는 유혹은 교회 밖에서도 오지만, 본문에서 보는 것처럼 교회 안에서 일을 만들기만 하는 자들 때문에 오는 경우도 있다. 그런 자들은 우리를 단련하는 도구임을 기억해야 한다. 그들의 비난과 악의에 찬 시기는 오히려 우리가 더욱 순결하고 지혜롭게 선을 행하도록 하는 도구가 된다. 더욱 깨어 있게 만들고 부지런히 선을 행하도록 이끄는 바람이 될 수 있다. 우리는 낙심하지 말고, 포기하지 않아야 한다.

3) 공동체가 권징하라

바울 사도는 교회의 가르침에 계속 불순종하는 자들을 어떻게 대해야 하는지에 대해서 공동체 전체에게 가르친다. "누가 이 편지에 한 우리 말을 순종치 아니하거든 그 사람을 지목하여 사귀지 말고 저로 하여금 부끄럽게 하라. 그러나 원수와 같이 생각지 말고 형제 같이 권하라"(14-15절). 명백한 사도적 가르침에 대한 공개적이고 의도적이며 지속적인 불순종을 징계로 다스리라는 교훈이다. 말씀의 교훈을 거부하고 계속해서 게으르며, 육신의 욕망을 따르는 사람들에게 회개를 촉구하였음에도 불구하고 다른 사람들에게 계속 영향을 미치고 있다면, 교회 공동체 안에서 공개적으로 다루라는 것이다. 교회 지도자의 가르침을 의도적으로 거부함으로써 공동체 전체에 해악을 가져올 것이 뻔히 보인다면, 공동체 전체가 함께 징계에 참여하라는 것이다.

징계의 방식은 공동체 전체가 이런 사람들을 인정해 주지 말고 "사귀지 말아야" 한다는 것이다. 말과 행위로 거룩한 교회 공동체에

피해를 끼치는 사람들을 분리시키라는 것은 교회의 거룩성을 지키기 위함이고, 그런 사람을 부끄럽게 하여서 그가 회개하도록 기회를 주려는 것이다. 어떤 면에서 사회적으로 매장시키는 방법을 통해서 자신의 말과 행위, 자신의 마음을 점검해 볼 수 있게 하라는 것이다. 잘못된 사람들의 말을 들어주고 동조하는 것은 그 사람을 죄에서 떠나게 하는 방식이 되지 못한다. 그것은 죄를 정당화해 주는 것이고 오히려 그 죄에 물들 수도 있다. 그러므로 이런 일은 회중 전체가 함께 감당해야 한다. 데살로니가전서 5장 12절에서 본 것처럼, 일차적으로는 장로들에게 특별한 책임이 있지만, 모든 성도들이 함께 참여하여 교회의 순수성을 지키고 그 성도를 돕는 일에 함께 해야 한다.

징계를 시행할 때의 마음은 적대적이어서는 안 되고 긍휼히 여기는 마음으로 해야 한다. 징계는 '온유한 방식'으로 행해져야 한다. "원수와 같이 생각지 말고 형제 같이 권하라"(15절). 원수 같이 대하는 것은 "이방인과 세리" 같이 대하는 것으로 출교를 의미한다. 그를 형제 같이 권하라는 것은 형제 된 우애와 사랑을 가지고 권고하라는 말씀이다. 징계의 목적은 대상자에게 모욕과 굴욕감을 주어 파멸시키려는 것이 아니라 그를 부끄럽게 하여 회개하도록 하기 위함이다. 그가 들으면 형제를 얻는 것이지만 계속해서 자기 고집대로 행하는 사람은 달리 방법이 없다.

말씀을 따라 징계하는 것 또한 선을 행하는 것이다. 오늘날은 교회에서 징계를 거의 하지 않는다. 징계를 받으면 그 교회를 떠나서 다른 교회로 가면 그만이라고 생각한다. 그런 사람들은 모든 것을 육신적으로 생각하고 행동한다. 영적으로 왜곡되고 잘못된 삶의 방식을 개혁하라고 하면 거부한다. 수용한다고 하더라도 자신의 이익에 부합하는 만큼만 한다. 자기의 육신적인 요구에 거슬리면 언제든지 짐을 쌀 준비를 하고 있다. 그럴 경우 가장 손해를 보는 이는 자기 자신이다. 교회가 손해 보는 것이 아니다. 하나님께서 손해 보는 것이 아니다. 자신의 왜곡되고 비뚤어진 마음을 고칠 수 없게 될 것이기 때문이다.

온전함을 위한 기도(16-18절)

열심히 일하고 섬기는 사람들과 빈둥거리면서 일만 만드는 사람들의 구분으로 인해서 교회는 분열의 위험에 처할 수도 있었다. 규모 없이 행하는 자들의 문제는 근본적으로 세계관의 문제다. 그들은 노동에 대해 바른 가르침을 이미 받았고 재차 배우고 있다. 그럼에도 계속해서 그것을 거부한다면 실제로 징계를 해야 하는 상황이다. 그래서 바울은 잘못된 세계관 속에서 규모 없이 행하는 자들에 대한 구체적인 징계의 절차와 목적까지 가르쳤다. 바울은 징계가 시행되기 전에 이 편지를 받고 그들이 회개하기를 바라면서 이렇게 쓴 것이다.

이제 마지막으로 데살로니가 교회가 온전해지기를 위해서 기도하며 축복한다. 스펄전 목사님은 이렇게 말했다. "마음이 사랑으로 가득 차면 자신이 원하는 대로 해주기에는 자신의 힘이 너무 부족하다는 것을 깨닫게 된다." 우리말에도 '자녀가 너무 사랑스러워서 눈(目)이라도 빼주고 싶은 심정이다'라는 말이 있다. 우리는 자신의 힘으로 할 수 없는 것을 주께서 해주시길 기도하게 된다. 바울은 할 수만 있다면 데살로니가 교회를 위해서 모든 좋은 것을 다 해주었을 것이다. 그러나 바울의 능력은 그의 간절한 소원을 만족시켜 줄 수 없었다. 그래서 기도로 그들을 위해서 돕고 있다. 바울은 데살로니가 교회에 필요한 가르침을 최대한 설득력 있게 가르쳤다. 그러나 그들의 마음을 변화시키고 삶을 온전케 하시는 분은 하나님이심을 알기에 다시 기도한다.

첫 번째 기도는 "평강의 주께서 친히 때마다 일마다 너희에게 평강 주시기를 원하노라"이다. 평강의 원천이 되시는 주님께서 그들의 모든 시간, 모든 장소에 항상 평강 주시기를 기도한다. 주께서 주시는 평강만이 교회와 성도들의 모든 문제와 대립을 해결할 수 있다. 하나님과 평강을 누리면 어떤 사람이 나를 공격하고 비난한다 할지라도 요동하지 않을 수 있다. 빌립보서 4장 6-7절을 보자. "아무것도 염려하지 말고 오직 모든 일에 기도와 간구로 너희 구할 것을 감사함으로 하나님께 아뢰라. 그리하면 모든 지각에 뛰어난 하나님의 평강이 그리스도 예수 안에서 너희 마음과 생각을 지키시리라." 모든 지각에 뛰어난 하나님의 평강이 우리의 마음과 생각을 지키실 줄을 믿기 때문에 우리는 아무 염려 없이 기도할 수 있고 기도해야 한다. 세상의 모든 것을 다 가졌다고 해도 주님의 평강이 없으면, 그는 늘 불안정한 상태에서 산다. 여기서 우리가 스스로 점검해 보자. 어떤 사람 때문에 힘들다고 생각하는가? 어떤 상황이나 환경으로 인해 괴롭다고 느끼는가? 교회의 다른 지체 때문에 힘들다고 여기고 있는가? 그런 것이 전혀 문제가 되지 않는 것은 아니지만, 더 근본적인 문제는 하나님의 평강이 여러분의 마음을 주관하고 있지 못하기 때문이다.

다른 사람이나 환경을 탓하지 말라. 죄는 자신을 보지 못하도록 하기 위해서 다른 사람이나 환경을 탓하게 한다. 마음에 주님의 평강이 있다면 어떤 상황에서도 인내하면서 온유와 겸손으로 승리할 수 있다. 주님의 평강은 십자가를 통과한 죄 사함 속에서 오고, 주님의 뜻을 따라 행함으로 온다. 거짓 교사의 문제, 거짓 형제의 비난과 험담 등 밖에서 어떤 일이 있더라도, 주님의 멍에를 매고 주께서 가르치신 대로 행하면 주님의 평강이 모든 시간, 모든 공간에서 우리를 지키실 것이다. 영혼과 마음의 평강은 어떤 상황에서도 우리에게 위로와 기쁨과 용기를 준다. 바울은 이러한 평강이 고난 가운데 복음의 전진을 위해서 투쟁하고 헌신하는 데 살로니가 교회에 충만하기를 기도한다. 우리에게도 동일한 평강과 자유가 있어야 한다.

두 번째 기도는 "주께서 너희 모든 사람과 함께하시기를 원하노라"이다. 평강의 주께서 그들 가운데 임재하셔서 그들의 모든 필요를 공급해 주시고, 모든 악한 세력으로부터 지켜 주시길 간구한다. 하나님의 임재는 불신자들에게는 두려운 일이다. 죄에 대한 심판과 영원한 멸망을 의미하기 때문이다. 그러나 하나님의 백성들에게 하나님의 임재는 지고(至高)의 복이다. 하나님의 임재를 경험한 사람은 인생의 목적과 방향이 바뀐다. 그 사람의 성품과 행동이 바뀐다. 그러나 먼저 이사야와 같은 경험을 해야 한다. "화로다 나여! 망하게 되었도다! 나는 입술이 부정한 사람이요 입술이 부정한 백성 중에 거하면서 만군의 여호와이신 왕을 뵈었음이로다!" 그것을 발견한 사람은 하나님의 거룩한 불로 깨끗함을 입는다. 하나님을 만난 사람이 변화되지 않는 것은 불가능하다. 하나님과 함께 하는 사람은 하나님의 성품을 닮고, 하나님께서 사랑하시는 사람을 사랑하고, 하나님께서 원하시는 것을 자신도 원하게 된다. 이런 임재의 축복이 우리에게 더욱 풍성하게 임해야 한다.

바울은 세 번째로 "주 예수 그리스도의 은혜가 너희 무리에게 있을지어다"라고 축복한다. 은혜는 복음의 요약이다. 은혜는 하나님을 위해서 일하게 한다. 은혜는 이웃의 복지를 위해서 일하게 한다. 은혜는 하나님과 이웃을 위해 일하는 것이 하나님의 축복임을 보여준다. 은혜 받은 자, 그는 행복한 사람이다. "이스라엘이여 너는 행복자로다! 여호와의 구원을 너 같이 얻은 백성이 누구뇨? 그는 너를 돕는 방패시요 너의 영광의 칼이시로다! 네 대적이 네게 복종하리니 네가 그들의 높은 곳을 밟으리로다"(신 33:29).

우리에게 베푸신 은혜의 영광을 찬양하자. 이 모든 것을 가능하게 하는 것은 하나님의 말씀이다. 교회는 하나님 말씀을 먹고 사는 사람들의 공동체다. 목회는 한마디로 하나님 말씀을 먹이는 일이다. 하나님을 경외하며 사랑하기에 그분의 말씀을 먹고 기쁨으로 일한다. 주를 위해서 일하는 것이 우리의 특권이다. 이웃을 위해 일하는 것이 우리가 축복의 사람이라는 가장 확실한 증거이다. 우리 모두는 주님의 노동자들이다. 충성되고 지혜로운 일꾼들이 되자! "충성된 사자는 그를 보낸 이에게 마치 추수하는 날에 얼음 냉수 같아서 능히 그 주인의 마음을 시원케 하느니라"(잠 25:13).